EUROPA Y LA UNIÓN EUROPEA

RUBÉN MARTÍNEZ DALMAU

PIREO EDITORIAL

1ª edición: 2026

Título	Europa y la Unión Europea
Autor	Rubén Martínez Dalmau
Colección	Pireo Universidad
Deposito legal	V-55-2026
ISBN	978-84-127819-2-2

© Copyright

Edición	Pireo Editorial (València)
	pireoeditorial.com · pireo@pireoeditorial.com
Diseño de portada	Pireo Editorial, interpretación de la obra «Le Café Balthazard, Place de la Republique» de Edouard Cortès, 1920.

Impresión

Impreso por	La Imprenta CG
Impreso en	España
Printed at	Spain

Papel certificado por FSC (Forest Stewardship Council)

FSC
www.fsc.org
MIXTO
Papel | Apoyando
la silvicultura
responsable
FSC® C105890

EUROPA Y LA UNIÓN EUROPEA

Rubén Martínez Dalmau

Catedrático de Derecho Constitucional
Universitat de València

PIREO UNIVERESIDAD

Pireo
Editorial

Si se dictamina una ley que no desemboca en utilidad para las mutuas relaciones, entonces eso ya no tiene el carácter de la justicia.
Epicuro
Máximas capitales, XXXVII

ÍNDICE

INTRODUCCIÓN

Europa ha sido pensada muchas veces como un lugar antes que como una idea, o quizá como una idea que solo puede comprenderse desde ciertos lugares. George Steiner propuso sugerentemente que Europa podía reconocerse a partir de dos axiomas culturales, los cafés y las ciudades paseables. En ellos se condensaría una forma de vida basada en la conversación, la controversia razonada, el tiempo compartido, la posibilidad de recorrer el espacio público sin miedo, sin prisa y sin que necesariamente exista un porqué. El café europeo, espacio de lectura, de debate político, de escritura y de encuentro, y la ciudad caminable, heredera de siglos de superposición histórica, expresan una civilización que se piensa a sí misma dialogando y desplazándose, nunca inmóvil. A veces, no obstante, concluyendo que existe una verdad única, que es la que quiso imponer al resto del mundo; otras, afortunadamente, reconociendo sus errores y buscando construir un presente y un futuro diferente, más acogedor y plural. Son varias Europas, pero es una Europa.

Esta imagen inicial sirve como puerta de entrada adecuada a un libro que aborda a Europa y la Unión Europea no como un simple entramado técnico de normas e instituciones (aunque también lo es, en buena parte), sino como el resultado siempre provisional de una experiencia histórica, política y jurídica profundamente marcada por la pluralidad, el conflicto, las dificultades y la voluntad de convivencia. El texto que la lectora y el lector tienen entre manos se construye a partir de esa misma lógica de paseo reflexivo. No pretende ofrecer una narración lineal ni cerrada, sino un recorrido articulado por las principales dimensiones que permiten comprender la Unión Europea en su complejidad: historia, políticas, instituciones y Derecho. La obra se organiza en varias partes que dialogan entre sí, del mismo modo que dialogaron las tradiciones y las decisiones que han dado lugar al proceso de integración. Cada parte puede leerse de manera autónoma, pero adquiere un sentido más profundo cuando se entiende como fragmento de un todo, como una etapa del camino común.

La primera gran sección se dedica a la historia de la integración europea entendida, más que como una sucesión mecánica de tratados, como una respuesta política y moral a las grandes fracturas del siglo

XX. Europa surge aquí como proyecto de superación de la guerra, del nacionalismo excluyente y de la desconfianza estructural entre los viejos Estados nación. Se explica el contexto que hizo posible la Comunidad Europea del Carbón y del Acero, la racionalidad económica y simbólica de poner bajo gestión común los recursos que habían alimentado los conflictos, y la progresiva ampliación de ese esquema inicial hacia una comunidad económica y, más tarde, hacia una unión de carácter político. Esta parte insiste en que la integración no fue nunca inevitable ni lineal; fue el resultado de decisiones contingentes, negociaciones complejas, decisiones valientes y equilibrios inestables, en los que convivieron impulsos federalistas, lógicas intergubernamentales, varios retrocesos y, finalmente, lo que parece ser característico de las decisiones más relevantes de la Unión Europea: las soluciones de compromiso.

A partir de esta base histórica, el libro se adentra en el análisis de las políticas de la Unión Europea, que constituyen una de las expresiones más visibles de su acción. Se examinan las grandes políticas comunes, como la política agrícola, la política de cohesión, las políticas medioambientales o el mercado interior, atendiendo tanto a sus objetivos declarados como a sus efectos reales. Se pone de relieve cómo estas políticas reflejan tensiones constantes entre integración y autonomía estatal, entre eficiencia económica y justicia social, entre crecimiento y sostenibilidad. La Unión aparece aquí como un espacio de negociación permanente en el que las políticas se construyen mediante equilibrios complejos entre intereses estatales, territoriales y sectoriales, y desde posiciones ideológicas que en ocasiones consiguen alcanzar consensos y en otras no tanto.

Una parte central del libro se dedica a las instituciones europeas, entendidas como órganos formales, y también como escenarios de poder, deliberación y representación. Se analizan el Parlamento Europeo, el Consejo, la Comisión, el Consejo Europeo, el Tribunal de Justicia, el Banco Central Europeo y los órganos consultivos, explicando su origen, su composición y sus funciones, así como las lógicas políticas que los atraviesan. Se pone énfasis en el carácter singular del sistema institucional europeo, que no reproduce el modelo clásico del Estado, pero tampoco puede reducirse a una organización internacional. En este punto, el texto insiste en la idea de democracia multinivel, en la distribución del poder entre instituciones y Estados, y en las dificultades de articular una legitimidad democrática plenamente satisfactoria en un espacio político tan diverso y que muchas veces parece tan lejano.

El Derecho ocupa un lugar destacado en la estructura del libro. Es una dimensión técnica que interesará más a los especialistas, y es también un lenguaje común que hace posible la integración, que decide sus reglas y sus capacidades. Se explica el ordenamiento jurídico de la Unión Europea como un sistema autónomo, dotado de principios propios, de fuentes específicas y de mecanismos de garantía eficaces. El análisis del Derecho originario, del Derecho derivado, de los principios generales y del papel de la jurisprudencia del Tribunal de Justicia permite comprender cómo la Unión ha construido un marco normativo capaz de producir efectos directos en los ordenamientos estatales y en la vida cotidiana de las personas. La lectora y el lector encontrarán aquí una explicación clara de conceptos clave como la primacía, la autonomía o la eficacia directa, siempre vinculados a los debates políticos y constitucionales que los rodean, explicados con solidez pero con lenguaje accesible.

A lo largo de todo el texto, la Unión Europea aparece como un proyecto atravesado por crisis, avances y retrocesos. La crisis financiera, la gestión de la deuda, las tensiones migratorias, el auge de los populismos o la salida del Reino Unido muestran los límites y fragilidades del proceso de integración; a través de ellos podemos mirarnos al espejo para saber quiénes somos y de dónde venimos. Descubriremos la relevancia de evitar la idealización ingenua de la Unión Europea, pero también el escepticismo paralizante que nos retrocedería a la oscuridad del viejo Estado nación. Esta forma de aproximarse a Europa conecta con una tradición intelectual amplia y plural, que hemos heredado las generaciones actuales. El proceso de integración ha sido pensado por autoras y autores de muy distinta orientación ideológica, desde el personalismo cristiano hasta el socialismo democrático, desde el liberalismo político hasta el constitucionalismo crítico. Todas tienen cabida en la reflexión colectiva sobre qué es Europa, qué es la Unión Europea, y cómo vislumbra el futuro el pueblo europeo.

Las páginas que vienen a continuación asumen conscientemente un carácter divulgativo y riguroso. Está pensado para servir como material de estudio, como obra de consulta puntual, como introducción sistemática al Derecho y a las políticas de la Unión, o incluso como lectura pausada para quienes sienten curiosidad intelectual por qué es y cómo funciona la Unión Europea. Podría ser una primera aproximación al tema, porque no exige una lectura lineal ni un conocimiento previo especializado, y ofrece las herramientas necesarias para comprender debates complejos sin simplificarlos en exceso.

En este sentido, la metáfora del café y el paseo por las calles tranquilas vuelve a resultar útil. Leer este libro puede asemejarse a recorrer una ciudad europea, en la que cada calle conduce a una plaza, cada plaza a un café, y cada conversación abre nuevas preguntas. Se huye de llegar rápidamente a una conclusión definitiva; se persigue aprender a moverse en un espacio plural, a reconocer sus tensiones y a disfrutar de su riqueza. Como en la Ítaca de Kavafis, con quien concluiremos dentro de varias páginas, lo importante no es el destino final, sino el camino recorrido, las experiencias acumuladas y el conocimiento adquirido en el trayecto.

La Unión Europea, con todas sus imperfecciones, sigue siendo una de las experiencias políticas y jurídicas más ambiciosas de la historia contemporánea, y la que nos ha cambiado la vida a las sociedades europeas. Comprenderla exige tiempo, atención y disposición al detalle, virtudes que este libro quiere promover. Quizá, como sugería Steiner, el mejor lugar para hacerlo sea una terraza, con un buen café, dejando que las ideas se encadenen unas a otras, conscientes de que Europa, como la buena conversación, se construye siempre en común.

I. EUROPA: HISTORIA Y EVOLUCIÓN DE UNA IDEA

1.- Idea(s) de Europa

Hablar de Europa es adentrarse en un universo complejo. No basta con describirla como un continente ni con reducirla al proyecto de integración que conocemos hoy bajo la forma de Unión Europea. Europa ha sido, sobre todo, una idea, y como tal, ha cambiado con el tiempo. Esa idea ha sido fuente de inspiración y de progreso, pero también de dominación y violencia. Por eso, reflexionar sobre Europa exige reconocer no solo su legado cultural y político, sino también sus contradicciones y sombras.

El primer nivel de análisis es el *geográfico*. Europa suele presentarse como un continente, aunque en términos estrictos es más bien una gran península del continente euroasiático, delimitada por el Océano Atlántico al oeste, el Ártico al norte, el Mar Mediterráneo al sur y los Montes Urales y el Cáucaso al este. Esta delimitación, no obstante, es en sí misma problemática. Sus límites naturales no son claros. La frontera entre Europa y Asia, por ejemplo, no responde a criterios geográficos estrictos, sino que se basa en convenciones históricas y culturales que reflejan la construcción de identidades y límites simbólicos. Mientras que al oeste el océano Atlántico parece marcar una frontera indiscutible, hacia el este los montes Urales y el río Ural actúan como convenciones históricas más que como divisiones naturales. Esta indefinición geográfica anticipa un rasgo constante de la idea de Europa: su carácter movedizo, nunca cerrado ni definitivo. En este sentido, Europa no es únicamente un espacio físico, sino un territorio con significado histórico y cultural, construido socialmente a lo largo de los siglos.

Europa se ha concebido también como una *civilización*. Surge sobre la génesis de culturas del final de la edad del Bronce, antes del conocimiento de la escritura, desde la argárica hasta las centroeuropeas; de la herencia mediterránea, especialmente la griega, que ha perdurado durante milenios; del Derecho romano, del cristianismo, de las primeras cartas medievales de derechos, que articularon un fundamento jurídico y de valores común; de la influencia de numerosas culturas y religiones diferentes que, como el Islam, tuvieron un papel trascendental en la construcción de la idea de Europa y en su desarrollo cultural, especialmente en el sur del continente. Sobre este diverso mosaico de valores y tradiciones se asentaron el Renacimiento (S. XV-XVI), el constitucionalismo (s. XVII), la Ilustración (s.XVIII) y las revoluciones científicas y políticas que proyectaron a Europa como centro del mundo moderno. Esta visión, sin embargo, no está exenta de críticas: identificar a Europa con la cuna de la civilización universal invisibiliza otras tradiciones y refuerza una mirada euro-céntrica, que colocó al continente como medida de todas las cosas.

De hecho, no se puede hablar de Europa sin recordar que también fue sinónimo de colonialismo e imperialismo. Desde el siglo XV, con el fortalecimiento del Estado moderno, las potencias europeas expandieron sus fronteras más allá del continente, sometiendo a pueblos enteros en América, África y Asia; posteriormente, Oceanía. Bajo la retórica de la civilización y la misión evangelizadora, Europa construyó un sistema global basado en la explotación de recursos y en la subordinación de millones de personas. El colonialismo no fue un episodio marginal: definió la modernidad europea y cimentó buena parte de su prosperidad. La esclavitud, el racismo institucionalizado y el sometimiento de poblaciones indígenas forman parte inseparable de la idea histórica de Europa.

En el plano interior, la historia europea no es solo de expansión y progreso. También está marcada por conflictos internos devasta-dores. Las guerras de religión, las guerras mundiales, el Holocausto y los regímenes totalitarios revelan hasta qué punto Europa puede ser también escenario de destrucción y barbarie. El siglo XX, con Auschwitz como símbolo, mostró el reverso de los ideales ilustrados: el continente que proclamó los derechos del hombre fue también capaz de negar la humanidad de millones de personas. Los fascismos en sus diferentes modalidades, entre ellas el nazismo, el franquismo o el salazarismo —estos dos últimos autoritarismos se prolongaron hasta la década de los setenta— demostraron cómo regímenes tiranos podían vencer a sistemas democráticos, destrozando el mito de la evolución permanente de las libertades. Esta memoria trágica expli-ca por qué, tras 1945, surgió la necesidad de construir un proyecto común que evitara la repetición de semejantes horrores.

De las experiencias vividas surgió la Europa que conocemos hoy como comunidad de *valores*. Democracia, Estado de derecho, derechos fundamentales, igualdad y dignidad humana se convirtieron en pasos determinantes en la evolución hacia un núcleo común europeo de valores, que aún hoy está en proceso de construcción. Instrumentos como el Convenio Europeo de Derechos Humanos (1950) o la Carta de Derechos Fundamentales de la Unión Europea (2000) buscan garantizar que la memoria de los abusos del pasado se traduzca en compromisos efectivos. Los modelos europeos de Estado social, levantados después de la Segunda Guerra Mundial, situaron al continente entre los lugares del mundo con mejores condiciones de vida, y hoy en día sigue siendo un referente en la construcción de las políticas del bienestar. Pero aquí también caben reservas: la aplicación de esos valores no siempre ha sido coherente, tanto en el interior, con retrocesos en materia de Estado de derecho y la erosión del Estado social en algunos Estados miembros, como en el exterior, con políticas migratorias que cuestionan la universalidad de los derechos humanos.

La *integración europea* representa quizá la manifestación más visible de la idea contemporánea de Europa. Desde la Comunidad Europea del Carbón y del Acero (CECA, 1951) hasta la actual Unión Europea, el proyecto ha buscado transformar la lógica de la guerra en una lógica de cooperación. Los Estados decidieron compartir soberanía en ámbitos como el mercado, la moneda o la política agrícola, construyendo una comunidad política supranacional sin precedentes en la historia. Sin embargo, este proceso está atravesado por tensiones: la tensión entre integración y soberanía, entre ciudadanía nacional y ciudadanía europea, entre la Europa del norte y la del sur, o entre los euroescépticos que buscan el retorno al Estado nación y los europeístas que promueven el avance en la integración hacia una futura federación, idea que se forjó desde los mismos cimientos de la construcción de las comunidades europeas.

El proceso de integración europeo se materializa en una realidad: su *diversidad* interna. Lenguas, religiones, tradiciones políticas y modelos sociales conviven en el mismo espacio. La unidad en la diversidad, lema de la Unión Europea, intenta expresar esa convivencia. Pero no siempre ha sido armónica: las tensiones nacionalistas, los conflictos por las minorías, las dominaciones de lenguas centrales sobre periféricas, o las políticas de exclusión, muestran que la pluralidad europea es también fuente de fracturas. Reconocer esta pluralidad implica aceptar que Europa no es una esencia homogénea, sino un espacio de negociación constante entre identidades distintas.

Más allá de sus fronteras, Europa se ha proyectado como un horizonte de *derechos* y bienestar. Tras la caída del Muro de Berlín (1989), países de Europa Central y del Este vieron en la Unión Europea la posibilidad de integrarse en un espacio de estabilidad y prosperidad. Hoy, varios Estados candidatos llaman a la puerta de la Unión Europea con la intención de formar parte de una comunidad que promete progreso y bienestar. Sin embargo, Europa no siempre cumple con la promesa que proyecta. Sus políticas migratorias, su relación ambivalente con el Mediterráneo y su papel en la economía global plantean preguntas incómodas: ¿es Europa realmente un espacio abierto y solidario, o más bien una fortaleza que protege sus privilegios? Seguramente la respuesta a este dilema tenga algo de las dos alternativas que se plantean.

En la actualidad, Europa atraviesa múltiples crisis: la financiera de 2008, el abandono de la Unión por parte de Gran Bretaña (Brexit), el ascenso de fuerzas euroescépticas, los conflictos bélicos, la emergencia climática, o la gestión de la migración. Estas crisis han puesto en cuestión la cohesión interna y la legitimidad del proyecto comunitario. Pero, como ha ocurrido en otras etapas de su historia, Europa también ha demostrado capacidad de resiliencia y de reinvención. Quizá su identidad más profunda sea precisamente esta: la de ser un proceso inacabado, siempre en debate y en construcción.

La idea de Europa es rica, múltiple y contradictoria; en este sentido, podemos hablar en plural de las *ideas de Europa*. Europa es muchas cosas: geografía, civilización, poder imperial, memoria trágica, comunidad de valores, integración política y horizonte de futuro. Pero también es colonialismo, explotación, guerras fratricidas y exclusión. Europa no puede narrarse solo como una historia de progreso: debe asumir también su responsabilidad en las sombras de la modernidad. Solo desde ese reconocimiento crítico puede proyectarse como un espacio legítimo de convivencia y cooperación.

Europa, en definitiva, no es una realidad fija ni una esencia atemporal. Es una idea viva, una construcción histórica cargada de significados cambiantes. Entenderla exige aceptar sus luces y sus sombras, sus avances y sus fracasos. Y, sobre todo, comprender que su fuerza no reside en haber alcanzado una definición definitiva, sino en seguir siendo un proyecto abierto, capaz de repensarse a la luz de su propia experiencia.

2.- Europa de la Antigüedad, Estado moderno, fronteras

La construcción histórica de Europa es un proceso dilatado, complejo y no lineal. Lejos de responder a un diseño preconcebido, Europa surge de capas sucesivas de organización política, cultural y territorial que se superponen, se fragmentan y se reinterpretan. Desde las primeras configuraciones civilizatorias del Mediterráneo oriental hasta la consolidación del Estado moderno, el continente ha oscilado entre proyectos de integración y dinámicas centrífugas. Las fronteras —políticas, jurídicas y simbólicas— han desempeñado un papel decisivo en esa evolución, para unir en algunos casos y para separar la mayoría de las veces.

La *Grecia antigua* constituye una de las primeras matrices europeas. Entre los siglos XII y II a. C., el espacio helénico se articuló durante buena parte de este periodo en torno a un mosaico de *polis*, ciudades-Estado independientes que compartían vínculos culturales, pero defendían con firmeza su autonomía política. Atenas, Esparta, Tebas o Corinto funcionaban como comunidades soberanas, con instituciones propias, identidades cívicas intensas y fronteras más o menos delimitadas, aunque permeables. La polis griega, en su modelo ateniense (s. VI-IV a. C.), es considerada como el primer experimento democrático en el seno de una organización política, y sus instituciones, como la asamblea de ciudadanos (*Ekklesia*) o los jurados populares, siguen siendo un referente en todos los tratados sobre la democracia. Durante el siglo IV a.C., el imperio helenístico de Alejandro Magno difundió la cultura y el pensamiento griegos hasta los confines del mundo conocido por los europeos.

La aportación griega al imaginario europeo es doble. Por un lado, la idea de ciudadanía como condición política, no solo como estatus jurídico, y la noción de la ley como elemento central de la vida común. Por otro, una concepción del territorio que no se asienta en grandes espacios homogéneos, sino en unidades autónomas capaces de cooperar o enfrentarse según las circunstancias. Las ligas helénicas y los conflictos que las desintegraron muestran ya una tensión que acompañará a Europa durante siglos: la tensión entre integración y fragmentación. A pesar de su diversidad, Grecia desarrolló referentes compartidos —lengua, religión, cultura— que permitieron cierto sentimiento de unidad. Sin embargo, esa unidad nunca cristalizó en una estructura política estable. Cuando Roma incorporó Grecia en 146 a. C., lo hizo sobre un espacio profundamente plural, habituado a la coexistencia entre distintos modelos de organización.

Con el *Sacro Imperio Romano Germánico*, y especialmente con la reorganización realizada en el siglo IV, Europa experimentó su primera integración territorial de gran escala. Roma proyectó una arquitectura política, jurídica y administrativa que abarcó desde Britania hasta el Mediterráneo oriental. A diferencia de Grecia, la unificación no fue principalmente cultural, sino institucional: el Derecho romano, la ciudadanía ampliada y la estructura administrativa imperial crearon un marco común que estabilizó el continente durante siglos. El Imperio introdujo una idea decisiva para la historia europea: el límite político organizado entre el interior, considerado civilizado (romano), y el exterior, considerado en mayor o menor grado incivilizado (bárbaro). El *limes* romano, delimitación territorial que determinaba hasta dónde llegaba el Imperio, no era solo una línea defensiva; era un espacio regulado, una zona de contacto entre el orden imperial y el exterior. Aunque permeable, este límite expresaba la pretensión de homogeneidad interna y de diferenciación respecto a lo extraño. El *limes* fue el precedente de las fronteras en el Estado moderno. Por otro lado, el elemento que mejor sobrevivió a la caída del Imperio fue precisamente el jurídico. El *Derecho romano* —y, más tarde, su recepción medieval— proporcionó un sustrato común a sistemas jurídicos diversos y preparó el terreno para futuras formas de articulación política europea. Aportó a Europa los cimientos de sus sistemas jurídicos modernos, de manera muy especial en el ámbito del Derecho civil. Lo hizo a través de la codificación —culminada en el *Corpus Iuris Civilis*, aprobada en Bizancio en el siglo VI—, la elaboración de categorías jurídicas duraderas, y la formulación de conceptos esenciales como el *ius civile* (derecho de los ciudadanos) y el *ius gentium* (derecho de gentes); el *ius civile* regulaba las relaciones jurídicas exclusivas de los ciudadanos romanos, mientras que el *ius gentium* se aplicaba a las relaciones entre romanos y extranjeros —o entre extranjeros— sobre la base de principios considerados comunes a todos los pueblos. Su influencia se proyecta todavía hoy en la estructura, la lógica interna y los principios de la justicia presentes en los códigos civiles contemporáneos, así como en el propio Derecho internacional, convirtiéndose en un modelo de racionalidad normativa y de sistematización para generaciones de juristas. Sin embargo, la fragmentación postromana revirtió el impulso integrador y devolvió al continente a un mapa plural de entidades territoriales, constituyendo múltiples sistemas jurídicos diferentes entre sí con, en la mayor parte de los casos, un sustrato común.

En los siglos VIII y IX, el *Imperio carolingio* representó el intento más significativo de restaurar una unidad europea tras la caída de Roma. Bajo Carlomagno y sus sucesores, se conformó un extenso territorio que combinaba tradiciones romano-cristianas con elementos germánicos. La coronación imperial del año 800 pretendía recuperar el ideal de unidad continental, aunque adaptado a un mundo feudal. El imperio carolingio introdujo innovaciones importantes: administración territorial más coherente, impulso a la cultura escrita, y una concepción cristiana del poder que trascendía los reinos particulares. El Imperio carolingio, en su máxima extensión bajo Carlomagno a finales del siglo VIII y comienzos del IX, abarcó buena parte de Europa occidental y central: la actual Francia, Bélgica, Países Bajos y Luxemburgo, gran parte de Alemania hasta el Elba, Suiza, Austria occidental, el norte y centro de Italia —incluida Roma— y una franja del noreste de la península ibérica. Sin embargo, su fragmentación tras el Tratado de Verdún (843) puso de manifiesto la fragilidad de los proyectos supraterritoriales en una Europa marcada por lealtades locales, estructuras feudales y poder nobiliario. Aunque efímero, el legado carolingio dejó huellas duraderas. Su visión imperial inspiró posteriores proyectos de integración y proporcionó referencias simbólicas que reaparecerían en los siglos siguientes.

Mientras en el norte de Europa se consolidaba el Imperio carolingio, el sur del continente se configuraba como un espacio claramente ajeno a ese proyecto, marcado ante todo por la *expansión musulmana*, que desde el siglo VIII se extendió por casi toda la península ibérica —al-Ándalus—, el sur de Italia, Sicilia y amplias áreas del Mediterráneo occidental, integrándolas en un mismo ámbito político, económico y cultural islámico. Su frontera con la cristiandad no adoptó la forma de una línea cerrada, sino de zonas fronterizas móviles y militarizadas, como las marcas andalusíes y la Marca Hispánica carolingia en los Pirineos, espacios de conflicto, pero también de intercambio. Junto a este mundo islámico, el Imperio bizantino mantenía en el Mediterráneo oriental y en el sur de Italia una continuidad imperial, administrativa y jurídica de raíz romana, actuando como tercer gran polo de poder. En la península itálica, además, el Papado emergía como autoridad espiritual y política, sin capacidad de unificación territorial, pero con creciente influencia sobre los reinos cristianos. El sur de Europa, así, lejos de la relativa homogeneidad carolingia, se articulaba como un mosaico de poderes islámicos, bizantinos y cristianos, unidos por el Mediterráneo y por una intensa circulación de personas, ideas, culturas y tradiciones jurídicas.

A partir del siglo XII, el *Sacro Imperio Romano Germánico* representó una forma peculiar de integración europea que abarcaba un mosaico de territorios en Europa Central, con su núcleo en las regiones germánicas, como Sajonia y Baviera, extendiendo su influencia, aunque de forma irregular y disputada, sobre el norte y centro de Italia, el reino de Borgoña (en el este de la actual Francia), y tierras eslavas mediante la expansión oriental, incluyendo Bohemia, Austria y Brandeburgo. Lejos de constituir un Estado unitario, fue una constelación de principados, ciudades libres, obispados y territorios con amplísima autonomía. El emperador ejercía una autoridad más simbólica que efectiva, y las relaciones entre los distintos actores se basaban en compromisos, pactos y derechos históricos. De hecho, la legitimidad de los emperadores residía en que se consideraban sucesores de los antiguos emperadores romanos y de Carlomagno, lo que justificaba sus pretensiones de supremacía universal, aunque la realidad política era mucho más fragmentada. El valor del Sacro Imperio no reside en su eficacia centralizadora, que de hecho fue débil, sino en su modelo de pluralismo político regulado. En él convivían múltiples ordenamientos, vínculos jurídicos complejos y fronteras internas cambiantes. Esta estructura, a menudo vista como un obstáculo para la modernización, también puede interpretarse como una forma temprana de gobernanza multinivel, donde distintas autoridades ejercen competencias diferenciadas sin eliminar por ello la identidad común. La experiencia imperial contribuyó a mantener viva la idea de que Europa podía articularse a través de organizaciones supraterritoriales, aunque no en los términos de un Estado unitario.

La incipiente formación del *Estado moderno* entre los siglos XIII y XV se caracterizó por el despunte del poder real frente a las distintas formas de autoridad medieval y, al mismo tiempo, por la necesidad de pactar con los estamentos del reino, iniciando el lento pero imparable proceso de centralización del poder que caracterizará a esta forma de organización política. En Inglaterra, la Carta Magna de 1215, inicialmente una concesión feudal, estableció que el rey debía respetar la ley y contar con el consentimiento de barones y la «comunidad del reino» para ciertos tributos; las Provisiones de Oxford de 1258 institucionalizaron un consejo de barones que supervisaba al rey, anticipando formas de gobierno representativo, pero también reflejando cómo la corona comenzaba a imponerse sobre el poder disperso de la nobleza. En la Corona de Aragón, los Fueros y Privilegios Generales consolidaron una monarquía pactista, donde nobleza, clero y burguesía participaban en el poder, aunque la autoridad real se fortalecía progresivamente. En Francia, los Estados Generales de 1302 legitimaron al rey frente al papado, al tiempo que reconocieron a los estamentos como interlocutores imprescindibles. Instituciones permanentes como la Audiencia en Castilla o el Parlamento inglés muestran un doble movimiento: centralización administrativa, fiscal y militar del poder real —que comenzaba a imponerse sobre la nobleza feudal— y marcos jurídicos que incorporaban, pero también controlaban, la representación social.

La construcción del Estado fue, así, simultáneamente vertical y horizontal, prefigurando los modernos conceptos de territorio delimitado por el poder real y de gobierno institucionalizado. Entre los siglos XV y XVII, esta consolidación transformó radicalmente el panorama político europeo: los reyes lograron imponer su autoridad sobre territorios concretos, configurando Estados más cohesionados que los reinos medievales. La centralización del poder, la institucionalización de la soberanía como poder real, la profesionalización de la administración y el monopolio estatal de la violencia —especialmente mediante ejércitos cada vez más duraderos— dieron lugar a entidades políticas coherentes y duraderas. Francia, España, Inglaterra, Portugal y, más tarde, Prusia, se afianzaron como Estados territoriales con fronteras cada vez más precisas y estructuras administrativas homogéneas; en Italia y el Sacro Imperio Romano Germánico, la consolidación fue muy posterior. El instrumento decisivo fue, sin duda, la concentración del poder en el centro, siempre limitado por los contornos que definían las fronteras del Estado.

Esta evolución del poder en el seno de fronteras estatales tuvo dos efectos principales: Por un lado, reforzó la fragmentación interna del continente. Los Estados modernos, con los reyes al frente, defendieron sus fronteras, compitieron entre sí y desarrollaron identidades nacionales que profundizaron la separación política entre los europeos. La Europa moderna fue, en gran medida, la Europa de las guerras: desde los conflictos dinásticos hasta las guerras religiosas y las luchas por la hegemonía continental. Se afianzaba así la evolución hacia la hegemonía del Estado moderno como forma de organización política, basado en la promoción de una identidad excluyente que respondía a los intereses del poder en el seno de las fronteras del Estado. Por otro lado, debilitó estructuras supranacionales como el Sacro Imperio, y marginó proyectos que aspiraban a mantener una dimensión política europea más amplia. La soberanía del rey en el Estado, concebida como poder supremo e indivisible, dificultó cualquier configuración de autoridad compartida.

A partir del siglo XIX, Europa asistió a un proceso de transformación política que consolidó el modelo del *Estado nación*, superando en buena medida los antiguos reinos y monarquías multiculturales de la era moderna. La Revolución Francesa y las guerras napoleónicas sentaron las bases ideológicas y prácticas de este modelo, al proclamar la homogeneidad cultural en el seno del Estado (un Estado, una nación), la soberanía nacional, y la uniformidad de la función legislativa frente a la diversidad de los ordenamientos jurídicos de la Modernidad. Tempranamente, las independencias latinoamericanas auspiciaron movimientos nacionalistas y se mostraron como ejemplo de cómo simples límites administrativos podían «imaginar» comunidades nacionales que nunca antes habían existido, y que fueron promovidas por las élites criollas. En paralelo, los movimientos nacionalistas surgidos en Alemania, Italia, los Balcanes o los territorios del antiguo Imperio austrohúngaro favorecieron la unificación o la autodeterminación de comunidades lingüísticas, culturales y étnicas, vinculando identidad y territorio, promoviendo la exaltación del «espíritu del pueblo» (*volkgeist*). El siglo XIX consolidó así Estados centralizados y homogeneizados, con administración profesional, ejército permanente, sistema fiscal unificado y símbolos nacionales

—banderas, himnos, educación obligatoria— que reforzaban la cohesión interna. Este proceso no fue lineal ni pacífico: los conflictos fronterizos, las tensiones internas y las luchas por la autodeterminación marcaron la consolidación de un modelo que ofrecía estabilidad y legitimidad política, pero también generaba nuevas tensiones entre las identidades nacionales que había que teorizar y construir, y la diversidad territorial que, como veremos, se resistía en ocasiones a ceder ante las presiones uniformizadoras del Estado nación.

Con la evolución del Estado moderno hacia el Estado nación las fronteras, antes difusas, se convirtieron en líneas firmes de exclusión: separaban jurisdicciones, mercados, ejércitos y, más tarde, identidades nacionales. Europa dejó atrás su larga tradición de espacios superpuestos y entró en un régimen territorial rígido que condicionó su historia hasta el siglo XX. Comprender este recorrido permite explicar por qué la integración europea contemporánea ha debido construirse a contracorriente de una tradición que ha privilegiado la división estatal, y muestra también que la búsqueda de un espacio político común no es ajena a la memoria histórica del continente.

El siglo XIX fue también una época determinante para la *colonización*, en que los europeos se dividieron el mundo, tanto físicamente, explotando recursos naturales y utilizando mano de obra indígena para los propósitos colonizadores, como exportando e imponiendo su modelo civilizatorio. Fue el núcleo de la creación del pensamiento eurocéntrico, según el cual los estándares de percepción de las cosas en cualquier lugar del planeta se hacían exclusivamente desde la óptica europea. Desde finales del siglo XV, con la denominada época de los descubrimientos, Europa inició un proceso de expansión que transformó de manera profunda el orden mundial. Las monarquías ibéricas abrieron rutas oceánicas que conectaron continentes, especialmente el americano, y sentaron las bases de los primeros imperios modernos, apoyados en la conquista territorial, la explotación económica y la imposición de modelos políticos, jurídicos y culturales europeos. Este proceso implicó el control de espacios, así como la exportación de una visión del mundo que situaba a Europa como centro de referencia, legitimando la dominación a través de categorías como civilización, progreso o evangelización. En el siglo XIX, la expansión adquirió una nueva dimensión con la colonización inglesa y la intensificación del imperialismo europeo. Un hito relevante en este sentido fue la Conferencia de Berlín de 1884 y 1885, que simbolizó el reparto formal de amplias zonas de África entre potencias europeas, sin participación de las sociedades afectadas, consolidando un orden colonial basado en fronteras artificiales y en la subordinación política y económica. Este reparto reflejó una concepción eurocéntrica del mundo, que asumía la superioridad cultural y tecnológica de Europa como justificación del dominio.

Con el paso del tiempo, la colonización evolucionó hacia formas más complejas de control, combinando administración directa, influencia económica y proyección cultural. Aunque los procesos de descolonización durante el siglo XX, después de la Segunda Guerra Mundial y con la supervisión de Naciones Unidas, pusieron fin a los imperios formales, muchas de las estructuras y categorías del pensamiento eurocéntrico continúan influyendo en las relaciones internacionales y en la comprensión global del poder y del conocimiento.

3.- Nación, nacionalismos, y la propuesta de Paneuropa

La idea moderna de nación y la proliferación de los *nacionalismos* en Europa, como hemos visto, constituyen uno de los fenómenos políticos más influyentes de la contemporaneidad. A partir del siglo XIX, el continente experimentó una profunda transformación, marcada por el declive de los imperios dinásticos y el ascenso de movimientos que reivindicaban identidades culturales, lingüísticas e históricas propias. Los nacionalismos se consolidaron como fuerza política y social, alentados por un Romanticismo que exaltó tradiciones colectivas y pasados míticos. El resultado fue una creciente presión sobre estructuras plurinacionales como los imperios austro-húngaro, otomano o ruso.

Estos procesos aportaron estabilidad institucional a algunos territorios, pero también fomentaron tensiones entre pueblos con aspiraciones divergentes. La Europa del siglo XIX se convirtió en un mosaico de identidades que, en ocasiones, se reforzaban mediante proyectos emancipadores, y, en otras, competían por los mismos espacios, generando rivalidades que se proyectarían sobre el siglo siguiente. La fragmentación geopolítica y la tensión entre Imperios y naciones emergentes crearon un clima de desconfianza y competencia que se convirtió en uno de los factores estructurales que desembocaron en la inestabilidad del primer tercio del siglo XX.

La *Primera Guerra Mundial*, que fue denominada la Gran Guerra, es un ejemplo evidente del papel destructivo que los nacionalismos podían adquirir. Aunque las causas del conflicto son múltiples, la rivalidad entre proyectos nacionales desempeñó un papel determinante. Las crisis balcánicas, impulsadas por aspiraciones nacionales enfrentadas, erosionaron la estabilidad de la región; la carrera por la hegemonía europea, liderada por potencias como Alemania, Francia y el Reino Unido, alimentó un clima de confrontación permanente. Concluida la guerra, Europa quedó profundamente transformada: los imperios centrales se desmoronaron y surgieron nuevos Estados interesados en fortalecerse en la cimentación del Estado nación. Sin embargo, lejos de resolver las tensiones, las nuevas fronteras generaron minorías insatisfechas, disputas fronterizas y una sensación persistente de fragilidad; la fachada del Estado nación escondía en realidad una multitud de identidades plurales bien dentro de las nuevas fronteras, bien partidas por ellas. La devastación de la guerra también dejó al descubierto la incapacidad de los Estados europeos para gestionar sus conflictos dentro de la diplomacia y las negociaciones internacionales, el equilibrio tradicional de poder.

En ese contexto emergió con fuerza una reflexión alternativa: la necesidad de unir políticamente a Europa para evitar su autodestrucción. Uno de los primeros y más influyentes defensores de esta idea fue Richard Coudenhove-Kalergi, intelectual austrohúngaro, cosmopolita y atento observador de las dinámicas geopolíticas de su tiempo. Richard Nikolaus von Coudenhove-Kalergi (1894-1972) nació en Tokio, hijo de un diplomático austrohúngaro y de una madre japonesa de ascendencia aristocrática. Creció entre distintas culturas, lo que marcó profundamente su visión cosmopolita de Europa. Se formó en filosofía, historia y política en Austria, Suiza y Alemania, interesándose desde joven en la unidad europea como medio para evitar futuros conflictos. En 1923 publicó *Pan-Europa*, obra considerada el primer manifiesto estructurado a favor de una integración política continental. Coudenhove-Kalergi identificaba tres riesgos fundamentales para Europa: el retorno de los conflictos internos, la expansión de la Unión Soviética, y la creciente influencia de Estados Unidos. Frente a estos desafíos, defendía la necesidad de que Europa se constituyera como una unidad política capaz de actuar con voz propia en el escenario internacional.

El pensamiento paneuropeo se fundaba en una doble convicción. Por un lado, afirmaba la existencia de una civilización europea con raíces culturales comunes, basada en valores como la libertad, la dignidad y el humanismo. Por otro, sostenía que solo una federación europea permitiría que esos valores perdurasen en un mundo dominado por potencias continentales mucho mayores. La propuesta no se limitaba a una declaración de intenciones: Coudenhove-Kalergi diseñó una arquitectura institucional que anticipaba elementos hoy reconocibles en la integración europea. Entre sus propuestas destacaba un sistema legislativo bicameral, que combinaría una cámara de representación estatal y otra formada por representantes de los parlamentos nacionales. Esta estructura pretendía equilibrar la soberanía de los Estados con la legitimidad democrática de los pueblos europeos, dentro de un proceso racional de organización institucional del poder. Planteaba también la creación de un tribunal encargado de resolver conflictos entre los miembros y asegurar el cumplimiento del Derecho paneuropeo; una Cancillería con funciones ejecutivas y capacidad de coordinar las políticas comunes; y la creación de una ciudadanía paneuropea que otorgara derechos más allá de los límites nacionales. Además, proponía una unión aduanera, mecanismos de cooperación económica y medidas para la protección de minorías nacionales, con el fin de promover la estabilidad entre pueblos históricamente enfrentados. Muchos de los elementos diseñados por Coudenhove-Kalergi son claramente rastreables en la creación de las comunidades europeas.

La idea paneuropea, inicialmente minoritaria, ganó adeptos en diversos círculos intelectuales y políticos de entreguerras. La *Unión Paneuropea* organizó congresos, tuvo implantación en varios países y articuló un discurso europeo que, aunque debilitado por el ascenso de los totalitarismos, sobrevivió a la Segunda Guerra Mundial. Tras el conflicto, Coudenhove-Kalergi retomó su activismo europeísta y contribuyó a revitalizar el proyecto de unidad continental. Su influencia se percibe en la creación del Consejo de Europa en 1949, institución que asumió algunos de los principios esenciales del manifiesto paneuropeo, especialmente la centralidad de los derechos humanos y la cooperación jurídica. Del mismo modo, varias figuras clave del europeísmo de posguerra reconocieron el valor precursor de su obra. El pensamiento paneuropeo también inspiró la creación del Movimiento Europeo, constituido entre 1948 y 1949, que se convertiría en una plataforma transversal para promover la integración europea. Este movimiento, integrado por políticos, intelectuales y organizaciones civiles, defendía la necesidad de un marco supranacional sólido que superara las limitaciones de la cooperación intergubernamental clásica. Su trabajo fue decisivo en el clima político que permitió el surgimiento de las comunidades europeas en la década de 1950.

El tránsito del nacionalismo decimonónico al europeísmo federal del siglo XX permite comprender la evolución de la idea de Europa. Si el nacionalismo contribuyó a la formación de los Estados modernos y al desarrollo de las identidades colectivas, también generó tensiones que desembocaron en guerras devastadoras. Frente a ese horizonte de confrontación, la propuesta de Paneuropa planteó una reinterpretación de la soberanía, no como renuncia por parte de los Estados, sino como reorganización colectiva orientada a preservar la paz y fortalecer la posición internacional del continente, sustentada sobre el espíritu europeísta de la sociedad; en el fondo, claro está, se sitúa la intención de debilitar al Estado nación para fortalecer la unión de la ciudadanía europea. Aunque la historia posterior de la integración europea no siguió de manera exacta el modelo diseñado por Coudenhove-Kalergi, muchos de sus principios se convirtieron en pilares esenciales del proceso.

En suma, la trayectoria de los nacionalismos europeos y la respuesta paneuropea configuran uno de los capítulos más relevantes de la historia política contemporánea. La idea de Europa como comunidad de destino, articulada institucionalmente y sostenida sobre valores compartidos, hunde sus raíces en aquella reflexión de entreguerras que anticipó, con notable precisión, los debates que darían forma al orden europeo de la segunda mitad del siglo XX.

4.- II Guerra Mundial, lucha antifascista y Benelux

A comienzos del siglo XX, Europa buscó un modo de evitar que se repitieran las guerras que habían marcado su historia reciente. Tras la Primera Guerra Mundial, la creación de la Sociedad de Naciones representó el primer intento institucional de dotar al continente —y al mundo— de un marco de cooperación capaz de garantizar la paz mediante el diálogo y el arbitraje internacional. Su diseño expresaba una nueva sensibilidad política: la idea de que la estabilidad no podía sostenerse solo en el equilibrio militar, sino en normas compartidas, instituciones permanentes y, en definitiva, una voluntad colectiva de resolver las tensiones por medios pacíficos que se basara en la cooperación de los Estados. Sin embargo, las limitaciones de la Sociedad de Naciones fueron tempranas y profundas. La ausencia de Estados clave en el contexto internacional —notoria la de Estados Unidos, impulsores de la Sociedad de Naciones—, sus débiles mecanismos de cumplimiento y, sobre todo, la persistencia de rivalidades nacionales no resueltas, redujeron su capacidad para influir en la dinámica internacional.

En ese contexto, el discurso que pronunció Aristide Briand ante la Asamblea de la Sociedad de Naciones en 1929 adquirió un relieve especial. Briand, entonces ministro de Asuntos Exteriores de Francia, propuso la creación de una suerte de «federación europea», concebida como una estructura supranacional destinada a estrechar la cooperación entre los Estados del continente. Su planteamiento se adelantó varias décadas a los proyectos de integración que cristalizarían después de la Segunda Guerra Mundial. Briand comprendió que la reconstrucción económica y la estabilidad política dependían de superar la lógica del antagonismo estatal. Propuso un marco que fortaleciera los vínculos económicos, institucionales y políticos entre los Estados europeos, convencido de que solo una Europa articulada en torno a la colaboración podría evitar nuevos conflictos. Sin embargo, sus ideas chocaron con un continente aún dominado por la desconfianza y la afirmación nacionalista, y que hacía oídos sordos a la necesidad de una unión supraestatal europea.

Los años treinta del siglo XX confirmaron las dificultades de la propuesta de Briand. El auge de los fascismos y de los regímenes totalitarios en Italia, Alemania y otros lugares del continente debilitó cualquier apuesta por la cooperación internacional. La crisis económica internacional alimentó un clima de repliegue y proteccionismo que reforzó los nacionalismos de Estado. Mientras tanto la Unión Soviética, después de la victoria en Rusia de los bolcheviques a partir de 1917, consolidaba un modelo político y económico alternativo, profundamente desconfiado de las democracias occidentales, lo que contribuyó a polarizar el continente. En este contexto, la visión europeísta de Briand quedó relegada ante la dinámica de confrontación que conduciría a la Segunda Guerra Mundial. El proyecto europeo fracasó antes de nacer, arrastrado por las tensiones de un siglo que parecía avanzar hacia un enfrentamiento inevitable. Como sabemos, el auge de los fascismos desde su aparición con Mussolini en Italia (1922), Hitler en Alemania (1933) y Franco en España (1936), la negación de las libertades, la imposición del totalitarismo, la persecución y ejecución de minorías —particularmente, la judía— en los campos de concentración, y las ansias expansionistas del nazismo, llevaron a la conflagración abierta que supuso la Segunda Guerra Mundial (1939-1945)

Sin embargo, incluso en los momentos más oscuros del conflicto surgieron voces que imaginaron una Europa distinta. En el ámbito de la resistencia antifascista, muchos pensadores y militantes comprendieron que el origen de las tragedias sucesivas del continente se encontraba en la incapacidad de superar los nacionalismos excluyentes y en la persistencia de modelos estatales orientados hacia la rivalidad. De ese diagnóstico nació uno de los textos más influyentes de la cultura política europea contemporánea: el *Manifiesto de Ventotene*. Escrito en 1941 por Altiero Spinelli, Ernesto Rossi y Eugenio Colorni durante su confinamiento por el régimen fascista en la isla italiana de Ventotene, el manifiesto planteó una ruptura radical con el pasado. Para sus autores, la paz duradera no podía asentarse en un nuevo equilibrio de Estados nación; estos, sostenían, eran parte del problema, no de la solución. Los Estados nacionales, con su lógica de soberanía plena e intereses contrapuestos, eran incapaces de evitar que la tensión entre ellos desembocara cíclicamente en guerras. Por ello, propusieron un proyecto federal europeo: una estructura supranacional que redistribuyera el ejercicio de la soberanía, limitara la autonomía absoluta de los Estados, garantizara un marco común de libertades, justicia y bienestar y, en definitiva, construyera una Europa basada en la colaboración, y no en la rivalidad.

El espíritu federalista que animaba el Manifiesto de Ventotene respondía directamente a la experiencia histórica del continente. Tras dos guerras devastadoras en menos de treinta años, y con el recuerdo vivo de la violencia totalitaria, Spinelli, Rossi y Colorni defendieron la necesidad de una ruptura con la tradición política que se había originado durante los nacionalismos decimonónicos. Su propuesta implicaba la abolición definitiva del modelo estatal clásico como fundamento organizador del sistema internacional. La federación europea se presentaba como un proyecto emancipador: una manera de superar las divisiones que habían precipitado a Europa en el desastre y de construir un espacio político nuevo, basado en la cooperación democrática y la integración profunda. Aquella visión, nacida en medio de la resistencia antifascista, se convertiría después en un referente fundamental para las generaciones que impulsaron los primeros pasos de la integración europea.

Mientras tanto, en medio de la guerra, varios gobiernos europeos habían sido obligados a operar desde el exilio, tras la ocupación de sus países por las tropas alemanas. Entre ellos, los gobiernos de Bélgica, los Países Bajos y Luxemburgo. Lejos de paralizar su acción política, la experiencia del exilio reforzó su conciencia sobre la necesidad de un nuevo marco de cooperación. En 1944, firmaron en Londres el acuerdo que dio origen a la Unión Aduanera del Benelux, concebida inicialmente para coordinar la reconstrucción económica de sus países al finalizar la guerra. Aunque su alcance económico era limitado, su significado político era enorme: el Benelux se convirtió en el primer ejemplo práctico de integración europea en el siglo XX. El proyecto de Benelux demostraba que la colaboración económica no solo era posible, sino también beneficiosa en un continente devastado que necesitaba mecanismos de reconstrucción racionalizados y coordinados. De hecho, su funcionamiento eficaz tras la guerra inspiraría algunas de las estructuras que después serían centrales en la integración comunitaria. El Benelux no fue un precedente decisivo que mostró un camino alternativo al aislamiento estatal, anticipando principios que más tarde adoptaría la Comunidad Europea del Carbón y del Acero y, finalmente, la propia Unión Europea. Finalizada la Segunda Guerra Mundial, el Benelux fue considerado como una experiencia enormemente exitosa.

En paralelo, la reflexión sobre el futuro político del continente avanzaba también desde el Reino Unido. Poco después del fin de la guerra, Winston Churchill pronunció un discurso emblemático en la Universidad de Zúrich, el 19 de septiembre de 1946, que ha pasado a la historia. En él, llamó a la creación de unos «Estados Unidos de Europa»; Churchill entendía que, sin una estructura supranacional, el continente corría el riesgo de repetir los errores del pasado. Su propuesta estaba animada por la convicción de que la reconciliación europea —especialmente la histórica rivalidad entre Francia y Alemania— era indispensable para la estabilidad global. Paradójicamente, Churchill no imaginó que el Reino Unido formara parte de ese núcleo integrador. Desde su perspectiva, el papel británico debía ser el de un aliado y garante externo, no el de un miembro de pleno derecho de la organización que él mismo proponía. La idea de una Europa unida sin Gran Bretaña, expresada en su intervención de Zúrich, anticipó uno de los debates de larga duración en la política europea del siglo XX, que se extendería hasta la dolorosa salida de Gran Bretaña de la Unión Europea, conocida como Brexit, tras el referéndum de 2016.

En estos primeros años de posguerra también surgieron los primeros tratados de cooperación militar que buscaban asegurar la defensa del continente y evitar que el vacío estratégico causado por la devastación bélica precipitara nuevas amenazas. El *Tratado de Dunkerque*, firmado en 1947 entre Francia y el Reino Unido, pretendía organizar la defensa común frente a un posible resurgimiento alemán, pero también frente a la incertidumbre geopolítica que comenzaba a definirse en Europa con el inicio de la Guerra Fría. Este acuerdo fue el preludio de un pacto más amplio: el *Tratado de Bruselas* de 1948. Este Tratado reunió a Francia, el Reino Unido, Bélgica, los Países Bajos y Luxemburgo en una alianza militar y política. Su objetivo era reforzar la cooperación no solo en materia de defensa, sino también en los ámbitos social, económico y cultural. Lo que emergió con el Tratado de Bruselas fue un esquema de seguridad colectiva que ponía de manifiesto la voluntad de los Estados europeos de actuar juntos ante los desafíos comunes. Este acuerdo sería posteriormente uno de los antecedentes directos de la creación de la Unión Europea Occidental y, más tarde, de la arquitectura de seguridad que acompañó el desarrollo europeo durante toda la segunda mitad del siglo XX.

La articulación entre la experiencia devastadora de la guerra, la reflexión intelectual del federalismo europeo, las iniciativas prácticas como el Benelux y los primeros tratados de cooperación militar configuró un nuevo horizonte político para Europa. Tras la Segunda Guerra Mundial, el continente comprendió que la paz no podía sostenerse en la mera reconstrucción de las fronteras previas ni en el restablecimiento de los viejos Estados nación como unidades soberanas aisladas. La integración se convirtió en una necesidad histórica: una respuesta a la violencia y a la desintegración generada por el conflicto, pero también una apuesta por un futuro distinto. El pasado condicionó las decisiones sobre la integración europea para procurar que se repitiera. Así, la Europa que emergió de la Segunda Guerra Mundial no solo buscó reconstruirse materialmente, sino también reinventarse políticamente.

5.- Congreso de La Haya y Consejo de Europa

Tras la Segunda Guerra Mundial, Europa afrontó un panorama desolador. Las infraestructuras estaban arruinadas, el comercio internacional había colapsado, la situación económica era catastrófica, y la desconfianza entre los Estados era todavía profunda. Al mismo tiempo, la amenaza de inestabilidad política, alimentada por la polarización entre Estados Unidos y la Unión Soviética, hacía urgente la reconstrucción económica y la consolidación de modelos democráticos capaces de resistir presiones externas. El continente se encontraba ante la necesidad de rediseñar sus estructuras de cooperación si quería superar las causas que habían derivado en dos conflictos mundiales en menos de treinta años.

Cabe tener en cuenta que, tras la Segunda Guerra Mundial, Europa quedó profundamente marcada por una división ideológica y geopolítica que condicionó su evolución durante casi medio siglo, al segmentarse en dos grandes bloques enfrentados bajo la lógica de la Guerra Fría. En Europa Occidental se consolidaron sistemas políticos liberales y economías de mercado, estrechamente vinculados a Estados Unidos tanto en el plano estratégico como en el económico, mientras que Europa Oriental quedó integrada en la órbita de la Unión Soviética, adoptando regímenes comunistas de partido único y economías planificadas, bajo una tutela política y militar directa de Moscú. Esta división tuvo uno de sus precedentes simbólicos y controvertidos en los acuerdos informales entre Stalin y Churchill durante la guerra, en particular el llamado «acuerdo de los porcentajes» de 1944, mediante el cual ambos dirigentes esbozaron una distribución de zonas de influencia en Europa del Este y los Balcanes, anticipando una fractura del continente que pronto se haría estructural. El bloque comunista europeo se mantuvo, con diferentes grados de rigidez y autonomía interna, hasta finales de la década de 1980, cuando el agotamiento económico y político del sistema, unido a los procesos de reforma impulsados desde la propia Unión Soviética, condujo a la caída del muro de Berlín en 1989, acontecimiento que simbolizó el final de la Europa dividida y abrió un nuevo ciclo de reunificación política e institucional del continente. La división de Alemania se convirtió en el símbolo más visible y duradero de esta fractura, al quedar el país sometido a un régimen de ocupación por parte de las potencias vencedoras, que pronto derivó en dos proyectos políticos y económicos incompatibles. En 1949 se consolidó esta ruptura con la creación de la República Federal de Alemania (Alemania Occidental), integrada en el bloque occidental, y la República Democrática Alemana (Alemania Oriental), incorporada al bloque socialista bajo la influencia directa de la Unión Soviética, lo que transformó la frontera alemana en una línea de separación entre dos modelos de Estado y de sociedad. Berlín, situada en territorio oriental pero dividida en sectores, concentró de manera extrema esta tensión, hasta el punto de que en 1961 se levantó el Muro de Berlín para impedir la salida de población hacia el Oeste, convirtiéndose en un símbolo material de la Guerra Fría. La división alemana se mantuvo durante cuatro décadas, hasta que el colapso del bloque socialista permitió la reunificación en 1990, que cerró una etapa crucial de la historia alemana y aceleró el proceso de integración europea como marco de estabilidad para el continente.

En el contexto de la definición de los dos bloques, una iniciativa decisiva en la inmediata posguerra vino de Estados Unidos. El 5 de junio de 1947, el secretario de Estado norteamericano George Marshall pronunció en la Universidad de Harvard un discurso que sería el germen del *European Recovery Program*. Su objetivo era contribuir a la recuperación económica europea mediante una inyección masiva de recursos financieros, pero también promover la estabilidad política y frenar la expansión de la influencia soviética en el continente. El que acabaría conociéndose como *Plan Marshall* fue principalmente una operación económica, pero también un instrumento estratégico orientado a favorecer la reconstrucción democrática y a incentivar la cooperación entre los países europeos bajo el liderazgo norteamericano. Washington condicionó la recepción de la ayuda a la capacidad de los Estados beneficiarios para coordinarse entre sí, lo que impulsó de manera decisiva la articulación de estructuras europeas de colaboración. Se sellaba así la alianza entre Estados Unidos y Europa Occidental.

Con el fin de gestionar los fondos del Plan Marshall, en abril de 1948 se creó la *Organización Europea para la Cooperación Económica* (OECE). Sus miembros fundadores fueron Austria, Bélgica, Dinamarca, Francia, Grecia, Irlanda, Islandia, Italia, Luxemburgo, Noruega, los Países Bajos, Portugal, Suecia, Suiza, Turquía y el Reino Unido. La OECE se constituyó como un espacio de diálogo permanente en el que los Estados podían planificar conjuntamente la distribución de los recursos y armonizar sus políticas económicas para maximizar el impacto del programa. En 1949 se incorporó la recién creada República Federal de Alemania, un acontecimiento de gran relevancia política que marcó su retorno al escenario europeo y su integración progresiva en las instituciones de cooperación del continente.

La OECE desempeñó un papel crucial para la reconstrucción. Estimuló la liberalización del comercio, fomentó la coordinación entre las economías europeas y promovió políticas orientadas a la modernización industrial. Su importancia fue tal que, una vez concluido el Plan Marshall, la organización se reconvirtió para adaptarse a los nuevos retos de la posguerra En 1961, la OECE fue transformada en la Organización para la Cooperación y el Desarrollo Económicos (OCDE), con sede en París, incorporando a Estados no europeos y ampliando su vocación global. La OCDE se constituyó como una institución permanente destinada a promover políticas económicas, sociales y de gobernanza basadas en la cooperación internacional, convirtiéndose en un referente para las democracias industriales avanzadas.

Este clima de reconstrucción, cooperación y búsqueda de estabilidad alimentó la reflexión sobre el futuro político del continente. Una de las iniciativas más significativas fue el *Congreso de La Haya* de 1948, frecuentemente considerado como el punto de partida simbólico del movimiento europeo organizado, aunque cabe tener en cuenta que solo abarcó sociedades de Europa Occidental, como ocurriría más tarde con la constitución de las comunidades europeas a partir de 1951. Europa Oriental quedaría aislada de estos procesos de integración hasta finales del siglo XX, cuando la caída de la Unión Soviética permitió que los Estados europeos del Este decidieran libremente su incorporación. Los orígenes del Congreso de la Haya se encuentran en los círculos federalistas y europeístas que, desde la resistencia antifascista y los gobiernos exiliados durante la guerra, habían insistido en la necesidad de crear una estructura supranacional capaz de garantizar la paz. La devastación de la guerra y la creciente tensión entre las potencias de la Guerra Fría aceleraron esta toma de conciencia.

El Congreso de La Haya se celebró entre el 7 y el 10 de mayo de 1948. Reunió a alrededor de ochocientos delegados procedentes de prácticamente todo el continente, incluyendo representantes de partidos políticos, intelectuales, sindicalistas, juristas y figuras destacadas de la vida pública europea. Personalidades de la talla de Winston Churchill, Konrad Adenauer, Alcide De Gasperi y Paul-Henri Spaak, que tendrían un importante papel en el futuro para hacer posible la creación de la Comunidad Europea del Carbón y del Acero, participaron en los trabajos del congreso, lo que subrayó su importancia y su potencial transformador. Aunque no tenía competencias normativas, el Congreso actuó como un foro político excepcional, donde se exploraron las bases conceptuales y las posibilidades prácticas de una nueva arquitectura institucional europea. Las dictaduras del sur de Europa, Portugal, Grecia y España, tuvieron un papel testimonial; en el caso español, resaltó la presencia de Madariaga. Salvador de Madariaga (1886-1978), nacido en A Coruña, fue diplomático, escritor e intelectual comprometido con la democracia y el europeísmo, de ideología liberal, anticomunista y antifranquista. Durante la Segunda República desempeñó cargos diplomáticos de gran relevancia: fue embajador en Estados Unidos, representante permanente de España ante la Sociedad de Naciones y, brevemente en 1934, ministro de Instrucción Pública y Bellas Artes y de Justicia. Tras la Guerra Civil optó por el exilio, desde donde promovió el pensamiento europeísta y participó en el Congreso de Europa de La Haya.

El objetivo central del Congreso de la Haya era ambicioso: avanzar hacia la creación de una Federación Europea asentada en la democracia, el Estado de derecho y la protección de los derechos humanos. El Congreso partía de la convicción de que la estabilidad del continente requería superar la lógica del Estado nación soberano, que había conducido a crisis recurrentes y, en última instancia, a guerras devastadoras. La federación europea se presentaba como una alternativa capaz de asegurar la paz mediante instituciones comunes, la integración de intereses y la limitación de las competencias estatales en aquellas materias cuya gestión conjunta resultara más eficaz. Sin embargo, el Congreso no estuvo exento de tensiones conceptuales y políticas. En su seno afloraron dos grandes corrientes: los llamados «utópicos», vinculados al federalismo europeo, y los «funcionalistas», partidarios de una cooperación más gradual y respetuosa con la soberanía estatal. Los utópicos, liderados principalmente por delegaciones de Francia, Bélgica e Italia, defendían la necesidad de dar pasos audaces hacia una federación dotada de instituciones supranacionales fuertes, capaces de legislar y de garantizar el respeto a los derechos fundamentales más allá de los Estados. Su planteamiento se inspiraba en las ideas federalistas que habían circulado en la resistencia antifascista y en textos como el Manifiesto de Ventotene, al que hemos hecho referencia. En cambio, los funcionalistas, entre los que destacaban representantes del Reino Unido, Irlanda y los países escandinavos, entendían que una integración demasiado rápida podía generar rechazo político y poner en riesgo los avances logrados desde el fin de la guerra. Proponían un proceso de cooperación intergubernamental pragmático, centrado en ámbitos técnicos y económicos, que permitiera construir confianza entre los Estados y avanzar hacia objetivos más ambiciosos solo cuando existiera un consenso político consolidado. Esta metodología, basada en avances graduales y funcionales, anticiparía la lógica que posteriormente inspiraría a las primeras Comunidades Europeas.

A pesar de estas diferencias, el Congreso de La Haya logró acuerdos importantes. De hecho, uno de sus resultados más significativos fue la propuesta de crear una institución intergubernamental destinada a promover la democracia, salvaguardar los derechos humanos, y favorecer la cooperación política en Europa. Esta recomendación se tradujo rápidamente en la constitución del Consejo de Europa en mayo de 1949, un punto de equilibrio que satisfacía más a los funcionalistas que a los federalistas. Los miembros fundadores del Consejo de Europa fueron la República Federal de Alemania, Bélgica, Dinamarca, Francia, Irlanda, Italia, Luxemburgo, los Países Bajos, Noruega, Suecia y el Reino Unido. La inclusión de la República

Federal de Alemania marcó un momento trascendental: significaba el retorno de Alemania al espacio político europeo y su compromiso con un proyecto basado en valores democráticos y en la protección de los derechos fundamentales, aunque seguía suscitando reticencias por parte de algunos de los aliados durante la Segunda Guerra Mundial.

El Consejo de Europa se estructuró en torno a una doble institucionalidad: el Comité de Ministros, formado por los ministros de Asuntos Exteriores de los Estados miembros, y la Asamblea Consultiva, compuesta por parlamentarios nacionales designados por los Estados. Esta arquitectura institucional combinaba la cooperación intergubernamental con la participación de representantes parlamentarios, reflejando el equilibrio entre soberanía estatal e impulso europeísta. La aportación más relevante del Consejo de Europa fue la aprobación del Convenio Europeo de Derechos Humanos (*Convenio de Roma*, CEDH), adoptado en 1950 como una respuesta directa a las atrocidades de la guerra y a la urgencia de proteger la dignidad humana mediante normas vinculantes. El CEDH estableció un catálogo de derechos fundamentales exigibles y creó un mecanismo judicial, el Tribunal Europeo de Derechos Humanos, con sede en Estrasburgo, el primer tribunal internacional permanente con acceso directo de las personas frente a los Estados en materia de derechos fundamentales.

El Tribunal Europeo de Derechos Humanos se convirtió con el tiempo en uno de los pilares del ordenamiento jurídico europeo, al garantizar que los Estados signatarios respetaran los derechos reconocidos en el Convenio, al permitir a las personas que pudieran recurrir las sentencias de los jueces estatales cuando violan un derecho de la Convención, y al colaborar en la construcción de una cultura jurídica europea. Las decisiones del Tribunal Europeo de Derechos Humanos son vinculantes para las autoridades políticas y judiciales de los Estados parte del Convenio de Roma. Cuando el Tribunal declara que un Estado ha vulnerado el Convenio, ese Estado tiene la obligación internacional de cumplir la sentencia, lo que implica poner fin a la violación, reparar el daño causado a la persona afectada y adoptar, cuando sea necesario, medidas generales para evitar que la vulneración se repita. La supervisión del cumplimiento corresponde al Comité de Ministros del Consejo de Europa, que controla la ejecución de las sentencias. Todos los Estados miembros del Consejo de Europa son partes en el Convenio Europeo de Derechos Humanos y, por tanto, están bajo la jurisdicción del Tribunal Europeo de Derechos Humanos. Actualmente son 46 Estados los que integran este sistema de protección de derechos humanos, desde Albania hasta el Reino Unido, pasando por Alemania, Francia, España, Italia, Polonia, Noruega, Suecia, Turquía y Ucrania. Rusia formó parte del sistema del Tribunal Europeo de Derechos Humanos desde 1996 hasta 2022, pero tras la invasión de Ucrania, el Consejo de Europa decidió su expulsión y, como consecuencia, Rusia dejó de ser parte del Convenio Europeo de Derechos Humanos el 16 de septiembre de 2022.

La génesis del Congreso de La Haya y la posterior creación del Consejo de Europa deben entenderse como parte de un mismo proceso histórico: el esfuerzo por reconstruir Europa no solo desde sus cimientos económicos, sino también desde una concepción renovada de la democracia y los derechos humanos. La creación del Consejo de Europa en 1949 fue la primera materialización institucional de estas aspiraciones. Su énfasis en los derechos humanos, la democracia y el Estado de derecho ha influido profundamente en el desarrollo político del continente y ha acompañado, desde sus orígenes, los procesos de integración económica y política que continuarían en la segunda mitad del siglo XX. En conjunto, estos acontecimientos representan la transición de una Europa devastada después de las experiencias fascistas y la Segunda Guerra Mundial hacia un proyecto político capaz de asegurar la paz.

6.- Tratado de París: Comunidad Económica del Carbón y el Acero

Hemos hecho referencia a que tras el final de la Segunda Guerra Mundial Europa se enfrentó a un desafío sin precedentes: reconstruir un continente devastado y, al mismo tiempo, evitar que las tensiones que habían conducido a dos conflictos globales volvieran a reproducirse. Entre los problemas más delicados se encontraba la histórica rivalidad entre Alemania y Francia, cuyo enfrentamiento secular, alimentado por disputas territoriales y económicas, había marcado profundamente la política europea desde el siglo XIX. La región del Sarre, rica en carbón, y las provincias de Alsacia y Lorena, con importantes recursos minerales y una población culturalmente híbrida, simbolizaban ese conflicto. Su control había fluctuado entre ambos Estados, convirtiéndolas en territorios estratégicos y cargados de tensiones identitarias y económicas. Desde el siglo XVII hubo cinco grandes entre Francia y los territorios germánicos o Estados alemanes, el último de ellos la guerra franco-prusiana de 1870-1871, que alteró profundamente el equilibrio europeo y sembró un resentimiento duradero en Francia, y que marcaría las relaciones entre ambos países hasta la Primera Guerra Mundial.

Tras la derrota alemana en 1945, las potencias aliadas, Estados Unidos, Reino Unido y la Unión Soviética, se reunieron en la *Conferencia de Potsdam* para determinar el futuro político y económico del país vencido. El objetivo era asegurar que Alemania no recuperara la capacidad industrial que le había permitido sostener el esfuerzo bélico. Se adoptaron medidas dirigidas a reducir drásticamente su potencial militar, desmantelar instalaciones industriales estratégicas y establecer un régimen de ocupación dividido en cuatro zonas controladas por las potencias aliadas que vencieron en la Segunda Guerra Mundial: Estados Unidos, Reino Unido, Francia y la Unión Soviética. La cuenca del Ruhr, motor industrial del país gracias a su combinación de hierro y carbón, se convirtió en una región especialmente vigilada, pues su control determinaba en buena medida la capacidad de Alemania para reconstruir su industria pesada.

La preocupación de los aliados occidentales por la seguridad europea se intensificó en esos primeros años de la posguerra. Francia, en particular, desconfiaba de cualquier posibilidad de recuperación acelerada del poder industrial alemán. El Sarre, con sus minas de carbón y su producción siderúrgica, se convirtió nuevamente en objeto de disputa. Francia intentó separar la región de Alemania y someterla a su propia órbita económica, mientras Alsacia y Lorena, reincorporadas a Francia tras la derrota alemana, volvieron a situarse en el centro del debate sobre el equilibrio franco-alemán. La Unión Soviética, por su parte, avanzaba en la consolidación de su zona de ocupación en el este, lo que contribuyó a ahondar la división geopolítica de Europa.

En 1947, Estados Unidos y el Reino Unido decidieron fusionar sus zonas de ocupación para facilitar la administración y la recuperación económica del territorio bajo su control. La creación de esta bizona y la posibilidad de integrarla con la zona francesa generaron inquietud en Bélgica y Francia, que temían una reindustrialización alemana sin límites. Para responder a esta preocupación, se propuso un sistema de administración internacional de la producción alemana, especialmente en el Ruhr, que incluyera a los propios alemanes. Así, en 1949 se creó la *Autoridad Internacional del Ruhr* para supervisar la producción y distribución de carbón y acero en la cuenca del Ruhr, y su funcionamiento se prolongó hasta 1952. La Autoridad Internacional del Ruhr perseguía dos objetivos relevantes: impedir que Alemania recuperara un potencial militar autónomo, y garantizar el abastecimiento de recursos estratégicos para la reconstrucción europea en la posguerra. Indirectamente, también se propuso combatir la rivalidad entre Francia y Alemania. Si bien se recuerda como un instrumento de tutela externa, su existencia puso de relieve los límites de un control impuesto desde fuera y la necesidad de avanzar hacia formas de cooperación e integración, preparando así el terreno para la creación de la Comunidad Europea del Carbón y del Acero, que analizaremos a continuación.

La idea de una administración europea del carbón y el acero encontró uno de sus principales impulsores en Jean Monnet, Comisario del Plan de Modernización y Equipamiento francés. Jean Monnet (1888-1979), nacido en Cognac, Francia, se formó en economía y finanzas, y muy pronto se involucró en la reconstrucción europea tras la Primera Guerra Mundial. Colaboró con organismos vinculados a la Sociedad de Naciones, especialmente en la coordinación de asuntos económicos y financieros, experiencia que consolidó su visión de la cooperación internacional. Durante la Segunda Guerra Mundial, contribuyó a la planificación de la posguerra y a la coordinación de la ayuda estadounidense a los aliados. Tras el conflicto, aplicó sus conocimientos en la creación de mecanismos supranacionales. Monnet era consciente de que la reconstrucción económica y la estabilidad política solo podían lograrse mediante una transformación estructural de las relaciones entre los Estados del continente. Frente a un modelo estrictamente intergubernamental, defendió la creación de instituciones supranacionales capaces de gestionar intereses comunes y de superar la lógica de los Estados soberanos enfrentados.

Monnet planteó la propuesta a otra figura importante en la construcción de las Comunidades Europeas: Schuman. Robert Schuman (1886-1963), nacido en Luxemburgo y nacionalizado francés, estudió Derecho y se dedicó desde joven a la política. Creció y vivió en Lorena, la región fronteriza históricamente disputada entre Francia y Alemania, lo que marcó profundamente su visión sobre la reconciliación y la necesidad de integración en Europa. En 1950, Schuman asumía la cartera de Asuntos Exteriores en el Gobierno francés, desde donde asumió un papel decisivo para el éxito de la propuesta de Monnet. Su estrecha colaboración con Monnet, con el canciller alemán Konrad Adenauer y con el presidente del Consejo italiano Alcide De Gasperi, favoreció la formulación de un proyecto audaz que pudiera poner fin a las tensiones históricas. El resultado fue la célebre Declaración Schuman, presentada el 9 de mayo de 1950 en el Salón del Reloj del Quai d'Orsay en París.

«La paz mundial no puede salvaguardarse sin unos esfuerzos creadores equiparables a los peligros que la amenazan (…) Europa no se hará de una vez ni en una obra de conjunto: se hará gracias a realizaciones concretas, que creen en primer lugar una solidaridad de hecho (…). El Gobierno francés propone que se someta el conjunto de la producción franco-alemana de carbón y de acero a una Alta Autoridad común, en una organización abierta a los demás países de Europa. La puesta en común de las producciones de carbón y de acero garantizará inmediatamente la creación de bases comunes de desarrollo económico, primera etapa de la federación europea». Así iniciaba esta relevante declaración, documento fundacional de la Comunidad Europea del Carbón y del Acero y, a partir de ella, del proceso europeo de integración. La Alta Autoridad de la CECA se configuraba como una autoridad supranacional, y en esa cuestión reside la genialidad de la propuesta. La declaración Schuman perseguía varios objetivos simultáneos. Por un lado, ofrecía una solución económica pragmática: integrar dos sectores clave para la reconstrucción, el carbón y el acero, y evitar que Francia y Alemania continuaran compitiendo por su control. Por otro, proponía un gesto político sin precedentes para la reconciliación europea: transformar la rivalidad tradicional en una cooperación institucionalizada. Finalmente, establecía un horizonte de largo plazo: el proyecto no se limitaba al carbón y al acero, sino que aspiraba a sentar las bases para una federación europea que garantizara la paz y la prosperidad del continente. El federalismo estaba implícito en el planteamiento de Monnet y en el propio diseño institucional de la propuesta, que preveía la existencia de órganos supranacionales con auténtica capacidad decisoria.

El 18 de abril de 1951, Francia, República Federal Alemana, Italia, Bélgica, los Países Bajos y Luxemburgo firmaron en París el Tratado constitutivo de la Comunidad Europea del Carbón y del Acero; sería la conocida como *Europa de los Seis*. El Reino Unido decidió no sumarse al proyecto inmediatamente, y lo haría varios años después. El Tratado entró en vigor el 23 de julio de 1952, y tendría una vigencia de cincuenta años, hasta su extinción formal en 2002. Con la CECA nacía, de hecho, la primera organización supranacional plenamente operativa en la historia europea moderna.

El *sistema competencial* de la CECA estaba diseñado para garantizar que la producción de carbón y acero —sectores vitales para la reconstrucción económica y la industria pesada— se organizara de manera transparente y equitativa. Una de las decisiones más relevantes fue la abolición de barreras internas que obstaculizaran el comercio de estos productos entre los Estados miembros. Se prohibieron los aranceles, las cuotas y cualquier restricción que pudiera afectar a la libre circulación. Asimismo, se eliminaron las subvenciones estatales que distorsionaran la competencia, así como las prácticas empresariales restrictivas que limitaran el acceso al mercado. La Alta Autoridad tenía también la facultad de fijar precios en determinadas circunstancias, especialmente para evitar abusos de posición dominante o prácticas discriminatorias. Además, se impulsó la armonización de la política comercial exterior en el sector del carbón y el acero, con el fin de presentar una posición común frente a terceros países. Para financiar su funcionamiento y ciertas políticas comunes, se establecieron tasas sobre la producción, lo que permitió a la CECA disponer de recursos propios sin depender directamente de las contribuciones nacionales. Este fue un paso significativo hacia un modelo de integración en el que la organización contaba con autonomía financiera y capacidad normativa.

El *sistema institucional* de la CECA materializaba la lógica supranacional anunciada en la Declaración Schuman. Su órgano central, la *Alta Autoridad*, estaba compuesta por nueve miembros nombrados por acuerdo de los Gobiernos, pero con independencia total en el ejercicio de sus funciones. Su misión era promover los intereses generales de la Comunidad, supervisar la aplicación del Tratado de

París, y adoptar decisiones vinculantes para los Estados y las empresas. Este carácter supranacional constituía una novedad radical en el derecho internacional y anticipaba las estructuras que posteriormente inspirarían a las Comunidades Europeas. Junto a la Alta Autoridad se situaba el *Consejo de Ministros*, representante de los Estados miembros y expresión del componente intergubernamental del sistema. Su función principal era garantizar la coherencia entre las decisiones supranacionales y las políticas nacionales, así como adoptar determinadas resoluciones que requerían cooperación estrecha entre los gobiernos. La presencia de este órgano reflejaba el equilibrio entre los intereses estatales y la lógica supranacional. Por su parte, la *Asamblea Parlamentaria*, formada por setenta y ocho miembros designados por los parlamentos nacionales, ejercía funciones consultivas y de control político sobre la Alta Autoridad. Aunque su papel era limitado en comparación con las instituciones legislativas que surgirían más adelante, representó el inicio de la dimensión parlamentaria del proceso de integración europea. Con el tiempo, esta Asamblea se transformaría en el Parlamento Europeo, el órgano legislativo de las Comunidades Europeas y posteriormente de la Unión Europea. El *Tribunal de Justicia* constituía otro de los pilares institucionales de la CECA. Su función era garantizar la interpretación uniforme del Tratado y asegurar que las decisiones de la Alta Autoridad se ajustaran a la legalidad. Este tribunal ha evolucionado hasta el actual Tribunal de Justicia de la Unión Europea, y durante esa evolución introdujo principios que se convertirían en esenciales para el derecho de la integración, como la primacía y el efecto directo de las normas europeas, que transformarían la relación entre los ordenamientos jurídicos nacionales y el sistema comunitario, y que estudiaremos más adelante con detalle. El diseño de la CECA se completaba con un *Comité Consultivo* integrado por representantes de trabajadores, empresarios y consumidores. Su objetivo era asegurar que las decisiones de la Alta Autoridad tuviesen en cuenta los intereses sociales y económicos de los sectores directamente afectados, incorporando así una dimensión participativa en la gobernanza de la Comunidad.

La creación de la CECA tuvo una importancia decisiva para la integración europea. Más allá de resolver cuestiones concretas relacionadas con la producción de carbón y acero, y de poner fin a la rivalidad económica franco-alemana en este sector estratégico, la

Comunidad representó un cambio conceptual profundo. El Tratado de París inauguró un camino que transformó Europa. Lo que comenzó como un proyecto sectorial orientado al carbón y al acero se convirtió en la piedra angular de un proceso cada vez más ambicioso, que buscaba superar los nacionalismos enfrentados y asegurar la paz en el continente. La experiencia de la CECA no solo resolvió problemas inmediatos de la posguerra, sino que abrió la puerta a una arquitectura política y económica inédita, que con el tiempo daría lugar al mercado común, a la unión económica y monetaria y a una comunidad política basada en valores compartidos. Bajo su estructura se ensayó un modelo de integración supranacional que serviría de base para las futuras Comunidades Europeas y, más tarde, para la Unión Europea. Su legado sigue siendo visible en la estructura, los principios y las ambiciones del actual proyecto europeo.

7.- Tratados de Roma: Comunidad Económica Europea y Comunidad Europea de la Energía Atómica

Como hemos visto, la integración europea se construyó sobre una secuencia de avances, crisis y soluciones imaginativas que fueron definiendo el alcance geográfico, político, económico y jurídico del proyecto común. Tras el impulso inicial de la Comunidad Europea del Carbón y del Acero, *los Seis* buscaron ampliar los espacios de cooperación, particularmente en un terreno entonces considerado estratégico, la defensa. Esa evolución desembocaría primero en un fracaso, la Comunidad Europea de Defensa (CED), y posteriormente en un relanzamiento ambicioso que culminó con la firma de los Tratados de Roma en 1957, creando la Comunidad Económica Europea y Euratom. Ambos tratados sentaron los cimientos de la integración económica y del uso pacífico de la energía nuclear, consolidando un sistema institucional que, con sucesivas reformas, configuraría la arquitectura de la Unión Europea actual. Veamos cómo se desarrollaron estos dos sucesos.

El fracaso de la *Comunidad Europea de Defensa* (CED) mostró las dificultades de avanzar en ámbitos especialmente sensibles. Entre 1950 y 1952, al calor de los avances respecto a la CECA, los seis impulsaron de manera notable la integración militar mediante el denominado *Plan Pleven*, presentado por el primer ministro francés

René Pleven con el apoyo intelectual y político de Jean Monnet y Robert Schuman. El contexto era de máxima tensión, la Guerra fría había polarizado el orden internacional, el rearme alemán parecía inevitable, y se discutía cuál debía ser el papel de Europa frente a la Organización del Tratado Atlántico Norte (OTAN) y al bloque socialista agrupado en torno al futuro Pacto de Varsovia (1955). La propuesta consistía en crear un solo ejército europeo con mando supranacional, integrado por contingentes de los Estados miembros, y uno de cuyos efectos sería evitar que Alemania recuperara su capacidad militar autónoma.

La dimensión política de la integración defensiva exigía una estructura institucional más amplia. Así nació el proyecto de *Comunidad Política Europea* (CPE), concebido como un marco competencial e institucional que combinara la CECA con la futura Comunidad Europea de Defensa. Sus pilares eran una asamblea bicameral, con una Cámara de los Pueblos elegida por sufragio directo y un Senado designado por los Estados, un Ejecutivo supranacional, y un sistema claro de distribución de competencias. En mayo de 1952 se firmaron en París los tratados constitutivos que parecían materializar el sueño de una Europa políticamente integrada.

Sin embargo, en agosto de 1954, tras varios intentos y presiones, la Asamblea Nacional francesa se negó a ratificar la creación de la Comunidad Europea de Defensa, lo que provocó la caída simultánea de la CED y de la Comunidad Política Europea. Aquel rechazo respondió al temor de perder soberanía en un ámbito tan sensible como la defensa, y mostró que la integración política había avanzado demasiado rápido para algunos Estados. Tras el fracaso, se buscó una alternativa que permitiera incluir a la República Federal Alemana en el marco de defensa europeo sin recurrir a estructuras supranacionales. La solución fue la modificación del Tratado de Bruselas de 1948, que hasta entonces articulaba la cooperación militar entre Francia, el Reino Unido y los países del Benelux. En 1954 se creó la Unión Europea Occidental (UEO), a la que ingresaron Alemania y, posteriormente, Italia. La UEO tenía un carácter marcadamente intergubernamental y garantizaba cierta coordinación militar, aunque sin las ambiciones supranacionales del proyecto anterior; a largo plazo, lamentablemente, no sirvió de mucho. Su presencia se mantuvo hasta 2011, cuando sus funciones fueron absorbidas por el marco general de la Unión Europea.

El fracaso de la integración defensiva mostró que el camino hacia la unidad europea debía reconstruirse desde terrenos más seguros y graduales. Así, el 3 de junio de 1955 los ministros de Asuntos Exteriores de *los Seis* se reunieron en la *Conferencia de Messina*. Allí acordaron extender la integración económica más allá del carbón y del acero, proponiendo la creación de un mercado común que abarcara el conjunto de la economía y reforzara la cooperación en sectores estratégicos como la energía. Para elaborar un plan concreto se constituyó un comité presidido por el ministro belga Paul-Henri Spaak, conocido como *Comité Spaak*, cuyo informe, presentado en 1956, delineó un proyecto ambicioso: un mercado común basado en la libre circulación de mercancías, personas, servicios y capitales, la eliminación de barreras internas, la armonización de políticas económicas, y la creación de una comunidad destinada al desarrollo del uso pacífico de la energía nuclear. El *informe Spaak*, que combinaba pragmatismo económico y visión política, sirvió de base para las negociaciones que culminaron en los Tratados de Roma.

El 25 de marzo de 1957 los seis Estados, Francia, Italia, la República Federal de Alemania, Bélgica, Países Bajos y Luxemburgo, firmaron en Roma dos tratados fundamentales: el Tratado constitutivo de la Comunidad Económica Europea (CEE) y el Tratado constitutivo de la Comunidad Europea de la Energía Atómica (CEEA o Euratom). Ambos textos entraron en vigor en 1958 y se convirtieron en el núcleo estructural del proceso de integración europea durante décadas.

El Tratado CEE tenía como propósito la creación de un *mercado común* entre los seis Estados. Su diseño se apoyaba en tres elementos esenciales: la libre circulación, un régimen de competencia abierto, y la armonización de políticas económicas generales. La libre circulación garantizaba la eliminación progresiva de los derechos de aduana y restricciones cuantitativas, así como la libre circulación de factores de producción, personas, trabajadores y profesionales, empresas y capitales. El mercado común debía regirse, además, por reglas de competencia que evitaran prácticas distorsionadoras, incluidos acuerdos restrictivos y abusos de posición dominante, y establecía límites estrictos a las ayudas estatales. La armonización de políticas económicas buscaba coordinar las orientaciones generales de la economía de los Estados y desarrollar políticas sectoriales comunes, como la agricultura o el transporte, prefigurando etapas posteriores de integración económica.

El Tratado CEE estableció también un *sistema institucional* semejante a la CECA que, con variaciones, sigue siendo la columna vertebral de la Unión Europea contemporánea. La *Comisión*, institución supranacional paralela a la Alta Autoridad de la CECA, asumía la defensa del interés general europeo y la iniciativa normativa. El *Consejo de Ministros* representaba a los Estados, y ejercía la potestad decisoria respecto a la legislación. La *Asamblea parlamentaria*, precursora del actual Parlamento Europeo, servía para hacer valer la voz de la ciudadanía y estaba integrada inicialmente por representantes designados por los parlamentos nacionales. El *Tribunal de Justicia* garantizaba la interpretación uniforme del Derecho comunitario y el respeto de los tratados. A estas instituciones se sumaba el *Comité Económico y Social*, órgano consultivo compuesto por empleadores, trabajadores y representantes de diversos sectores socioeconómicos. Desde un inicio, la CEE reflejó la tensión entre dos visiones: la supranacional, partidaria de dotar a Europa de instituciones con poder autónomo y progresivo, y la intergubernamental, que defendía la primacía de los Estados en las decisiones fundamentales.

La *Comunidad Europea de la Energía Atómica* tenía un objetivo más concreto: coordinar el desarrollo de la energía nuclear con fines pacíficos. En pleno contexto de Guerra fría, la energía atómica se percibía por muchos Gobiernos como un recurso clave para garantizar la autonomía energética de Europa y equilibrar su posición frente a las grandes potencias. Tengamos en cuenta que el debate ciudadano sobre la energía nuclear se intensificó posteriormente, a finales de la década de los sesenta y durante los setenta, con creciente atención a los riesgos y al impacto ambiental de este tipo de energía, y que el abandono de Alemania de la energía nuclear se produjo mucho después, a partir del año 2000. Euratom impulsó la creación de un mercado común de equipos, materiales y conocimientos nucleares, estableció normas de seguridad destinadas a proteger a la población y a los trabajadores frente a los riesgos de radiación, y fomentó la investigación mediante mecanismos de cooperación entre los Estados y los centros científicos especializados. El marco institucional de Euratom es similar al de la CEE.

Aunque la CEE y Euratom tenían estructuras institucionales diferenciadas, los Tratados de Roma incorporaron un *Tratado sobre instituciones comunes*, adoptado también en 1957, que establecía una Asamblea y un Tribunal de Justicia comunes a las tres comunidades existentes: la CECA, la CEE y Euratom. En cambio, la Comisión (Alta Autoridad en la CECA) y el Consejo de Ministros permanecían separados. Con intención de superar esa fragmentación, en 1965 se firmó del *Tratado de fusión de los Ejecutivos*. Con su entrada en vigor se creó un Consejo único para las tres Comunidades, denominado *Consejo de las Comunidades Europeas*, y una Comisión única también para las tres, la *Comisión de las Comunidades Europeas*. Desde entonces, CECA, CEE y Euratom compartieron completamente las instituciones, lo que facilitó la coherencia del sistema y preparó el terreno para las posteriores reformas de integración política. Por su parte, el Comité Económico y Social Europeo continuó ejerciendo funciones consultivas en los ámbitos de la CEE y Euratom, mientras que el Comité consultivo de la CECA permaneció activo hasta la expiración del tratado en 2002.

Los Tratados de Roma transformaron el panorama europeo, y con el tiempo permitieron desarrollar el mercado interior, la unión económica y monetaria, y una estructura de cooperación institucional sin precedentes en el continente. A partir de ellos se consolidó una dinámica que, a través de sucesivas ampliaciones y reformas, contribuiría a la construcción de la Europa tal y como la conocemos hoy en día.

8.- De las Comunidades europeas a la Unión Europea

La evolución de las Comunidades Europeas hacia la Unión Europea fue un proceso gradual de ampliación y profundización que transformó la cooperación sectorial de los años cincuenta en un proyecto político y jurídico de alcance continental. Durante estas décadas se combinaron decisiones estratégicas, reformas institucionales, crisis económicas y cambios de liderazgo, elementos que impulsaron una integración cada vez más estrecha y llevaron a Europa de los seis Estados fundadores de 1951 a una Unión de doce Estados en 1992, con una arquitectura institucional capaz de sostener una unión económica y monetaria. Este recorrido, marcado por avances, bloqueos y compromisos, constituye el germen de la Unión Europea actual.

El prestigio adquirido por las Comunidades Europeas tras los primeros años de funcionamiento abrió de inmediato el debate sobre la *ampliación*. En 1961, y nuevamente en 1967, el Reino Unido solicitó su adhesión a las Comunidades Europeas, acompañado de Irlanda, Dinamarca y Noruega. El atractivo del mercado común y el crecimiento económico de los Seis confirmaban el éxito del proyecto europeo, y estos países no querían perder la oportunidad. Sin embargo, la ampliación encontró su mayor obstáculo en la figura del presidente francés Charles de Gaulle, que desconfiaba profundamente de la política británica, a la que consideraba excesivamente vinculada a los Estados Unidos, y temía que su entrada debilitara el carácter autónomo de la integración europea. Su oposición condujo a dos vetos consecutivos, paralizando las negociaciones. Ese mismo periodo estuvo marcado por la llamada *crisis de la silla vacía*: en 1965, como reacción al fortalecimiento progresivo del método supranacional y a las propuestas de ampliación de competencias de la Comisión, Francia decidió retirar a sus representantes del Consejo de Ministros, bloqueando de hecho la toma de decisiones. La crisis solo se resolvió con el *Compromiso de Luxemburgo* (1966), que estableció que en los asuntos especialmente sensibles se mantendría el principio de unanimidad y el derecho de veto. Con ello, la intergubernamentalidad ganaba una batalla a la supranacionalidad, con el precio de introducir un freno significativo en la toma de decisiones comunitarias.

La salida de De Gaulle en 1969 y la llegada de Georges Pompidou a la presidencia de la república francesa abrieron el camino a una nueva etapa. Ese mismo año, en la Cumbre de La Haya, los jefes de Estado y de Gobierno acordaron relanzar el proceso europeo sobre tres ejes fundamentales: profundización, ampliación y finalización del mercado común. La profundización se centraba en la creación de una unión económica y monetaria que dotara de estabilidad y coherencia al proyecto. La ampliación proponía retomar las negociaciones con el Reino Unido, Irlanda, Dinamarca y Noruega, paralizadas hasta el momento por el veto francés. En 1970 se reanudaron las negociaciones y, dos años después, en 1972, se firmaron los *tratados de adhesión*. Irlanda y Dinamarca celebraron referendos favorables al ingreso, mientras que la ciudadanía noruega rechazó su adhesión con un 53,5 % de votos negativos. En consecuencia, en 1973 la Comunidad se amplió a nueve Estados con la incorporación del Reino Unido, Irlanda y Dinamarca.

La adhesión británica, sin embargo, generó dificultades desde el inicio. El Partido Laborista no había participado en las negociaciones de adhesión del Reino Unido, y prometió convocar un referéndum sobre la permanencia en la Comunidad en el caso de ganar las elecciones, lo que finalmente ocurrió. Tras acceder al poder, Harold Wilson renegoció algunos aspectos del tratado, especialmente los relativos a la contribución británica, y con esa victoria debajo del brazo solicitó el parecer de la ciudadanía británica. En 1975 se celebró el referéndum, con el Partido Laborista solicitando el voto afirmativo. El 67 % del electorado apoyó la continuidad, cerrando temporalmente el debate sobre la pertenencia del Reino Unido a la Comunidad.

La incorporación de nuevos Estados hizo evidente la necesidad de adaptar los tratados y consolidar lo que pronto se llamaría el *acervo comunitario*: el conjunto de normas, principios, políticas y decisiones que conforman el cuerpo jurídico de las Comunidades Europeas, y que todo Estado debía aceptar íntegramente al ingresar en ellas. De esa forma se evitaba la difícil tarea de renegociar todo el proceso de integración cada vez que se produciría una nueva adhesión, porque el acervo representaba un punto de no retorno en la profundización del proceso de integración y obligaba a los nuevos Estados miembros a asumir los compromisos previamente acordados. Trataremos este tema con mayor detalle más adelante.

A mediados de los años setenta, Europa enfrentó una *crisis económica* marcada por la inflación y el desempleo tras la crisis del petróleo de 1973. La coordinación económica se volvió esencial, y los principales líderes europeos, Harold Wilson en el Reino Unido, Helmut Schmidt en Alemania y Valéry Giscard d'Estaing en Francia —de posiciones ideológicas diferentes: socialdemocracia en el caso de Wilson y Schmidt, centro-derecha liberal Giscard d´Estaing—, promoverían un impulso político renovado. En la *Cumbre de París* de diciembre de 1974 se consolidó la práctica de las reuniones periódicas de jefes de Estado o de Gobierno de los Estados miembros, las *cumbres*, que se institucionalizaron bajo la denominación de *Consejo Europeo*. Aunque inicialmente no formaba parte de las instituciones comunitarias, el papel del Consejo Europeo se volvió central en la orientación política general de la Comunidad y en la negociación respecto al futuro del proceso de integración por parte de los máximos responsables políticos de los Estados miembro. En esa misma cumbre de París se dio un paso fundamental al acordarse la elección directa del Parlamento Europeo por la ciudadanía de cada país, lo que en 1979 transformó a la Asamblea en un órgano dotado de mayor legitimidad democrática y capacidad de control político.

Simultáneamente, el debate sobre la unión económica y monetaria también avanzó de manera significativa. En la Cumbre de La Haya de 1969, los jefes de Estado y de Gobierno fijaron un nuevo objetivo para la integración europea: la unión económica y monetaria (UEM). Un grupo liderado por el primer ministro luxemburgués Pierre Werner elaboró un informe que planteaba alcanzar una unión económica y monetaria plena en un plazo de diez años. El *Plan Werner*, elaborado en 1971, proponía un proceso gradual hacia una moneda común mediante la coordinación estrecha de las políticas económicas. Sin embargo, el colapso del sistema de Bretton Woods provocó una fuerte inestabilidad en los tipos de cambio, poniendo en cuestión las paridades entre las monedas europeas, enormemente desequilibradas entre ellas —piénsese en la diferencia entre el marco alemán y la lira italiana—, frenando así de manera abrupta el proyecto de la unión económica y monetaria. La cumbre de París intentó salir al paso del problema. La primera medida fue el mecanismo conocido como «serpiente en el túnel», que limitaba la fluctuación de las monedas europeas dentro de un margen del 2,25 %. Aunque sufrió tensiones constantes, supuso un primer intento de estabilización monetaria. La crisis del petróleo, la debilidad del dólar y las divergencias en las políticas económicas provocaron el colapso del sistema, y la «serpiente» no aguantó la presión: perdió a la mayor parte de sus miembros en menos de dos años, y quedó finalmente reducida a una zona de influencia del marco alemán, integrada por Alemania, los Estados del Benelux y Dinamarca.

En 1978, en el Consejo de Bruselas, creó el *Sistema Monetario Europeo* (SME). El sistema se basaba en tipos de cambio fijos pero ajustables, lo que procuraba evitar los peores efectos de las operaciones especulativas contra monedas en particular. Las monedas de todos los Estados miembros, excepto la libra del Reino Unido, formaban parte del Mecanismo de Tipos de Cambio I (MTC I). Los tipos se determinaban a partir de tipos centrales frente a la unidad monetaria europea, el *ecu* (*European Currency Unit*), una unidad de cuenta virtual utilizada en el Sistema Monetario Europeo y en transacciones financieras internacionales. No circularon billetes ni monedas de ecu de curso legal generalizado para el público, aunque algunos países como España, tras su adhesión a la Unión Europea, emitirían monedas conmemorativas con el valor facial en ecus. El Sistema Monetario Europeo configuró un marco más sólido para asegurar la convergencia monetaria, y preparó el terreno para la futura unión económica y monetaria, que se consolidaría en los años noventa.

El proyecto europeo experimentó un *relanzamiento* decisivo en los años ochenta del siglo XX. Líderes como Margaret Thatcher en el Reino Unido, François Mitterrand en Francia y Helmut Kohl en Alemania, también de posiciones ideológicas distintas —Thatcher, conservadora; Mitterrand, socialista; Kohl, democratacristiano—, debatieron sobre el ritmo y la dirección que tomaría el proceso de integración. Al mismo tiempo, la ampliación de las Comunidades Europeas hacia el sur adquirió una dimensión histórica. La consolidación democrática tras la caída de las dictaduras en Grecia, España y Portugal abrió el camino para su ingreso. Grecia se incorporó en 1981, y España y Portugal en 1986, configurando una *Europa de doce Estados*. La integración del sur no solo ampliaba el mercado, sino que reforzaba la estabilidad democrática y el equilibrio político de las Comunidades, y demostraba la confianza de que no habría vuelta atrás en los procesos de democratización griego, portugués y español.

La profundización institucional y normativa se aceleró en paralelo. En 1985 se celebró en Luxemburgo una Conferencia Intergubernamental destinada a reformar los tratados y relanzar la integración. El resultado fue la aprobación del *Acta Única Europea*, firmada en 1986, que representó la primera gran reforma de los tratados fundacionales. Aunque el Consejo Europeo no se integró formalmente como institución, su papel quedó reconocido como órgano de impulso político. Además, el Acta amplió las competencias de la Comunidad en ámbitos como la política regional, el medio ambiente, la investigación y el desarrollo tecnológico, y creó la cooperación política europea en materia exterior, precursora de la futura política exterior y de seguridad común. Su aportación más decisiva fue el compromiso de culminar el mercado interior, eliminando las barreras físicas, técnicas y fiscales, y reforzando la libre circulación.

El paso de las Comunidades Europeas a la Unión Europea se consumó con el *Tratado de Maastricht* de 1992, uno de los textos más importantes desde la fundación del proyecto europeo. Maastricht creó formalmente la Unión Europea y estableció una nueva estructura jurídica basada en tres pilares: el pilar *comunitario*, que integraba la CEE, Euratom y la CECA; la *política exterior y de seguridad común* (segundo pilar); y la *cooperación en asuntos de justicia e interior* (tercer pilar). Con esta estructura se combinaban competencias supranacionales y mecanismos intergubernamentales, reflejando un equilibrio no exento de tensiones entre los Estados miembros: mientras el primer pilar esa supranacional, los Estados decidirían en el marco de la intergubernamentalidad en el segundo y tercer pilar. La reforma institucional de Maastricht fue igualmente profunda: se ampliaron las competencias legislativas del Parlamento Europeo junto con el Consejo, proceso conocido como *codecisión*; se creó el Comité de las Regiones, destinado a reconocer la dimensión territorial de la integración, aunque con carácter consultivo; se introdujo la figura del Defensor del Pueblo Europeo para atender reclamaciones ciudadanas, se abrió paso a la ciudadanía europea, etc. Sin embargo, la política social generó uno de los principales fracasos del tratado, en particular por las reticencias del Reino Unido.

La unión económica y monetaria ocupó una parte sustancial del tratado. El Consejo Europeo en su reunión de Hanóver, en 1988, había solicitado a Jacques Delors, presidente de la Comisión Europea, un informe para definir un plan concreto hacia la Unión Económica y Monetaria. El denominado *Informe Delors* (1989) definió las condiciones para avanzar hacia una moneda única, que trataremos más adelante con mayor detalle. Cabe adelantar que Maastricht tomó la decisión de avanzar hacia esta moneda única europea, y estableció la creación del Instituto Monetario Europeo como paso previo al Banco Central Europeo, encargado de garantizar la estabilidad monetaria y dirigir la futura política monetaria común. La perspectiva de introducir una moneda única, que acabaría denominándose *euro*, representaba un salto cualitativo, pues implicaba armonizar políticas económicas, fiscales y presupuestarias en un grado sin precedentes y no exento de dificultades, como veremos.

El Tratado de Maastricht simbolizó la madurez del proyecto europeo. A partir de una estructura inicialmente económica, se consolidó una unión que incorporaba objetivos económicos, unión monetaria, una incipiente política exterior y de cooperación judicial, y un conjunto complejo de instituciones. El camino de las Comunidades Europeas a la Unión Europea supuso un equilibrio entre ampliación y profundización, entre supranacionalidad e intergubernamentalidad, entre ambición política y pragmatismo institucional. Esa evolución permitió construir una Unión que, con sus retos y contradicciones, se convirtió en un actor político central en el escenario internacional y en un referente histórico de integración pacífica entre Estados.

9.- Caída del muro de Berlín y retos de la ampliación

La *caída del muro de Berlín* en noviembre de 1989 a causa de la crisis estructural de Alemania Oriental y el impacto de las reformas impulsadas por Mijail Gorbachov en la Unión Soviética, la denominada *Perestroika*, supuso un punto de inflexión en la historia europea contemporánea. El derrumbe del símbolo más evidente de la división del continente entre Europa Occidental y Europa Oriental no solo abrió el camino a la reunificación alemana, sino que transformó de manera profunda la lógica política, económica y estratégica de Europa. El orden bipolar heredado de la posguerra perdió su marco de referencia y la integración europea, hasta entonces centrada en la consolidación de la Comunidad y en la profundización de sus estructuras, tuvo que asumir un nuevo escenario en el que se mezclaban oportunidades inéditas y desafíos de enorme magnitud. Europa dejó de mirar únicamente hacia su propio proceso interno para proyectarse hacia un Este que, en plena transición hacia modelos democráticos, reclamaba estabilidad, crecimiento económico, libertades, y un anclaje político seguro tras la desintegración del bloque soviético.

Con el colapso de los regímenes comunistas, los países de Europa Oriental se encontraron ante la tarea de construir estos sistemas democráticos y economías de mercado prácticamente desde cero. Ese proceso, cabe insistir, generó en ellos la necesidad de vincularse a una estructura institucional sólida que les asegurara garantías políticas, acceso al mercado y un horizonte de pertenencia a Europa después de décadas se aislamiento. La Unión Europea, por su parte, comprendió que la estabilidad del continente pasaba por integrar progresivamente a estos nuevos Estados, pero para hacerlo era imprescindible reformar previamente sus instituciones y revisar su modelo interno. Los equilibrios diseñados para una Europa de seis, luego nueve, y después doce Estados, no podían sostener la perspectiva de una Unión que pronto doblaría su tamaño.

En ese marco se convocó la Conferencia Intergubernamental de Turín en 1996, cuyo objetivo era adaptar los tratados a las exigencias de la nueva etapa abierta tras la caída del muro. El resultado de aquella conferencia fue el *Tratado de Ámsterdam* de 1997, concebido como el primer gran instrumento jurídico destinado a preparar a la Unión para la llegada de nuevos miembros procedentes del Este. Ámsterdam intentó fortalecer la política de libertad, seguridad y justicia, perfeccionó el sistema de cooperación reforzada, y revisó parcialmente el funcionamiento de las instituciones. Aunque no resolvió todos los problemas derivados de la futura ampliación, representó un avance relevante en la adaptación institucional y política de la Unión a el nuevo contexto europeo que se avecinaba.

A la vez, la integración de los países del Este exigía revisar aspectos prácticos relacionados con la libre circulación, que durante décadas solo había avanzado parcialmente en relación con las mercancías. El *Acuerdo de Schengen* (1985), inicialmente suscrito fuera del marco comunitario, había ido integrándose en el derecho de la Unión, marcando las bases de un espacio sin fronteras interiores. Como veremos, su incorporación progresiva proporcionó un marco que posteriormente facilitaría el tránsito ciudadano en una Unión cada vez más extensa. Schengen, junto con las reformas de Ámsterdam, contribuyó a configurar un espacio europeo más coherente en materia migratoria, policial y judicial, aunque también generó nuevas exigencias de coordinación entre los Estados miembros.

Mientras se preparaba la gran ampliación hacia el Este, la Unión continuó avanzando en el crecimiento territorial con países que habían solicitado la adhesión. La *cuarta ampliación*, producida en 1995, incorporó a Austria, Finlandia y Suecia, tres países provenientes de la antigua Asociación Europea de Libre Comercio (EFTA). La EFTA había sido creada en 1960 como un modelo alternativo de integración económica frente a la Comunidad Económica Europea, con un enfoque más intergubernamental y centrado en la eliminación de aranceles sin la creación de instituciones supranacionales fuertes. Su progresiva pérdida de atractivo y la mayor solidez del mercado común europeo llevaron a estos tres Estados a solicitar su ingreso en la Unión, lo que convirtió a la Unión Europea en una Europa de quince miembros. La integración de estos países reforzó la dimensión nórdica y centroeuropea del proyecto comunitario, aportando economías avanzadas y tradiciones políticas consolidadas, además de una histórica experiencia en la construcción del Estado social.

Sin embargo, la gran transformación llegó con la anunciada *quinta ampliación* de 2004, que dio lugar al mayor proceso de adhesión de la historia de la Unión. Diez países ingresaron simultáneamente: Estonia, Letonia, Lituania, Polonia, República Checa, Eslovaquia, Eslovenia, Hungría, Chipre y Malta. Este paso no solo supuso un salto cuantitativo, sino también cualitativo, porque en muchos casos representaba la incorporación de Estados que durante décadas habían permanecido bajo sistemas políticos y económicos ajenos a la lógica comunitaria. Para ellos, la Unión era garantía de estabilidad, seguridad y prosperidad; para la Unión, la ampliación significaba la reunificación política del continente y una respuesta geoestratégica clave en el contexto de la posguerra fría. No obstante, esta ampliación planteó enormes desafíos institucionales, financieros y sociales, que exigirían un proceso de adaptación profundo por parte de ambas partes.

El ingreso de estos diez países dejó claro que las reformas institucionales emprendidas en Ámsterdam no eran suficientes, y que era necesario ampliar las instituciones para prevenir bloqueos y obstaculizaciones en el proceso de integración; en definitiva, evitar que una Unión con veinticinco miembros quedara paralizada. Con esta intención se convocó una nueva Conferencia Intergubernamental que desembocó en el *Tratado de Niza* de 2001. Niza abordó cuestiones esenciales relacionadas con el reparto de votos en el Consejo, la composición del Parlamento Europeo y la redefinición de la Comisión. Aunque su resultado fue criticado por complejo y poco ambicioso, permitió que las instituciones mantuvieran un mínimo de funcionalidad en una Unión ampliada. Niza fue, en ese sentido, un paso necesario para que la Unión pudiera absorber nuevas adhesiones sin colapsar políticamente. También estableció las bases que, años más tarde, permitirían la discusión sobre una Constitución europea, aunque este proyecto, como veremos, fracasaría en 2005.

Tras la histórica ampliación de 2004, el proceso continuó con la *sexta ampliación* en 2007, que llevó a Rumanía y Bulgaria a integrarse en la Unión. Ambos países afrontaban desafíos significativos en materia institucional, judicial y económica, y su adhesión se produjo con mecanismos específicos de supervisión y acompañamiento. La incorporación de estos dos Estados reforzó la dimensión del sureste europeo dentro de la Unión, completando en parte la integración de la región balcánica, aunque dejando pendientes futuras ampliaciones en una zona marcada por complejos equilibrios geopolíticos.

La *séptima ampliación*, producida en 2013 con la entrada de Croacia, representó un paso más en la estabilización de los Balcanes occidentales tras los conflictos de los años noventa del siglo XX, cuando se produjo la desintegración de la antigua Yugoslavia. Croacia se convirtió en el vigésimo octavo miembro, cerrando un ciclo que había comenzado con la caída del muro y que había transformado radicalmente la composición de la Unión. La integración de los países balcánicos implica aún un proceso inacabado, en el que la Unión mantiene abiertos varios expedientes de negociación y asociación, y se prevé nuevas incorporaciones en un futuro próximo.

La reforma institucional de la Unión y su progresivo crecimiento territorial estuvieron estrechamente ligados desde 1989 en una permanente tensión entre los dos ejes: ampliación y profundización. La ampliación hacia el Este exigió revisar el funcionamiento interno, adaptar las políticas comunes y fortalecer la cohesión económica y social. La reforma institucional, aunque gradual y a veces insuficiente, fue avanzando en paralelo al proceso de adhesión. Ámsterdam y Niza, cada uno en su momento, fueron instrumentos esenciales para sostener un proyecto que se enfrentaba a la mayor transformación de su historia. Con todo, quedaba claro que ampliar y profundizar al mismo tiempo era una tarea compleja, y que la opción a favor de la profundización que se había puesto de relieve en Maastricht cedió a favor de la ampliación en Ámsterdam, Niza, y los tratados de adhesión de los nuevos Estados miembro.

En resumen, la caída del muro de Berlín abrió la puerta a una nueva Europa que aspiraba a superar definitivamente las divisiones de la guerra fría. La Unión Europea se convirtió en el marco de referencia para los Estados que emergían de la transición poscomunista, al tiempo que consolidaba su propia identidad como proyecto político. Las ampliaciones sucesivas, junto con las reformas institucionales que las hicieron posibles, reflejaron la capacidad del proceso de integración para adaptarse a situaciones históricas cambiantes y para proyectarse más allá de sus equilibrios originales, pero también delataron los límites institucionales para avanzar hacia la federalización y la prioridad en abrir mercados antes de ampliar competencias de integración y mejorar la institucionalidad. Con todo, la Europa de los doce se convirtió tras la caída del muro de Berlín y la gran ampliación en una Europa de veintiocho Estados miembro, transformando no solo la geografía política del continente, sino también la naturaleza misma del proyecto europeo.

10.- Fracaso de la «Constitución» europea y Tratado de Lisboa

Como hemos anticipado, el Tratado de Niza de 2001 representó un esfuerzo significativo por adaptar el funcionamiento institucional de la Unión Europea a una inminente ampliación de dimensiones históricas. Sin embargo, desde el momento mismo de su adopción, resultó evidente que las reformas introducidas tampoco eran suficientes para garantizar la eficacia de una Unión que pronto superaría la veintena de Estados miembros. La *Conferencia Intergubernamental de 2000*, que había servido de base para el tratado, puso de manifiesto la complejidad del equilibrio institucional y la dificultad de armonizar los intereses nacionales en un marco ampliado. Aunque Niza introdujo ajustes en el reparto de poder en el Consejo, amplió las competencias legislativas del Parlamento y reconoció formalmente la Carta de Derechos Fundamentales (sin otorgarle carácter jurídicamente vinculante), su contenido fue recibido como una solución provisional, más orientada a resolver urgencias que a redefinir el proyecto político europeo. El referéndum irlandés de 2001 para la ratificación del Tratado de Niza, con una escasa participación y un resultado negativo, reflejó ese ambiente de incertidumbre. En Irlanda, la ratificación solo pudo completarse tras una nueva consulta en 2002, una práctica que puso de manifiesto la creciente distancia entre las decisiones de las élites europeas y la percepción ciudadana del proceso de integración. Era necesario replantear el rumbo del proyecto común y ofrecer un diseño institucional capaz de combinar eficacia institucional, claridad normativa y, sobre todo, mayor legitimidad democrática en un proceso de integración que reclamaba un cambio en su fundamento y arquitectura.

En ese contexto surgió la propuesta de elaborar una *Constitución europea*. La idea no apareció repentinamente: ya formaba parte del debate intelectual y político desde los años ochenta, pero adquirió fuerza tras la caída del muro de Berlín y durante la preparación de las grandes ampliaciones hacia el Este. El *Consejo Europeo de Laeken*, celebrado en diciembre de 2001, asumió oficialmente el reto, y convocó una Convención encargada de preparar un proyecto que sirviera de base para la futura Conferencia Intergubernamental que debía ultimar las transformaciones de los tratados. La Convención Europea estuvo presidida por Valéry Giscard d'Estaing, acompañado por dos vicepresidentes y un Praesidium encargado de coordinar los trabajos. Su composición fue principalmente institucional: participaron representantes de los parlamentos nacionales, del Parlamento Europeo, de la Comisión, de los gobiernos de los Estados miembros y de los países candidatos, además de observadores procedentes del Comité de las Regiones y del Comité Económico y Social. La presencia de actores tan diversos pretendía reforzar la legitimidad de un proceso que aspiraba a superar los límites de una mera negociación diplomática entre gobiernos y avanzar hacia un texto de nuevo cuño. El resultado, al final, no sería el esperado.

El trabajo de la Convención se prolongó durante más de un año y culminó en 2003 con la presentación de un borrador que posteriormente sería debatido por los jefes de Estado y de Gobierno. El *Consejo Europeo de Bruselas* de diciembre de ese año no logró alcanzar un acuerdo definitivo, pero en una segunda reunión celebrada también en Bruselas los días 17 y 18 de junio de 2004 se cerró finalmente el texto. La aprobación del Acta Final tuvo lugar en octubre de 2004 y el *Tratado por el que se instituye una Constitución para Europa*, denominación final del texto, fue firmado solemnemente en Roma el 29 de ese mismo mes, evocando la firma fundacional de los tratados de las comunidades europeas de 1957.

A pesar del nombre empleado, el texto adoptado no era una Constitución en sentido estricto, sino un tratado internacional que seguía siendo jurídicamente equivalente a los anteriores tratados de reforma; su naturaleza era, pues, propia de un instrumento de Derecho internacional. La utilización de la expresión «Constitución europea» respondía al propósito político de presentar el documento como una síntesis global del proceso de integración, un marco común que reunificara los tratados existentes, simplificara su lectura y dotara de mayor visibilidad al funcionamiento de la Unión, usando un término, Constitución, que podría ser mítico y desprender legitimidad en las sociedades europeas. Técnicamente, el proyecto constitucional pretendía fusionar los tratados precedentes, incorporar la Carta de Derechos Fundamentales como texto vinculante, clarificar la distribución de competencias entre la Unión y los Estados miembros, y no mucho más. Introducía novedades institucionales de cierta relevancia, como el establecimiento de una presidencia estable del Consejo Europeo y una redefinición del papel de los parlamentos nacionales en el control de la subsidiariedad, pero nunca fue ni de forma ni de fondo una *Constitución*.

Una vez firmado el Tratado por los Gobiernos, el proyecto encontró dificultades profundas al someterse a los procesos de ratificación según los cauces internos de cada Estado miembro, como todo tratado internacional. Con el objeto de fortalecer la legitimidad democrática directa en el proceso de ratificación, se diseñó un calendario de referéndums en algunos países, incluso cuando no eran necesarios para ultimar el tratado. El primer referéndum tuvo lugar en España el 20 de febrero de 2005, con un resultado favorable del 77 %. Aunque este apoyo fue considerado un respaldo político significativo, no anticipó el desenlace de los meses siguientes. El 29 de mayo de 2005, Francia rechazó el tratado con un 54 % de votos negativos. Tres días después, el 1 de junio, los Países Bajos también lo rechazaron con un 61,5 % de votos contrarios. Estos resultados hicieron imposible continuar con los procesos de ratificación previstos en otros Estados y provocaron la suspensión total del proyecto. El *fracaso* de la llamada Constitución europea obligó a la Unión a replantear el camino, pues el texto ya no reunía la legitimidad política necesaria para entrar en vigor.

Las razones del rechazo fueron diversas y, en ocasiones, contradictorias entre sí. En Francia y los Países Bajos, una parte del electorado expresó su preocupación ante una integración percibida como demasiado tecnocrática y alejada de la ciudadanía, que usaba el término «Constitución» sin que hubiera una participación popular y un proceso constituyente elegido directamente por el pueblo. Otros sectores temían los efectos económicos de la ampliación hacia el Este, especialmente en países con fuerte sensibilidad social. También se observaron críticas desde posiciones que consideraban el texto excesivamente liberal en lo económico, mientras que otras lo reprochaban por introducir elementos que, a su juicio, debilitaban la soberanía nacional. El carácter híbrido del documento —tratado internacional con nombre, y quizás pretensión en un futuro, de Constitución— contribuyó a la confusión, y dificultó su comprensión de lo que realmente estaba en juego por parte de amplias capas de población. La denominación «Constitución europea», aunque políticamente sugerente, no coincidía con la naturaleza jurídica del texto, lo que aumentó la percepción de ambigüedad.

Tras el fracaso del proyecto constitucional, los Estados miembros se enfrentaron a la necesidad de retomar la reforma institucional sin repetir los errores del proceso anterior. El Consejo Europeo decidió en 2007 convocar una nueva Conferencia Intergubernamental orientada a una reforma tradicional de los tratados, sin referencias simbólicas que pudieran generar expectativas desmesuradas o controversias innecesarias, ni referéndums innecesarios. El resultado fue el *Tratado de Lisboa*, firmado el 13 de diciembre de 2007, que reformó el Tratado de la Unión Europea de 1992 y sustituyó el Tratado de la Comunidad Europea por el actual Tratado de Funcionamiento de la Unión Europea. En el momento de su aprobación fue conocida como la «miniconstitución»: buscaba rescatar varios avances del proceso fracasado, pero sin la solemnidad con que se había presentado.

Así fue: Lisboa incorporó buena parte del contenido sustantivo del proyecto constitucional, aunque empleó una técnica más sobria y jurídica. La Carta de Derechos Fundamentales pasó a ser jurídicamente vinculante a través de una referencia expresa en el nuevo artículo 6 del Tratado de la Unión Europea. Se mantuvieron figuras institucionales como la presidencia estable del Consejo Europeo, se reforzó el papel del Parlamento Europeo en el proceso legislativo, y se amplió el mecanismo de codecisión, transformado en «procedimiento legislativo ordinario». También se reconoció explícitamente la iniciativa ciudadana europea, y se reforzaron los mecanismos de control democrático y de subsidiariedad. El reparto de competencias se reorganizó para ofrecer una estructura comprensible que distinguiera con mayor claridad entre las competencias exclusivas, compartidas y de apoyo.

Como hemos avanzado, la estrategia de ratificación del Tratado de Lisboa evitó, en la medida de lo posible, el recurso a referéndums. La mayoría de los Estados optaron por procedimientos parlamentarios ordinarios, conscientes de que la experiencia previa había mostrado la dificultad de someter un texto técnico y complejo a decisiones plebiscitarias condicionadas por factores internos ajenos al contenido del tratado. No obstante, Irlanda, en virtud de su Constitución, debía celebrar un referéndum para proceder a la ratificación. En junio de 2008, el tratado fue sometido al escrutinio popular y rechazado por un 53,4 % de los votantes, lo que generó un nuevo periodo de incertidumbre. Tras la introducción de aclaraciones y garantías en materias sensibles, Irlanda volvió a convocar el referéndum en octubre de 2009, que esta vez resultó favorable con un 67,1 % de votos afirmativos. En España, la ratificación se produjo mediante la aprobación de la Ley Orgánica 1/2008, de 30 de julio, que autorizó formalmente la aceptación del texto. La vía parlamentaria permitió evitar los riesgos asociados a un referéndum, procurando una ratificación ágil y alineada con la estrategia adoptada por la mayoría de Estados miembros.

El Tratado de Lisboa entró en vigor el 1 de diciembre de 2009, clausurando una década de intensa reflexión institucional y política, y de no pocos trasiegos políticos. Representó la culminación de un proceso iniciado con las insuficiencias detectadas en Niza, continuado con el ambicioso pero fallido intento de establecer una mal llamada «Constitución» europea, y finalmente reconducido hacia una reforma jurídica más tradicional pero políticamente eficaz. Lisboa proporcionó a la Unión un marco institucional más coherente, reforzó su identidad internacional y consolidó los avances normativos que habían emergido durante el debate constitucional. El fracaso de la llamada Constitución europea no significó el rechazo al proyecto de integración, sino la necesidad de adaptar sus métodos y ambiciones a la realidad política de un continente plural y complejo. El Tratado de Lisboa fue la respuesta pragmática a ese desafío: un texto que, sin retórica constitucional ni mayores parsimonias, incorporó las reformas esenciales para responder a los desafíos de la Unión en los nuevos tiempos. Cuestión diferente es si lo está logrando.

11.- ¿Una Unión para siempre? El Brexit y los desafíos que enfrenta Europa

El debate sobre la permanencia del *Reino Unido* en la Unión Europea comenzó a tomar forma en 2013, cuando el primer ministro David Cameron, del Partido Conservador, prometió un referéndum sobre la pertenencia a la Unión si ganaba las elecciones. Con esa promesa buscaba contener la presión interna de los sectores euroescépticos, así como frenar el avance del Partido de la Independencia del Reino Unido (*UK Independence Party),* que había situado la cuestión europea en el centro del debate político británico. Tras su victoria electoral, Cameron cumplió el compromiso y convocó una consulta que se celebró el 23 de junio de 2016. Aquel día, el 51,9 por ciento de los votantes optó por el No, lo que supuso una conmoción para el proyecto europeo y para el propio sistema político británico, cuya mayoría —incluido Cameron y el Partico Conservador— habían hecho campaña por el Sí después de alegar que se había negociado con la Unión Europea un estatuto beneficioso para los británicos. Las explicaciones sobre aquel resultado continúan siendo objeto de análisis, desde los factores económicos y territoriales (el Sí venció en la población joven y urbana; el No en la de más edad y rural) hasta la manipulación informativa y el uso masivo de datos personales, como quedó reflejado en la polémica intervención de Cambridge Analytica, que seleccionaba perfiles susceptibles de modificar su voto mediante mensajes personalizados. Lo cierto es que la decisión estaba tomada.

Tras el referéndum se abrió un largo proceso de negociación que culminó con la salida efectiva del Reino Unido, iniciada con un periodo de transición que se extendió hasta el 31 de enero de 2020; la Europa de los Veintiocho se convirtió en la actual Europa de los Veintisiete. La retirada puso fin a la idea, muy presente durante décadas, de que la integración europea era un camino irreversible. El Brexit dejó claro que la Unión Europea no constituye un compromiso permanente, y que es posible renunciar a formar parte del proyecto común, incluso después de cuarenta años de pertenencia: finalmente, era una decisión de cada Estado. Esta realidad ha alterado la percepción interna y externa de la Unión, obligándola a reforzar sus mecanismos institucionales y a plantearse con mayor claridad las condiciones de permanencia y de eventual salida.

Las repercusiones del Brexit han sido significativas tanto para la Unión como para el propio Reino Unido. Para la Unión supuso, en primer lugar, la pérdida de un Estado miembro de gran peso histórico, económico, diplomático y militar, que desde su adhesión en 1973 había ejercido un papel fundamental en el impulso del mercado interior y en la orientación de la integración. También significó la necesidad de reorganizar el reparto de poder interno, la reasignación de escaños en el Parlamento Europeo, y la adaptación del presupuesto plurianual. Paradójicamente, la salida británica produjo el efecto político contrario al que algunos observadores anticipaban, ya que fortaleció la cohesión de la Unión. Ningún otro Estado ha manifestado desde entonces su interés en abandonar el proceso europeo.

Para el Reino Unido las consecuencias han sido todavía más visibles. Conviene recordar que los británicos nunca participaron en el espacio Schengen ni en la Política Agraria Común, y que se beneficiaron durante años de un estatuto singular que le permitía tomar parte en el mercado interior sin asumir todos los compromisos propios de la integración. La salida ha tenido efectos sobre el comercio, el flujo de inversiones y la movilidad de personas, lo que ha generado fricciones económicas duraderas. El restablecimiento de controles aduaneros dificultó las exportaciones, especialmente en sectores como el agroalimentario y el automovilístico, mientras que la exclusión del mercado interior y de la unión aduanera complicó la situación de las empresas británicas que dependían de cadenas de suministro europeas. A ello se suma la incertidumbre política generada por la posición de Irlanda del Norte, cuyo estatuto especial mantiene un vínculo regulatorio con el mercado interior para evitar el restablecimiento de una frontera física en la isla. Escocia ha reforzado su reivindicación independentista al considerar que fue apartada de la Unión Europea contra su voluntad, lo que ha añadido nuevas capas de complejidad constitucional y de viabilidad futura al Reino Unido.

En paralelo a estas transformaciones, la Unión Europea debe afrontar el desafío de las futuras *adhesiones*. Si bien el proceso se ralentizó en la década posterior a la gran ampliación de 2004, en la actualidad ha recuperado una dimensión geopolítica central. En el contexto derivado de la guerra en Ucrania y de la creciente competencia entre potencias globales, la ampliación se convierte en una herramienta estratégica para estabilizar el continente y fortalecer el proyecto europeo. Los países candidatos presentan trayectorias muy distintas, por lo que resulta útil establecer un orden aproximado según su probabilidad de entrada en el medio plazo.

El país con mayores posibilidades de adhesión próxima es Montenegro, que ha avanzado de manera constante en la apertura y cierre de capítulos negociadores y ha mantenido una orientación política claramente europeísta; de hecho, la moneda oficial de Montenegro es el euro, que usa de manera unilateral desde 2002. Macedonia del Norte ocupa también una posición elevada debido a las reformas institucionales emprendidas y a su trayectoria de cooperación con la Unión, aunque su proceso se ha visto afectado por bloqueos derivados de disputas con Estados miembros. Serbia podría situarse en un nivel intermedio, ya que mantiene negociaciones abiertas desde hace años, pero su alineamiento con la política exterior europea es irregular, y su relación aún por aclarar con Kosovo añade incertidumbre al proceso. Albania ha registrado progresos importantes, especialmente en la reforma judicial y en la lucha contra la corrupción, pero su recorrido sigue siendo desigual. Bosnia y Herzegovina presenta un escenario más frágil debido a la compleja estructura institucional derivada de los acuerdos de paz de Dayton (1995), que pusieron fin a la guerra, y a las dificultades para consolidar reformas estructurales profundas.

Moldavia y Ucrania han adquirido un peso estratégico inédito tras la invasión rusa de la segunda, lo que ha acelerado su reconocimiento como países candidatos y ha intensificado la cooperación política y económica con la Unión. Georgia se encuentra en una situación parecida, con progresos irregulares y un sistema político sometido a tensiones internas que complican su consolidación democrática. Turquía ocupa un lugar singular como candidato histórico cuya adhesión está formalmente abierta pero prácticamente congelada debido al distanciamiento político y a la deriva autoritaria observada en los últimos años, a pesar de la indiscutible importancia cultural, económica y geopolítica de su ingreso en la Unión Europea. En conjunto, este mapa de candidaturas muestra la necesidad de que la Unión adapte sus procedimientos para mantener la credibilidad del proceso de ampliación y asegurar que los compromisos adquiridos se traducen en avances reales.

El caso de *Kosovo*, «país candidato potencial», representa uno de los puntos más delicados dentro de la política de ampliación. Se trata de un país candidato potencial que proclamó unilateralmente su independencia en 2008, lo que generó un conflicto diplomático que todavía no se ha resuelto plenamente. Cinco Estados miembros de la Unión, España, Grecia, Rumanía, Eslovaquia y Chipre, no reconocen la independencia kosovar, lo que limita la capacidad de la Unión para avanzar de manera coherente en su estrategia hacia los Balcanes Occidentales. Esta falta de reconocimiento dificulta la adopción de una posición común y convierte a Kosovo en un ejemplo paradigmático de las tensiones entre política interna y política exterior en el seno de la Unión, y cómo la adhesión de nuevos Estados conduce necesariamente a la necesidad de puntos comunes en política exterior.

La ampliación implica retos internos significativos. La Unión debe plantearse cómo adaptar sus políticas comunes, sus mecanismos de toma de decisiones, o sus presupuestos, para integrar a Estados con estructuras económicas heterogéneas y niveles de desarrollo divergentes. Resulta imprescindible reformar la gobernanza, especialmente en lo relativo al voto por unanimidad en ámbitos sensibles como la política exterior o la fiscalidad, pues una Unión más numerosa necesitará una mayor agilidad para responder a crisis y oportunidades. También será necesario reforzar los instrumentos financieros destinados a facilitar la convergencia económica, garantizar el Estado de derecho, y asegurar que los nuevos miembros cumplen de manera efectiva los valores y normas fundamentales del proyecto europeo. No son retos fáciles, desde luego.

Finalmente, cabe ser conscientes de que en las próximas décadas la Unión Europea deberá navegar entre desafíos de gran alcance, que pondrán a prueba su capacidad de adaptación. Las transformaciones geopolíticas derivadas de la rivalidad entre grandes potencias, la transición energética, la digitalización, el envejecimiento demográfico, la gestión de los flujos migratorios o la autonomía estratégica ocupan un lugar central en la agenda europea. La necesidad de un ejército europeo es más acuciante que nunca, incluso en comparación con la época del fracaso de la Comunidad Europea de Defensa, pero las voluntades de los Estados no parecen transcurrir firmemente por estos derroteros. A estos retos se suma la necesidad de consolidar la legitimidad democrática del proyecto común mediante una mayor participación ciudadana, una comunicación más transparente, y una acción institucional capaz de responder a las preocupaciones sociales. La experiencia del Brexit ha demostrado que el vínculo entre ciudadanía e integración europea no puede darse por sentado, y que la cohesión interna depende de que la Unión sea percibida como un espacio que ofrece seguridad, prosperidad y protección de derechos, pero también cercanía y capacidad de decidir desde la ciudadanía sobre el qué y el cómo en Europa. En definitiva, se echan de menos pasos relevantes hacia la federalización de la Unión Europea, objetivo final del proceso de integración.

La ampliación de la Unión no es un mero mecanismo técnico, sino que representa una oportunidad para redefinir el papel de Europa en el mundo y para reforzar su capacidad de actuación global; es una decisión de enorme importancia geopolítica, social y económica. La Unión será más fuerte si logra combinar apertura y exigencia, integración y respeto a la diversidad, ambición geopolítica y coherencia normativa. El éxito dependerá de su habilidad para mantener la unidad entre sus miembros y para adaptar sus instituciones con mayor acierto a un entorno en evolución constante. Por todo ello, la pregunta sobre si la Unión será una unión para siempre invita a reflexionar sobre la profundidad del compromiso colectivo, sobre la capacidad del proyecto europeo para renovarse sin renunciar a los valores que lo han sostenido desde su origen, y sobre quiénes queremos ser los europeos en el futuro.

Bibliografía

Ahijado Quintillán, Manuel (2004), *Historia de la unidad europea. Desde los precedentes remotos a la ampliación al Este*, Pirámide, Madrid.

Aldecoa Luzárraga, Francisco; García Cancela, Eduardo (2023), *La Unión Europea: de la idea utópica de Europa a la Unión Europea como potencia mundial*, Shackleton Books, Barcelona.

Anderson, Perry (2010), *El nuevo viejo mundo. Historia de Europa desde 1945*, Akal, Madrid.

Ash, Timothy Garton (2023), *Europa: Una historia personal*, Taurus, Madrid.

Carpentier, Jean; Lebrun, François (dirs.) (2014), *Breve historia de Europa*, Alianza Editorial, Madrid.

Elorza, Javier (2023), *Una pica en Flandes. La huella de España en la Unión Europea*, Debate, Barcelona.

Fernández Navarrete, Donato; Fernández Egea, Rosa María (2022), *Historia de la Unión Europea: de los orígenes al post-Brexit*, UAM Ediciones, Universidad Autónoma de Madrid, Madrid.

Gil Pecharromán, Julio (2017), *Historia de la integración europea*, UNED, Madrid.

Isla Frez, Amancio (1997), «Los orígenes de la idea de Europa y Carlomagno», en *Europa: proyecciones y percepciones históricas*, coordinado por Ángel Vaca Lorenzo, Universidad de Salamanca, Salamanca, págs. 17-30

Judt, Tony (2013), *¿Una gran ilusión? Un ensayo sobre Europa*, Taurus, Madrid.

Martín de la Torre, Victoria (2015), *Europa, un salto a lo desconocido: Un viaje en el tiempo para conocer a los fundadores de la Unión Europea*, Encuentro, Madrid.

Martínez, Rafa; Calatrava García, Adolfo; Marrero Jimeno, Miguel Ángel; Olmedo Palomino, Iván (2024), «El ejército europeo: tan cerca y tan lejos», *Revista CIDOB d'Afers Internacionals*, nº 137 (septiembre 2024), págs. 15-43.

Mazower, Mark (2001), La Europa negra: desde la Gran Guerra a la caída del comunismo. Ediciones B, Barcelona.

Pedrol Rovira, Xavier; Pisarello, Gerardo (2005), *La «Constitución» europea y sus mitos: una crítica al tratado constitucional y argumentos para otra Europa*, Icaria, Barcelona

Pérez-Bustamante, Rogelio (2008), *Jean Monnet, ciudadano de Europa*, Edisofer, Madrid.

Pérez-Bustamante, Rogelio (2024), *Historia de la Unión Europea (1914–2023)*, Tirant Lo Blanch, València.

Pérez Sánchez, Guillermo Ángel; Miranda Escolar, Belén; Vidal Fernández, Begoña (coords.) (2020), *La Unión Europea al cumplirse los 70 años de la Declaración Schuman (1950-2020)*, Ediciones Universidad de Valladolid, Valladolid.

Steiner, George (2005), *La idea de Europa*, Ediciones Siruela.

Valvidares Suárez, María Ludivina (2011), *La búsqueda del Leviatán europeo: proyectos de paz perpetua y construcción de Europa*, Trea, Gijón.

Viciano Pastor, Roberto (2000), *La reforma institucional de la Unión Europea y el Tratado de Ámsterdam*, Tirant lo Blanch, València.

II. QUÉ ES Y QUÉ PUEDE HACER LA UNIÓN EUROPEA: NATURALEZA Y ATRIBUCIONES

1.- La Unión Europea: qué es y qué abarca

La Unión Europea es una construcción política sin equivalentes exactos en el Derecho comparado, una entidad *sui generis* que resulta del compromiso de sus Estados miembros de avanzar en un proceso de integración económica y política cada vez más profundo. No es una federación clásica ni una organización internacional tradicional, aunque contenga elementos de ambas, sino una unión económica y política única que abarca hoy a veintisiete países que han decidido compartir decisiones legislativas, ejecutivas y judiciales en ámbitos esenciales, desde la economía hasta la protección de los derechos fundamentales. Como hemos visto, su finalidad fundacional apuntaba a un futuro federal europeo, una aspiración presente desde el final de la Segunda Guerra Mundial y que ha guiado, con mayor o menor intensidad según las épocas, las transformaciones institucionales de la integración. La Unión Europea se basa en la asociación voluntaria y democrática de sus Estados miembros, que libremente aceptan participar en un proyecto común que funciona conforme al Estado de derecho y cuya estructura jurídica se sostiene en los Tratados, que en conjunto suponen una auténtica norma constitutiva del sistema europeo.

La identidad de la Unión se ha expresado también mediante *símbolos* que buscan reforzar la cohesión de un espacio político diverso. El himno europeo, la adaptación instrumental de la Oda a la alegría de Beethoven, fue adoptado en 1985 como signo de la voluntad de convertir la cultura y la convivencia pacífica en fundamentos del proyecto europeo. El Día de Europa, celebrado cada 9 de mayo, recuerda la Declaración Schuman de 1950, que como hemos visto propuso la creación de una comunidad supranacional para poner en común la producción del carbón y del acero, garantizando así que la guerra entre países europeos resultara materialmente impedida. La bandera europea, con un círculo de doce estrellas doradas sobre fondo azul, simboliza la armonía y la unidad de un continente que aspiraba a superar rivalidades históricas. El lema «Unida en la diversidad», proclamado en el año 2000, expresa la ambición de construir un espacio común capaz de respetar identidades nacionales, lingüísticas y culturales diferentes, demostrando que la integración no pretende eliminar la pluralidad europea sino hacerla convivir dentro de un marco de valores compartidos.

El ámbito territorial de la Unión Europea está integrado por los *Estados miembros*: Alemania, Austria, Bélgica, Bulgaria, Chequia, Chipre, Croacia, Dinamarca, Eslovaquia, Eslovenia, España, Estonia, Francia, Grecia, Hungría, Irlanda, Italia, Letonia, Lituania, Luxemburgo, Malta, Países Bajos, Polonia, Portugal y Rumania. Esta enumeración permite plantear una cuestión importante, la diferencia entre Europa y la Unión Europea. Como se ha comentado, Europa es un concepto geográfico, cultural e histórico de contornos variables, mientras que la Unión Europea es un proyecto político específico, dotado de instituciones, normas y competencias. No todos los países europeos pertenecen a la Unión ni todos los territorios dependientes de los Estados miembros forman parte automáticamente de ella; muchos ni siquiera se ubican en el continente europeo. La pertenencia a la Unión es una decisión política y jurídica, no una consecuencia geográfica.

Esta complejidad se aprecia claramente en los territorios que mantienen vínculos con Estados miembro pero poseen un estatuto especial que los sitúa en posiciones diversas respecto a la Unión. Existen territorios que, aun dependiendo de un Estado miembro, *no forman parte de la Unión Europea* y quedan fuera de su ordenamiento. Entre ellos están Groenlandia, que tras un referéndum abandonó la entonces Comunidad Económica Europea en 1985; Aruba y Curazao en el Caribe; Nueva Caledonia y la Polinesia Francesa en el Pacífico; o las islas Feroe, en el Atlántico Norte, vinculadas a Dinamarca pero excluidas de la Unión. Sus relaciones con la Unión se articulan mediante regímenes específicos que combinan la autonomía local, los intereses económicos y los vínculos históricos.

Otros territorios sí forman parte de la Unión Europea pero cuentan con un *estatuto singular* que adapta la aplicación del Derecho europeo a sus circunstancias particulares. Entre ellos se encuentra el Monte Athos en Grecia, con un régimen monástico especial; las islas Åland en Finlandia, que disfrutan de una amplia autonomía y poseen particularidades fiscales y aduaneras; Ceuta y Melilla, junto con otras pequeñas plazas de soberanía españolas en el norte de África; Livigno en Italia, con un régimen fiscal propio; Büsingen am Hochrhein en Alemania, o Heligoland, también alemana, ubicada en el mar del Norte. Estos regímenes diferenciales ponen de relieve la flexibilidad del Derecho europeo para adaptarse a realidades territoriales muy diversas, aunque lo cierto es que se trata de excepciones con marcadas particularidades,

A esta variedad se suman las *regiones ultraperiféricas*, nueve territorios alejados del continente europeo que forman parte integrante y no separable de un Estado miembro y, por tanto, forman parte de la Unión Europea a todos los efectos. Se trata de los departamentos franceses de ultramar: Guadalupe, Guayana Francesa, Martinica, isla de Reunión y Mayotte, junto con la colectividad de ultramar de la isla de San Martín; la comunidad autónoma española de Canarias, frente a la costa noroeste de África; y las regiones autónomas portuguesas de Azores y Madeira, en medio del Océano Atlántico. Debido a su distancia, insularidad y dependencia económica, estas regiones se benefician de un régimen especial dentro del Derecho europeo orientado a reducir las desigualdades estructurales, garantizar su integración plena en el mercado interior, y paliar las consecuencias de su lejanía.

La Unión Europea se define también por su *naturaleza jurídico-política*, que la sitúa en un plano distinto de cualquier otra organización internacional. Posee órganos políticos propios, estructurados para ejercer funciones legislativas, ejecutivas y jurisdiccionales, y dotados de atribuciones que superan las de un organismo puramente intergubernamental. Su ordenamiento jurídico es autónomo, distinto tanto del Derecho internacional como del Derecho interno de los Estados miembros, y se caracteriza por principios que garantizan su eficacia, como la primacía y el efecto directo. La existencia de un corpus normativo propio y de instituciones que actúan en nombre de la Unión configura un sistema jurídico que opera de manera integrada en los Estados miembros y condiciona sus ordenamientos nacionales.

La personalidad jurídica de la Unión, reconocida expresamente en el artículo 47 del Tratado de la Unión Europea, permite a la organización actuar como *sujeto de Derecho internacional*. Esta personalidad no surgió con el Tratado de Lisboa; anteriormente la poseían las tres Comunidades Europeas, y la Unión la asumió tras su fusión institucional y la reforma de los tratados. Gracias a esta capacidad jurídica, la Unión puede celebrar acuerdos internacionales, firmar tratados dentro de las competencias que le atribuyen los Estados miembros, e incluso convertirse en miembro de organizaciones internacionales. También puede adherirse a convenios internacionales, como el Convenio Europeo de Derechos Humanos, una adhesión prevista pero todavía no concluida. Los acuerdos internacionales celebrados por la Unión son obligatorios para sus instituciones y para sus Estados miembros y, como veremos, prevalecen sobre sus leyes, lo que subraya la profundidad del compromiso jurídico que supone la pertenencia a la Unión.

Ser sujeto de Derecho internacional implica además disponer de capacidad para actuar exteriormente en nombre propio. La Unión puede establecer relaciones diplomáticas, ser representada ante otros Estados o ante organismos internacionales, recibir representantes extranjeros, presentar demandas y comparecer ante tribunales internacionales. Esta proyección externa forma parte de la acción exterior de la Unión, que se articula mediante políticas comunes como la política comercial o la política exterior y de seguridad común, y que busca dotar a la Unión de una presencia coherente en el ámbito internacional.

La combinación de estos elementos, desde los símbolos hasta la personalidad jurídica internacional, revela la complejidad y la originalidad de la Unión Europea, un proyecto político basado en la cooperación, la integración gradual y el respeto de los valores democráticos. Su naturaleza híbrida, a medio camino entre un Estado federal y una organización internacional, ha permitido a los Estados europeos avanzar en la construcción de un espacio común sin renunciar a su identidad, pero con la voluntad compartida de actuar juntos en los ámbitos donde la unión resulta más eficaz que la acción aislada. La Unión Europea no es un ente acabado; es una realidad en constante transformación. Esa evolución permanente es, precisamente, lo que la convierte en una experiencia política única en la historia contemporánea.

2.- Valores, objetivos y principios: el fundamento axiológico de la Unión Europea

Los valores constituyen parámetros de orientación que permiten identificar aquello que una comunidad considera fundamental para su convivencia. No son simples preferencias ni compendios abstractos, sino convicciones profundas que moldean expectativas colectivas, influyen en la interpretación normativa, inspiran la acción institucional. En un orden político complejo como la Unión Europea, construido sobre la integración de Estados con tradiciones, culturas jurídicas e historias diversas, los valores adquieren una relevancia singular. Representan el punto de encuentro que hace posible un proyecto compartido pese a las diferencias, además de ofrecer un criterio común para evaluar la legitimidad de los comportamientos institucionales y de los Estados miembros. Aunque cada Estado mantiene su propia identidad constitucional, la pertenencia al espacio europeo exige aceptar un núcleo axiológico que orienta tanto la actuación interna como la proyección exterior de la Unión. Los valores no solo cohesionan, también permiten medir desviaciones, garantizar estándares democráticos, o sostener la credibilidad de la Unión en el plano internacional.

Ese fundamento axiológico aparece formulado en el artículo 2 del Tratado de la Unión Europea, que afirma literalmente lo siguiente: «La Unión se basa en los valores de respeto de la dignidad humana, libertad, democracia, igualdad, Estado de derecho y respeto de los derechos humanos, incluidos los derechos de las personas que pertenecen a minorías. Estos valores son comunes a los Estados miembros en una sociedad caracterizada por el pluralismo, la no discriminación, la tolerancia, la justicia, la solidaridad y la igualdad entre mujeres y hombres». Esta disposición sintetiza el núcleo de la identidad europea y actúa como cláusula de referencia para el resto del ordenamiento. El respeto de la dignidad humana implica reconocer a toda persona como un fin en sí misma, base ética y jurídica de todos los derechos fundamentales. La libertad comprende tanto las libertades individuales como las públicas, refiriéndose a la capacidad de elección personal, autonomía moral y protección frente a injerencias injustificadas. La democracia establece que el poder se fundamenta en la voluntad popular y se ejerce mediante instituciones representativas, procesos electorales libres y sistemas de responsabilidad política. La igualdad exige eliminar discriminaciones, asegurar que todas las personas reciban el mismo trato ante la ley y en el disfrute de sus derechos. El Estado de derecho requiere que todas las actuaciones públicas se sometan a la legalidad, que existan tribunales independientes y que las normas se apliquen con garantías plenas. El respeto de los derechos humanos abarca tanto los derechos clásicos como los de las minorías, garantizando que la diversidad forme parte de la convivencia común y que ningún grupo resulte excluido o vulnerado.

El artículo añade valores que caracterizan el modo en que estos principios deben realizarse en la práctica. El pluralismo implica aceptar la coexistencia de visiones políticas, sociales, religiosas y culturales distintas, permitiendo que la diversidad se exprese sin coerciones. La no discriminación proscribe cualquier distinción injustificada por motivos de sexo, origen étnico, religión, orientación sexual, discapacidad o cualquier otra condición personal. La tolerancia se concreta en el respeto mutuo y en la capacidad de vivir en comunidades diversas sin imposiciones unilaterales. La justicia requiere instituciones y procedimientos que garanticen imparcialidad, protección judicial efectiva y respeto de las reglas comunes. La solidaridad expresa la disposición a compartir cargas, afrontar desafíos colectivos y reducir desigualdades entre territorios y personas. La igualdad entre mujeres y hombres completa este conjunto al exigir la eliminación de barreras históricas, sociales y culturales, asegurando que las oportunidades y derechos sean los mismos para todas las personas sin distinción.

Este conjunto de valores no funciona únicamente como declaración programática, también actúan como compromiso exigible, que condiciona la pertenencia y la actuación de los Estados miembros. La Unión ha establecido mecanismos para que estos valores se cumplan desde el momento de la adhesión de nuevos Estados. Los *criterios de Copenhague*, incorporados en las pautas de ampliación, exigen estabilidad institucional, respeto efectivo de la democracia, Estado de derecho, derechos humanos y protección de minorías, además de la capacidad para asumir las obligaciones derivadas de la pertenencia a la Unión. Estas exigencias no se limitan a la fase previa al ingreso, sino que deben mantenerse de manera continua mientras se pertenezca al proceso de integración. La Unión ya no es solo un mercado común; es un espacio político fundado en principios compartidos que no pueden ser relativizados por decisiones internas de los Estados.

Cuando estos valores corren peligro, el artículo 7 del Tratado de la Unión Europea ofrece un mecanismo para reaccionar ante su violación grave por parte de un Estado miembro. Este procedimiento no contempla la expulsión del Estado que incumple, pero sí la posibilidad de *suspender* determinados derechos derivados de la pertenencia, entre ellos el derecho de voto del representante del Estado en el Consejo Europeo. La iniciativa puede ser propuesta por un tercio de los Estados miembros, por el Parlamento Europeo o por la Comisión. La constatación de la violación requiere una mayoría de cuatro quintas partes del Consejo, después de que el Parlamento haya otorgado su aprobación. El Estado afectado no participa en la votación que determina la existencia de la violación, aunque debe ser escuchado y puede presentar alegaciones y compromisos de corrección. Además, el Consejo puede formular recomendaciones y, una vez adoptadas las medidas, estas pueden ser modificadas o revocadas si la situación mejora. Incluso bajo la suspensión de derechos, las obligaciones derivadas de la pertenencia a la Unión siguen siendo vinculantes, de modo que el Estado no queda liberado del cumplimiento del Derecho de la Unión Europea. Este mecanismo refleja el equilibrio entre preservar la cohesión política y evitar decisiones irreversibles, al tiempo que pone sobre la mesa la posibilidad de una respuesta proporcional ante desviaciones que ponen en riesgo la credibilidad del proyecto europeo. Hasta el momento, no ha sido necesario usar este procedimiento frente a ningún Estado miembro.

Junto con los valores, la Unión ha establecido una serie de objetivos que orientan su acción y que se encuentran recogidos en el artículo 3 del Tratado de la Unión Europea. Este artículo afirma que «la Unión tiene como finalidad promover la paz, sus valores y el bienestar de sus pueblos». La paz, como hemos visto, constituye el origen histórico del proceso de integración y continúa siendo su horizonte esencial, entendido no solo como ausencia de conflicto armado, sino como construcción de un espacio cooperativo basado en la estabilidad, la confianza mutua y el desarrollo sostenible. El bienestar de los pueblos introduce un enfoque social que trasciende la mera integración económica y sitúa en el centro la calidad de vida de las personas. El artículo añade que la Unión creará un espacio de libertad, seguridad y justicia sin fronteras interiores, en el que se garantice la libre circulación de personas junto con medidas adecuadas en materia de control de fronteras exteriores, asilo, inmigración, prevención y lucha contra la delincuencia. Esta fórmula constituye uno de los pilares del proyecto europeo, pues combina apertura interna y responsabilidad externa, equilibrio entre derechos individuales y necesidades de seguridad, y cooperación entre sistemas judiciales y policiales.

El apartado 3 del artículo 3 del Tratado de la Unión Europea determina que la Unión establecerá un mercado interior orientado al desarrollo sostenible, lo que incluye crecimiento económico equilibrado, estabilidad de precios, una economía social de mercado altamente competitiva que tienda al pleno empleo y al progreso social, así como un nivel elevado de protección y mejora de la calidad del medio ambiente. También incorpora el fomento del progreso científico y técnico, reconociendo la importancia de la innovación para la competitividad global. El objetivo de luchar contra la exclusión social y la discriminación refuerza la dimensión social del proyecto europeo, complementada por la promoción de la justicia y la protección sociales, la igualdad entre mujeres y hombres, la solidaridad entre generaciones y la protección de los derechos de niñas y niños. La cohesión económica, social y territorial pretende reducir desigualdades entre regiones, garantizando que el crecimiento y las oportunidades se distribuyan de manera equilibrada. La solidaridad entre Estados miembros se expresa en mecanismos financieros de cooperación y en la acción concertada ante desafíos comunes. La última disposición del apartado incorpora además el compromiso de respetar la diversidad cultural y lingüística, y de velar por la conservación del patrimonio cultural europeo, entendiendo la diversidad como riqueza y como base de la identidad plural de la Unión. Finalmente, el apartado 4 establece la creación de una unión económica y monetaria cuya moneda es el euro.

En sus relaciones con el mundo, determina el apartado 5 del artículo 3 del Tratado de la Unión Europea, la Unión se compromete a afirmar y promover sus valores e intereses, contribuyendo a la protección de sus ciudadanos. Su acción exterior busca fomentar la paz, la seguridad, el desarrollo sostenible del planeta, la solidaridad y el respeto mutuo entre los pueblos, promover un comercio libre y justo, contribuir a la erradicación de la pobreza y proteger los derechos humanos, en especial los derechos de la infancia. También se compromete al estricto respeto y desarrollo del derecho internacional, especialmente los principios de la Carta de las Naciones Unidas. Esta dimensión exterior refleja la voluntad de proyectar el modelo europeo como un referente global basado en cooperación, multilateralismo y defensa de la legalidad internacional.

En conjunto, los valores y objetivos de la Unión Europea configuran un fundamento axiológico que sostiene su identidad y orienta su evolución. Actúan como límite, como impulso y como criterio de responsabilidad política. Permiten medir la coherencia entre el discurso y la acción, sirven para reencuadrar debates internos, y constituyen una base compartida que ningún Estado puede modificar unilateralmente. Sin ellos, la Unión perdería cohesión y no podría legitimarse ante sus ciudadanos ni ante el resto del mundo. Aun así, cabe tener en cuenta que su función es principalmente legitimadora y de fundamentación axiológica, y las consecuencias jurídicas de los valores y objetivos, por su propia naturaleza, son limitadas.

3.- Sujetos constituyentes: Estados miembros

Los Estados que integran la Unión Europea pueden entenderse como sujetos constituyentes porque son ellos quienes crean, reforman y sostienen el proyecto de integración europeo mediante su compromiso y consentimiento, ejercido a través de los tratados. Esta posición fundacional les otorga una doble condición: por un lado, son los titulares de la potestad originaria que permite modificar el marco jurídico esencial de la Unión mediante los procedimientos de aprobación o reforma de los tratados; por otro lado, son los responsables de garantizar que la Unión siga funcionando, ya que los tratados que la estructuran carecerían de eficacia sin la participación continuada y activa de los Estados miembros. Su importancia radica en que, a diferencia de las organizaciones internacionales tradicionales, la Unión Europea no se limita a servir de foro de cooperación entre Estados, sino que establece una estructura política y jurídica propia y diferenciada que gobierna un ámbito material propio, y su funcionamiento depende de que los Estados miembros cedan competencias, armonicen sus políticas y respeten los valores que comparten. Los Estados miembro siguen siendo la base misma del sistema europeo, el origen de su legitimidad jurídica.

Un *Estado miembro* es aquel que forma parte de la Unión Europea y que ha asumido un conjunto de obligaciones y derechos derivados de los tratados y del acervo comunitario, que como veremos constituye la suma del Derecho primario, el Derecho derivado y la jurisprudencia del Tribunal de Justicia. En la actualidad, como sabemos, son veintisiete Estados los que conforman la Unión, y todos ellos participan en igualdad jurídica en el gobierno del proyecto común, mediante su presencia en el Consejo Europeo, en el Consejo de la Unión y en el resto de instituciones. Esta igualdad no implica uniformidad política, económica o cultural, sino reconocimiento mutuo como partes integrantes de una entidad que se caracteriza por su diversidad interna y por su vocación de integración progresiva. La incorporación de un Estado se produce mediante el procedimiento de adhesión y su desincorporación se articula a través del procedimiento de retirada, de forma que la pertenencia a la Unión es voluntaria y se basa en el consentimiento continuado del Estado implicado. La adhesión y la retirada son así las dos vías que permiten regular la composición variable de la Unión y reflejan la flexibilidad del sistema europeo.

La *adhesión* de nuevos Estados miembros se encuentra regulada por el artículo 49 del Tratado de la Unión Europea y se complementa con los criterios aprobados en *Copenhague* en 1993 y precisados en *Madrid* en 1995. El primer requisito es que el solicitante sea un Estado *europeo*, lo que introduce un criterio geográfico, político y cultural que, como hemos avanzado, ha sido objeto de interpretación flexible, pero que sigue siendo determinante para delimitar el alcance de la ampliación. Además, el Estado debe respetar los valores comunes que, como hemos visto, están establecidos en el artículo 2 del Tratado de la Unión Europea, y comprometerse a promoverlos, lo que implica verificar la existencia de un sistema político democrático, de instituciones estables y de un marco jurídico que garantice la protección de los derechos humanos, incluido el respeto de las minorías. Este primer ámbito, de naturaleza política, constituye la base para considerar si el Estado solicitante es compatible con el modelo europeo, que se define como un espacio de libertad, estabilidad y democracia.

El segundo grupo de requisitos se refiere a la *economía*. El Estado candidato debe disponer de una economía de mercado en funcionamiento y ser capaz de afrontar la presión competitiva y las fuerzas del mercado dentro de la Unión, de modo que su incorporación no genere desequilibrios graves ni afecte al mercado interior. Este criterio refleja la importancia que tiene la integración económica en el proyecto europeo, cuyo objetivo es garantizar que todos los Estados puedan participar en igualdad de condiciones en el mercado interior y beneficiarse de sus oportunidades. Para ello no basta con que un país adopte determinadas políticas de liberalización, sino que debe demostrar estabilidad macroeconómica, credibilidad institucional y capacidad de adaptación a un entorno económico dinámico y altamente competitivo.

El tercer ámbito es el de la *armonización jurídica*. El Estado debe ser capaz de asumir las obligaciones que se derivan de la adhesión y de incorporar el acervo comunitario, que incluye miles de normas y políticas sectoriales, así como aceptar los objetivos de la unión política, económica y monetaria. Esto exige no solo adaptar su legislación interna, sino también garantizar que su Administración pública pueda aplicar eficazmente las normas europeas y pueda participar en la elaboración de nuevas políticas. La armonización no se reduce a una transposición formal; busca asegurar que el Estado candidato se encuentre plenamente alineado con los principios y mecanismos institucionales de la Unión. Esta condición técnica y jurídica constituye, en muchos casos, el elemento más complejo de las negociaciones, porque suele implicar reformas estructurales profundas.

El *procedimiento de adhesión* comienza con la presentación formal de la solicitud por parte del Estado interesado. La Comisión Europea emite un dictamen en el que evalúa la idoneidad del solicitante y, si el dictamen es positivo, el Consejo Europeo decide por unanimidad si concede la condición de *país candidato*. Nótese la diferencia con la denominación «país candidato potencial», pensado para el particular caso de Kosovo desde que formalizó su solicitud de adhesión en 2022, lo que no implica ser país candidato. La concesión de la condición de país candidato no implica un derecho automático a la adhesión, sino la apertura de un proceso largo y estructurado que depende tanto del cumplimiento de los criterios establecidos como de la capacidad de la Unión para absorber nuevos miembros. Las negociaciones se inician por capítulos temáticos que abarcan desde cuestiones económicas y financieras hasta políticas ambientales, sociales o judiciales. Durante este proceso el candidato debe acometer reformas destinadas a garantizar la estabilidad institucional, el fortalecimiento del Estado de derecho, el funcionamiento adecuado de las instituciones democráticas y la modernización de la Administración pública. La Comisión examina periódicamente el avance y ofrece asistencia financiera y técnica para facilitar el proceso de adaptación.

Una vez que finalizan las negociaciones y se considera que el Estado cumple los requisitos, el Parlamento Europeo debe aprobar la adhesión por mayoría y el Consejo Europeo debe dar su consentimiento unánime. Posteriormente se firma el tratado de adhesión, que debe ser ratificado por todos los Estados miembros de acuerdo con sus procedimientos constitucionales; es decir, la adhesión de un nuevo Estado miembro no solo requiere la aprobación de la Unión Europea, sino de todos y cada uno de los Estados que en ese momento forman parte de la Unión. Solo después de cumplir estos pasos el Estado se convierte en miembro pleno, y el tratado de adhesión entra en vigor. Este procedimiento refleja el carácter profundo de la incorporación a la Unión, que no constituye un mero acuerdo internacional sino una integración estructural en un orden jurídico y político singular.

La retirada de un Estado miembro se encuentra regulada por el artículo 50 del Tratado de la Unión Europea, que establece un procedimiento claro para la salida voluntaria y unilateral de un Estado. El proceso se inicia mediante una notificación formal del Estado al Consejo Europeo, que adopta orientaciones sobre el modo en que deben desarrollarse las negociaciones de retirada. La Unión negocia con el país un acuerdo que fija las condiciones de su salida y la futura relación, que puede abarcar desde cuestiones comerciales hasta derechos de los ciudadanos, cooperación judicial o participación en programas comunes. El acuerdo debe ser aprobado por el Consejo de la Unión por mayoría cualificada, previa aprobación del Parlamento Europeo. Los tratados dejan de aplicarse al Estado desde la entrada en vigor del acuerdo o, si no se alcanza uno, dos años después de la notificación, salvo que el Consejo Europeo decida prorrogar este plazo de forma unánime. En caso de que un Estado que se ha retirado desee reincorporarse, debe seguir nuevamente el procedimiento de adhesión previsto en el artículo 49, sin privilegios derivados de su pertenencia anterior. De este modo, la retirada no suspende el vínculo de manera temporal, sino que implica una ruptura definitiva del marco jurídico de la Unión.

Como hemos visto, hasta ahora solo se ha producido una retirada efectiva, la del Reino Unido, que notificó su intención de abandonar la Unión en 2017 y culminó el proceso en 2020 tras un periodo de transición. Este precedente ha demostrado que, aunque la pertenencia a la Unión se basa en un compromiso voluntario y mantenido en el tiempo, la salida de un Estado genera profundas repercusiones tanto para la Unión como para el país que decide retirarse. También ha puesto de manifiesto que la integración europea no es irreversible, en contra de lo que podían pensar algunos teóricos del proceso europeo de integración hace décadas; que los tratados prevén mecanismos para gestionar tanto la ampliación como la contracción de la Unión, y que la pertenencia implica un equilibrio nada fácil de conseguir entre soberanía del Estado e integración supranacional.

Los Estados miembros son por tanto los pilares fundamentales sobre los que se articula todo el proyecto europeo. Su capacidad para crear, transformar y, en última instancia, abandonar la Unión sitúa su voluntad política en el centro del funcionamiento del sistema. Al mismo tiempo, la Unión Europea no se limita a ser una suma de Estados, sino que constituye una entidad propia, con instituciones y ordenamiento jurídico específicos, que estructura y condiciona la acción de los Estados que la integran. Esta dualidad, que combina soberanía estatal y ejercicio compartido del poder, es uno de los rasgos más característicos del modelo europeo.

4.- Ciudadanía, derechos, supresión de fronteras interiores

Los derechos fundamentales constituyen uno de los ejes esenciales sobre los que se articula el proyecto político y jurídico de la Unión Europea, aunque esta centralidad no estuvo presente desde los primeros pasos del proceso de integración. En los años fundacionales, la preocupación principal se concentró en la reconstrucción económica tras la Segunda Guerra Mundial, en la creación de un mercado común y en el establecimiento de estructuras de cooperación capaces de evitar el retorno de los conflictos que habían devastado el continente. En aquel contexto, los derechos fundamentales aparecían como una materia esencialmente reservada a los Estados y vinculada a sus propias Constituciones, mientras que la Comunidades Europeas asumía solo competencias económicas y regulatorias. Salvo algunos derechos económicos relacionados con la libre circulación de trabajadores o con la igualdad de trato en el ámbito laboral, la dimensión de los derechos permaneció prácticamente ausente del diseño institucional europeo durante sus primeras décadas. Esta ausencia no obedecía a una falta de sensibilidad hacia la importancia de la protección de las personas, sino a la idea de que la construcción europea debía configurarse a partir de consensos mínimos que evitaran interferir en la soberanía de los Estados. Con el paso del tiempo esta visión resultó insuficiente para una comunidad que avanzaba hacia formas de integración cada vez más profundas, y en un continente con una amplia tradición en la vigencia de los derechos.

La falta de mecanismos explícitos de protección de los derechos dentro de la Comunidad Europea llevó a un papel subsidiario decisivo del Convenio Europeo de Derechos Humanos, adoptado en el marco del Consejo de Europa, y del Tribunal Europeo de Derechos Humanos, conocido como Tribunal de Estrasburgo, a los que ya hemos hecho referencia. Aunque el Convenio y la Comunidad Europea pertenecían a organizaciones distintas, los Estados que fundaron la Comunidades también eran parte del Convenio, lo que permitió que las garantías de Estrasburgo funcionaran de manera paralela al desarrollo del Derecho comunitario. Durante muchos años, este sistema actuó como una red de seguridad complementaria para la ciudadanía, de forma que cuando la normativa europea afectaba a derechos fundamentales, se esperaba que los Estados, responsables últimos de aplicar el Derecho comunitario, respetaran los estándares del Convenio. El Tribunal de Justicia de las Comunidades Europeas (Tribunal de Luxemburgo), consciente de esta necesidad, desarrolló progresivamente la doctrina según la cual los derechos fundamentales formaban parte de los principios generales del Derecho comunitario y, para definir su contenido, acudió a las tradiciones constitucionales comunes de los Estados y a las garantías del Convenio Europeo de Derechos Humanos. De esta manera, Estrasburgo se convirtió en un referente para Luxemburgo, y la cooperación y el diálogo jurisprudencial entre ambos tribunales sentó las bases para el reconocimiento formal de los derechos en el edificio jurídico de la futura Unión Europea.

A finales del siglo XX, la elaboración de una Carta propia de derechos fundamentales se convirtió en una necesidad política y jurídica. El avance de la integración, la idea de una ciudadanía europea y la ampliación de competencias de la Unión exigían que los derechos fundamentales dejaran de depender únicamente de principios jurisprudenciales para convertirse en un texto escrito, identificable y accesible. La ciudadanía europea fue introducida por el Tratado de Maastricht en 1992 como una innovación decisiva en la trayectoria de la integración europea, al añadir una dimensión política a un proyecto que hasta entonces se había estructurado principalmente sobre bases económicas. Su creación supuso que todas las personas nacionales de los Estados miembros pasaban a ser también ciudadanos de la Unión. Esta condición de *ciudadanía europea* se superpone a la ciudadanía nacional sin sustituirla, y otorga un conjunto específico de derechos destinados a reforzar la participación democrática y la movilidad dentro del espacio europeo. Entre estos derechos destaca la libertad de circulación y residencia en cualquier Estado miembro, que amplía las posibilidades de vivir, estudiar o trabajar en otro país de la Unión sin más requisitos que los exigidos a los nacionales del Estado de acogida. También se reconocen la protección diplomática y consular por parte de cualquier Estado miembro cuando la persona se encuentre en un país tercero en el que su propio Estado no esté representado, el derecho a votar y a ser elegido en las elecciones municipales y al Parlamento Europeo en el Estado de residencia, y el derecho de petición ante el Parlamento Europeo, así como el acceso al Defensor del Pueblo Europeo. La ciudadanía europea configuró así un nuevo vínculo político entre las personas y la Unión, que reforzó su identidad común y acercó la integración a su dimensión cívica.

El esfuerzo de construir un catálogo más completo de derechos culminó en la *Carta de los Derechos Fundamentales de Niza*, proclamada en 2000 como un instrumento declarativo que reunía en un único cuerpo normativo los derechos civiles, políticos, económicos y, en menor medida, sociales reconocidos en la tradición constitucional europea y en los tratados internacionales. Aunque en ese momento la Carta no tenía valor jurídicamente vinculante, su impacto fue inmediato, ya que se convirtió en un marco interpretativo de referencia para las instituciones y para el Tribunal de Justicia de la Unión Europea. Con el Tratado de Lisboa, en 2009, la Carta adquirió el mismo valor jurídico que los Tratados constitutivos, lo que significó su plena integración en el ordenamiento de la Unión y la elevación del catálogo de derechos a un rango equivalente al de normas fundacionales.

El artículo 6 del Tratado de la Unión Europea sintetiza esta evolución, y constituye una norma clave para comprender el modelo europeo de protección de los derechos fundamentales. Su apartado primero establece que la Unión reconoce los derechos, libertades y principios enunciados en la Carta de Niza, que tendrá el mismo valor jurídico que los Tratados. Esta afirmación presenta dos particularidades de enorme trascendencia. En primer lugar, convierte la Carta en un instrumento plenamente vinculante y en una fuente directa de derechos para los ciudadanos dentro del ámbito competencial de la Unión. En segundo lugar, sitúa a la Carta al mismo nivel que los tratados, lo que implica que ninguna norma europea puede contradecir sus disposiciones. El apartado segundo dispone que la Unión se adherirá al Convenio Europeo para la Protección de los Derechos Humanos y de las Libertades Fundamentales, lo que supone un compromiso político y jurídico para integrar plenamente el sistema europeo de Estrasburgo en el ordenamiento de la Unión. Aunque, como se ha avanzado, la adhesión formal al Convenio no se ha ultimado, el objetivo es reforzar la coherencia entre ambos sistemas, lo que se ha conseguido por la vía del diálogo judicial. Finalmente, el apartado tercero establece que los derechos fundamentales garantizados por el Convenio y los frutos de las tradiciones constitucionales comunes formarán parte del Derecho de la Unión como principios generales. Esta disposición conserva el fundamento jurisprudencial original y garantiza que la protección de los derechos no depende exclusivamente de la Carta o del Convenio, sino de un acervo constitucional compartido por todos los Estados miembros.

La Carta de los Derechos Fundamentales posee una *estructura* amplia y sistemática. Su preámbulo afirma la voluntad de la Unión de compartir valores indivisibles y universales de dignidad humana, libertad, igualdad y solidaridad, y de situar a la persona en el centro de su actuación. El texto se organiza en siete capítulos que contienen cincuenta y siete artículos. El capítulo primero está dedicado a la dignidad, e incorpora disposiciones sobre la dignidad humana, el derecho a la vida, la integridad de la persona, la prohibición de la tortura y de los tratos inhumanos o degradantes y la prohibición de la esclavitud y del trabajo forzado. El capítulo segundo recoge los derechos de libertad, y agrupa los derechos a la libertad y a la seguridad, el respeto a la vida privada y familiar, la protección de datos personales, el derecho a contraer matrimonio y fundar una familia, la libertad de pensamiento, conciencia y religión, la libertad de expresión e información, la libertad de reunión y asociación, la libertad de las artes y de las ciencias, el derecho a la educación y los derechos vinculados a la protección en caso de devolución o extradición. El capítulo tercero desarrolla el principio de igualdad, y en él se reconocen la igualdad ante la ley, la prohibición de discriminación, la diversidad cultural, religiosa y lingüística, la igualdad entre mujeres y hombres, los derechos del menor, los derechos de las personas mayores y la integración de las personas con discapacidad. El capítulo cuarto se centra en la solidaridad, y aborda derechos vinculados a las relaciones laborales, el derecho a la información y consulta de los trabajadores, la negociación colectiva, la protección en caso de despido injustificado, las condiciones laborales justas y equitativas, la prohibición del trabajo infantil, la conciliación entre vida familiar y profesional, la seguridad social, la ayuda social y la protección de los consumidores. El capítulo quinto se refiere a la ciudadanía, e integra los derechos electorales en las elecciones al Parlamento Europeo y en las elecciones municipales, el derecho a una buena administración, el acceso a los documentos, la figura del Defensor del Pueblo Europeo, el derecho de petición, la libertad de circulación y residencia y la protección diplomática y consular. El capítulo sexto está dedicado a la justicia, e incluye la tutela judicial efectiva, el derecho a un juez imparcial, la presunción de inocencia y los derechos de defensa, los principios de legalidad y proporcionalidad penal y la garantía de no ser juzgado ni condenado dos veces por el mismo delito. El capítulo séptimo recoge disposiciones generales, precisando el alcance y los límites de la aplicación de la Carta de Niza.

La *eficacia jurídica* de la Carta presenta características definidas. Es aplicable a todas las instituciones, órganos y organismos de la Unión Europea, y también a los Estados miembros cuando aplican el Derecho de la Unión, ya sea al transponer una directiva, ejecutar un reglamento, o actuar dentro de ámbitos regulados por normas europeas. La jurisprudencia del Tribunal de Justicia y del Tribunal

Europeo de Derechos Humanos contribuye a garantizar la coherencia y el respeto del estándar más alto de protección. Esta *articulación multinivel* constituye una de las singularidades del sistema europeo, caracterizado por la coexistencia de múltiples fuentes de derechos y mecanismos de control.

La libertad de circulación de personas dentro de Europa representa una de las principales concreciones prácticas de los derechos en el marco de la Unión. La supresión de las fronteras interiores y la creación de un espacio sin controles constituye uno de los avances más visibles del proceso de integración y uno de los elementos que más influyen en la vida cotidiana de los ciudadanos. Este paso decisivo fue posible gracias al ya citado *Acuerdo de Schengen*, firmado en 1985 por Alemania, Bélgica, Francia, Luxemburgo y los Países Bajos como un tratado internacional ajeno inicialmente a la construcción comunitaria, y que entró en vigor en 1995. Su objetivo fundamental era suprimir los controles en las fronteras interiores y facilitar la libre circulación de personas, lo que exigía un alto grado de confianza mutua entre los Estados firmantes. Con el Tratado de Ámsterdam, en 1996, las disposiciones de Schengen se incorporaron al acervo comunitario, de modo que el espacio de libre circulación pasó a ser parte del ordenamiento jurídico de la Unión Europea. Schengen constituye, por tanto, un ejemplo de cómo determinadas iniciativas intergubernamentales pueden integrarse posteriormente en el marco de la Unión para fortalecer su cohesión.

Schengen implica la libre circulación de las personas dentro de sus fronteras internas. Los ciudadanos de los Estados participantes pueden desplazarse de un país a otro sin necesidad de pasaporte ni controles fronterizos permanentes. La supresión de controles terrestres, marítimos y aeroportuarios en las fronteras interiores es una de las transformaciones más significativas desde el punto de vista de la movilidad, y ha modificado de manera profunda la percepción del espacio europeo. Este sistema implica al mismo tiempo un refuerzo de los controles en las fronteras exteriores comunes, que deben garantizar la seguridad del conjunto del *espacio Schengen* mediante normas de entrada y vigilancia homogéneas. La cooperación policial y judicial se convierte en un elemento indispensable para mantener el equilibrio entre libertad de circulación y seguridad. Los Estados miembros intercambian información, coordinan investigaciones y colaboran para combatir el crimen organizado, el terrorismo y la inmigración irregular. Esta cooperación se articula a través de instrumentos como el *Sistema de Información Schengen*, que permite compartir alertas y datos relevantes entre las autoridades nacionales. El régimen de *visado común* constituye otra consecuencia directa del espacio Schengen. Los visados emitidos por cualquier Estado miembro son válidos para todo el territorio Schengen, lo que simplifica los trámites para los nacionales de terceros países y garantiza una política común de acceso. Este sistema evita la fragmentación de los regímenes migratorios, y facilita la movilidad de viajeros, estudiantes y trabajadores cualificados, con un impacto decisivo sobre la regulación del turismo. El visado común se basa en la confianza mutua entre los Estados, que aceptan las evaluaciones realizadas por los demás como equivalentes a sus propias decisiones.

El espacio Schengen abarca a la mayoría de los países de la Unión Europea: excepto Chipre e Irlanda, que mantienen regímenes específicos en sus políticas de control fronterizo y no forman parte plenamente del espacio Schengen por razones distintas. *Irlanda* se mantiene al margen por una opción política reconocida por los Tratados, ya que conserva el *Common Travel Area* con el Reino Unido, que nunca perteneció al espacio Schengen, y evita así establecer controles fronterizos que afectarían a ese régimen histórico de libre circulación entre los dos Estados. En el caso de *Chipre*, aunque está jurídicamente obligado a incorporarse a Schengen, su adhesión se ha retrasado debido a la división de la isla desde 1974 y a la existencia de una línea de separación entre la República de Chipre y la zona norte, auspiciada y reconocida por Turquía, la denominada República turca del Norte de Chipre, no reconocida por la Unión Europea. Además, el espacio Shengen incluye a países que no pertenecen a la Unión: Islandia, Liechtenstein, Noruega y Suiza, los cuales participan plenamente en el sistema mediante acuerdos de asociación. También existen territorios que, sin formar parte formalmente de Schengen, mantienen fronteras abiertas de facto, como Andorra, Ciudad del Vaticano, Mónaco y San Marino. Esta configuración muestra que Schengen trasciende el marco estrictamente de los Estados miembros y se ha convertido en un espacio de libre circulación más amplio que la propia Unión, lo que refleja su éxito y su atractivo.

Como conclusión, la protección de los derechos fundamentales y la libertad de circulación representan dos de los pilares que sostienen la identidad de la Unión Europea. La consolidación de un sistema de derechos que combina la Carta de Niza, el Convenio Europeo de Derechos Humanos y las tradiciones constitucionales de los Estados miembros ha permitido crear un espacio jurídico en el que la dignidad de la persona y sus libertades constituyen la base de toda actuación pública. Al mismo tiempo, la supresión de fronteras interiores mediante el Acuerdo de Schengen ha transformado la movilidad, ha estrechado los vínculos entre sociedades, y ha convertido la ciudadanía europea en una experiencia tangible.

5.- Más integración entre algunos Estados miembro: cooperación reforzada

La integración europea, como hemos visto, ha sido siempre un proyecto ambicioso que busca articular un espacio político y jurídico común entre Estados con trayectorias históricas, modelos económicos, culturas políticas y prioridades sociales profundamente heterogéneas. La ampliación continua del número de Estados miembros ha fortalecido la legitimidad del proyecto europeo y su importancia geopolítica, pero también ha multiplicado las dificultades para alcanzar consensos amplios y profundizar la integración en sectores clave. A medida que la Unión Europea se volvió más extensa y diversa, la tensión entre ampliación y profundización se hizo más evidente, ya que no todos los Estados estaban dispuestos o en condiciones de avanzar al mismo ritmo en la construcción de políticas comunes. Esta tensión generó la necesidad de crear mecanismos que permitieran a un grupo de países seguir avanzando en la integración sin quedar paralizados por la falta de unanimidad o por las reticencias de otros socios.

En este contexto apareció la figura de la *cooperación reforzada*, introducida por el Tratado de Ámsterdam en 1996, como respuesta flexible para permitir una integración diferenciada. Su creación representó un hito en la arquitectura institucional europea, ya que otorgó una base jurídica clara para que algunos Estados pudieran profundizar su colaboración en áreas específicas, sin obligar al conjunto de la Unión a seguir ese mismo camino. De esta manera, se daba una salida institucionalizada a las diferencias de ambición integradora entre los Estados miembros, a la vez que se evitaba el riesgo de fragmentación desordenada del proyecto común. La cooperación reforzada permitió conciliar la necesidad de avanzar en ámbitos estratégicos con el respeto al ritmo y a las preferencias de cada Estado.

La cooperación reforzada puede definirse como un mecanismo mediante el cual un grupo mínimo de Estados miembros decide avanzar conjuntamente en el ejercicio de determinadas competencias no exclusivas de la Unión, utilizando para ello las instituciones, los procedimientos y el marco jurídico de la propia Unión. Este instrumento evita la creación de estructuras paralelas al margen del ordenamiento europeo, y fortalece el proceso de integración. Su diseño responde a la lógica de permitir avances más profundos entre quienes así lo deseen, sin imponer nuevas obligaciones a quienes no estén preparados o no quieran participar en ese ámbito concreto. Se trata, por lo tanto, de facilitar un modelo de integración a diferentes niveles.

La regulación de la cooperación reforzada se encuentra en el artículo 20 del Tratado de la Unión Europea, que establece que los Estados miembros que deseen instaurar entre sí una cooperación reforzada en el marco de las competencias no exclusivas de la Unión pueden hacer uso de las instituciones y ejercer estas competencias aplicando las disposiciones pertinentes de los tratados. El artículo fija además un umbral mínimo de participación, que exige al menos nueve Estados miembros, de manera que la cooperación no pueda quedar limitada a un número excesivamente reducido de países y mantenga un peso representativo dentro de la Unión. El mecanismo solo puede utilizarse en ámbitos en los que no haya sido posible alcanzar los objetivos de acción conjunta dentro del conjunto de la Unión, ya sea por falta de unanimidad, por diferencias insalvables, o por bloqueos políticos. La cooperación reforzada permite así superar situaciones de parálisis, y avanzar en el marco competencial europeo manteniendo una relación de coherencia con las políticas comunes. Además, tiene un carácter abierto, lo cual implica que cualquier Estado miembro puede incorporarse posteriormente si decide aceptar las normas y los compromisos derivados de la cooperación, preservando el principio de unidad y evitando la creación de grupos cerrados. Si se cumplen las condiciones, la cooperación no consiente ningún veto a la incorporación de nuevos Estados.

El procedimiento para activar una cooperación reforzada está cuidadosamente estructurado para garantizar el equilibrio institucional y evitar la creación de grupos privilegiados dentro del proceso de integración. Se inicia con una propuesta de la Comisión Europea, que evalúa la pertinencia de recurrir a este instrumento y su compatibilidad con el interés general de la Unión. A continuación, interviene el Parlamento Europeo, cuyo consentimiento es necesario para asegurar la legitimidad democrática de la decisión. Finalmente, el Consejo debe autorizar la cooperación reforzada, normalmente por mayoría cualificada, lo que constituye la expresión de la voluntad de los gobiernos de los Estados miembros. Este proceso refleja la importancia de asegurar que las cooperaciones reforzadas no debiliten la cohesión de la Unión ni creen distorsiones en el mercado interior o en otras políticas europeas de relevancia.

Uno de los ejemplos más significativos de cooperación reforzada es la relativa a la *ley aplicable al divorcio y la separación judicial*, que entró en vigor en 2010. Esta cooperación surgió ante la necesidad de resolver los conflictos de leyes derivados de matrimonios internacionales, en los que los cónyuges son de diferentes nacionalidades, residen en un país distinto del país de origen, o ya no residen en el mismo Estado miembro. La diversidad de legislaciones nacionales sobre el divorcio y la separación hacía difícil proporcionar respuestas jurídicas uniformes a estas situaciones, y generaba inseguridad para las parejas que se movían dentro del espacio europeo. La cooperación reforzada permitió que un grupo de Estados estableciera reglas comunes en materia de ley aplicable, facilitando decisiones más predecibles y protegiendo mejor los derechos de las personas implicadas. En esta cooperación participaron Alemania, Austria, Bélgica, Bulgaria, Eslovenia, España, Estonia, Francia, Grecia, Italia, Letonia, Lituania, Luxemburgo, Hungría, Malta, Portugal y Rumanía, lo que muestra un amplio respaldo a la necesidad de avanzar en este terreno.

Otro ejemplo de relevancia es la *Fiscalía Europea*, que comenzó a funcionar en 2021. Su objetivo principal es investigar y perseguir los delitos que afectan a los intereses financieros de la Unión, como el fraude, la corrupción, o el uso indebido de fondos europeos. La creación de esta institución responde a la constatación de que los mecanismos nacionales, actuando de forma aislada, no eran suficientes para proteger eficazmente el presupuesto europeo ante delitos crecientemente transnacionales. La Fiscalía Europea supone un paso notable en la integración en materia penal, ya que introduce un órgano con facultades investigadoras y de ejercicio de la acción penal en múltiples Estados. Su naturaleza supranacional la convierte en un actor clave en la protección de los intereses comunes. No todos los Estados decidieron participar; en concreto, Hungría, Polonia, Irlanda, Suecia y Dinamarca no forman parte de la cooperación, lo que evidencia las diferencias existentes en este ámbito entre algunos Estados miembros y la utilidad del mecanismo para avanzar en la integración sin forzar la unanimidad.

La cooperación reforzada también ha sido utilizada para la creación del *Sistema de Patente Unitaria y el Tribunal Unificado de Patentes*, que entraron en funcionamiento en 2023. Esta cooperación responde a la necesidad de eliminar la fragmentación existente en la protección de las patentes dentro de la Unión, que obligaba a registrar y defender derechos de propiedad industrial en múltiples países, con altos costes económicos y procedimientos complejos. El sistema unificado permite la concesión de patentes con validez directa en los Estados que participan en la cooperación, y crea un tribunal especializado con competencia para resolver litigios sobre estas patentes de forma uniforme. Ello reduce costes, simplifica trámites y proporciona una mayor seguridad jurídica. Participan en esta cooperación Alemania, Austria, Bélgica, Bulgaria, Dinamarca, Eslovenia, Estonia, Finlandia, Francia, Italia, Letonia, Lituania, Luxemburgo, Malta, Países Bajos, Portugal y Suecia, lo que constituye un grupo significativo de Estados comprometidos con la armonización en materia de propiedad industrial.

A lo largo de su existencia, la cooperación reforzada ha demostrado ser un instrumento valioso para permitir avances en sectores donde la integración completa ha resultado difícil. Sin embargo, su utilización también plantea límites y desafíos que deben ser cuidadosamente considerados. Uno de los principales riesgos es la posible aparición de una Europa a distintas velocidades que pueda derivar en una fragmentación estructural del proyecto común. Si la cooperación reforzada se utilizara de forma excesiva o en ámbitos demasiado centrales, podría generar la sensación de que existe un núcleo dirigente y un grupo periférico, lo que afectaría a la percepción de igualdad entre los Estados miembros. Por ello, como hemos advertido, los tratados establecen precauciones estrictas para evitar que estas cooperaciones perjudiquen el mercado interior, distorsionen la competencia, o debiliten la cohesión política de la Unión.

Por otro lado, la cooperación reforzada ofrece oportunidades claras para avanzar en la integración allí donde las resistencias son persistentes, permitiendo respuestas más rápidas y profundas a los desafíos contemporáneos. Facilita la experimentación política dentro de un marco institucional seguro y compatible con el derecho de la Unión, y puede servir de laboratorio para iniciativas que posteriormente se amplíen al conjunto de los Estados.

6.- Cómo se establecen y ejercen las competencias de la Unión Europea

Las *competencias* de la Unión Europea constituyen la arquitectura fundamental sobre la que se construye su capacidad de actuación y su relación con los Estados miembros, un aspecto esencial para comprender la lógica interna del proceso de integración y las condiciones en las que se ejerce el poder público en un entorno supranacional. Definir qué puede hacer la Unión y en qué circunstancias resulta indispensable para comprender el alcance de sus políticas, los límites de su intervención, y el modo en que interactúa con los sistemas constitucionales nacionales, especialmente en un contexto de pluralidad institucional y de constitucionalismo multinivel. Cabe insistir en que la Unión Europea no funciona como un Estado federal clásico, pero tampoco puede describirse como una simple organización internacional, por lo que su distribución competencial se convierte en el hilo conductor que permite entender el equilibrio delicado entre soberanía estatal, integración supranacional y ejercicio coordinado de las políticas públicas.

Las competencias pueden entenderse como ámbitos de actuación en los que las instituciones europeas tienen atribuida la capacidad de legislar, coordinar o complementar las acciones de los Estados miembros, de modo que su ejercicio se desarrolla a través de políticas comunes que buscan satisfacer objetivos definidos en los Tratados. Como sabemos, la relación entre la Unión Europea y los Estados se articula a partir de los Tratados constitutivos, que determinan el reparto de competencias y establecen los procedimientos mediante los cuales la Unión puede intervenir. Este reparto se ejecuta posteriormente de acuerdo con la organización interna de cada Estado, de modo que los Estados centralizados, regionalizados o federales aplican las normas europeas según sus propias reglas institucionales. Este aspecto es especialmente relevante para comprender la interacción entre los distintos niveles de gobierno y el diálogo entre las instituciones europeas, los gobiernos nacionales y, en muchas ocasiones, las entidades territoriales. Este *constitucionalismo multinivel* se convierte así en una categoría indispensable para interpretar esta compleja red de relaciones y para explicar cómo se garantiza la coherencia del sistema jurídico europeo.

La *evolución de las competencias* de la Unión ha sido progresiva y acumulativa, siguiendo el desarrollo histórico del proceso de integración. El Tratado de Maastricht introdujo una estructura basada en pilares que diferenciaba entre las competencias comunitarias, la política exterior y de seguridad común y la cooperación en justicia e interior, lo que respondía a la necesidad de integrar nuevos ámbitos de actuación sin alterar de manera súbita el equilibrio institucional. El Tratado de Ámsterdam avanzó en la sistematización de las competencias, consolidó las categorías que aún hoy se mantienen, y distinguió entre competencias exclusivas, competencias compartidas y competencias de apoyo, coordinación o complemento. La política exterior y de seguridad común conservó reglas propias justificadas por su sensibilidad política y por la participación reforzada del Consejo Europeo y del Consejo de la Unión Europea, aunque con el tiempo su estructura se ha dotado de nuevas instituciones como el Alto Representante para Asuntos Exteriores y Política de Seguridad.

La *delimitación de las competencias* de la Unión se establece en el artículo 5 del Tratado de la Unión Europea. Este precepto afirma que la delimitación de las competencias se rige por el principio de atribución, mientras que el ejercicio de tales competencias se rige por los principios de subsidiariedad y proporcionalidad. El *principio de atribución* implica que la Unión Europea solo puede actuar en los ámbitos en los que los Tratados le confieren poder para hacerlo, poder que ha sido ratificado previamente por todos los Estados miembros conforme a sus normas constitucionales. Todo aquello que no se encuentra atribuido permanece bajo la competencia exclusiva de los Estados, lo que supone que la Unión no dispone de una cláusula residual ni de una potestad general de actuación. A partir de este marco se definen las tres grandes categorías de competencias, y una serie de competencias específicas que poseen un tratamiento particular.

Las *competencias exclusivas* de la Unión Europea son aquellas en las que únicamente la Unión puede legislar y adoptar actos jurídicamente vinculantes, correspondiendo a los Estados miembros la aplicación y ejecución de la normativa europea, siguiendo el modelo del conocido como *federalismo de ejecución* al que nos referiremos más adelante. El artículo 3 del Tratado de Funcionamiento de la Unión Europea las define e incluye en este grupo la unión aduanera, el establecimiento de las normas de competencia necesarias para el funcionamiento del mercado interior, la política monetaria para los Estados miembros cuya moneda es el euro, la política comercial común, y la conservación de los recursos biológicos marinos en el marco de la política pesquera común. Estas competencias exclusivas se justifican por la necesidad de una actuación unificada en ámbitos esenciales para la integración económica, de modo que la fragmentación normativa impediría alcanzar los objetivos comunes.

Las *competencias compartidas* constituyen el núcleo central de las políticas de la Unión Europea, ya que tanto la Unión como los Estados miembros pueden legislar en los ámbitos definidos, si bien la competencia estatal se limita cuando la Unión ejerce su competencia. El artículo 4 del Tratado de Funcionamiento de la Unión Europea menciona el mercado interior, la política social en aspectos concretos, la cohesión económica, social y territorial, la agricultura y la pesca exceptuando los recursos biológicos marinos, el medio ambiente, la protección de los consumidores, los transportes, las redes transeuropeas, la energía, el espacio de libertad, seguridad y justicia, los aspectos comunes de seguridad en materia de salud pública, la investigación, el desarrollo tecnológico y el espacio, así como la cooperación al desarrollo y la ayuda humanitaria. Estas competencias permiten una intervención conjunta en sectores esenciales para el bienestar de la ciudadanía europea y facilitan la adaptación de las políticas comunes a la diversidad interna de los Estados miembros.

Las *competencias de apoyo, coordinación o complemento* están definidas en el artículo 6 del Tratado de Funcionamiento de la Unión Europea y se caracterizan por el hecho de que la Unión no puede armonizar las legislaciones nacionales, ya que su intervención no puede sustituir la acción estatal. En estos ámbitos la Unión apoya, coordina o complementa la acción de los Estados en materias como la protección y mejora de la salud humana, la industria, la cultura, el turismo, la educación, la formación profesional, la juventud y el deporte, la protección civil y la cooperación administrativa. Estas competencias responden a la necesidad de mejorar la coordinación entre Estados y promover la convergencia de políticas sin alterar la soberanía normativa en sectores particularmente vinculados a las identidades nacionales.

Existen además *competencias específicas* que se regulan mediante reglas propias debido a su naturaleza particular o a la sensibilidad política que implican. Entre ellas destacan la *coordinación de las políticas económicas, sociales y de empleo* en la Unión Europea, que opera a través de mecanismos de seguimiento, recomendaciones y procedimientos de gobernanza económica, así como la *política exterior y de seguridad común*, que como veremos se rige por una lógica intergubernamental en la que la participación de la Comisión Europea y del Parlamento Europeo es más limitada. En este ámbito, el Consejo Europeo y el Consejo de la Unión Europea desempeñan un papel central, y el Alto Representante coordina y representa la acción exterior de la Unión.

Los principios que rigen la actuación de la Unión en materia competencial constituyen piezas fundamentales para mantener el equilibrio entre los niveles nacional y supranacional. El *principio de subsidiariedad*, recogido en el artículo 5.3 del Tratado de la Unión Europea, se aplica en las competencias que no son exclusivas, y exige que la Unión intervenga únicamente si los objetivos de la acción no pueden ser alcanzados de manera suficiente por los Estados miembros, ya sea a nivel central, regional o local, y si pueden lograrse mejor a escala europea. Este principio limita el ejercicio de la acción europea e introduce una lógica de necesidad y valor añadido europeo, lo que obliga a justificar por qué se actúa a nivel supranacional. El *Protocolo nº 2 del Tratado de la Unión Europea sobre la aplicación de los principios de subsidiariedad y proporcionalidad* desarrolla su aplicación práctica e implica también a los parlamentos nacionales, que pueden emitir dictámenes motivados para revisar si una propuesta legislativa respeta la subsidiariedad.

El *principio de proporcionalidad*, recogido en el artículo 5.4 del Tratado de la Unión Europea, establece que el contenido y la forma de la acción de la Unión no deben exceder de lo necesario para alcanzar los objetivos previstos en los Tratados. Este principio se aplica a todas las competencias y tiene como función limitar los excesos normativos y garantizar que la intervención europea se ajuste al objetivo perseguido, evitando cargas desproporcionadas. La jurisprudencia del Tribunal de Justicia de la Unión Europea ha definido criterios claros para determinar si una medida es adecuada, necesaria y proporcionada en sentido estricto.

El *principio de suficiencia de medios*, previsto en el artículo 3.6 del Tratado de la Unión Europea, establece que la Unión perseguirá sus objetivos con los medios apropiados, conforme a las competencias que le atribuyen los Tratados. Cabe tener en cuenta que la Unión no establece impuestos ni recauda ingresos propios significativos, por lo que depende de los recursos financieros aportados por los Estados y establecidos mediante el marco financiero plurianual. Su aplicación afecta a todas las competencias y exige adaptar las políticas europeas a la disponibilidad real de medios económicos.

El *principio de solidaridad* es uno de los valores fundamentales de la Unión Europea y se manifiesta tanto en el reparto de competencias como en la acción concreta de la Unión. El artículo 2 del Tratado de la Unión Europea reconoce la solidaridad como valor fundacional, y su proyección se observa en los fondos estructurales y de inversión, que comprenden el Fondo Europeo de Desarrollo Regional dedicado al desarrollo, el Fondo de Cohesión, el Fondo Europeo Agrícola de Desarrollo Rural y el Fondo Europeo Marítimo y de Pesca. Existen además mecanismos específicos, como el Fondo de Solidaridad para la respuesta a catástrofes naturales. La cláusula de solidaridad del artículo 222 del Tratado de Funcionamiento de la Unión Europea establece que la Unión y los Estados actuarán conjuntamente si un Estado miembro sufre un ataque terrorista o una catástrofe natural o de origen humano, pudiendo movilizar incluso medios militares puestos a su disposición por los Estados.

El *principio de cooperación leal*, definido en el artículo 4.3 del Tratado de la Unión Europea, constituye una de las bases del funcionamiento del sistema europeo. Exige que la Unión y los Estados se respeten y asistan mutuamente en el cumplimiento de las misiones derivadas de los Tratados, que los Estados adopten todas las medidas necesarias para cumplir sus obligaciones y que se abstengan de cualquier acto que pueda poner en peligro los objetivos de la Unión. Este principio tiene un fuerte contenido jurídico y político, porque estructura la relación entre los niveles de gobierno y asegura la coherencia del proyecto europeo.

La estructura de competencias de la Unión Europea revela un modelo avanzado de constitucionalismo multinivel que combina la actuación supranacional con la preservación de la autonomía estatal. El equilibrio entre atribución, subsidiariedad, proporcionalidad, suficiencia de medios, solidaridad y cooperación leal permite articular una organización compleja en la que la Unión actúa allí donde puede aportar valor añadido, mientras los Estados conservan su capacidad normativa esencial, y los entes territoriales de cada Estado participan en la ejecución competencial de la manera prevista en su sistema constitucional. La delimitación de las competencias, junto con los principios que regulan su ejercicio, garantiza que la integración europea avance con un respeto constante al pluralismo, al equilibrio institucional y a la legitimidad democrática que deriva de los ordenamientos constitucionales estatales. Este sistema no solo explica cómo actúa la Unión, sino que constituye uno de los pilares que sostienen su proyecto político y jurídico, y permite comprender la singularidad de un modelo que, sin ser un Estado federal, ha logrado construir un espacio político compartido mediante reglas claras, principios de equilibrio y una cooperación estructurada entre Estados.

7.- Política económica y monetaria

La *política económica y monetaria* se ha convertido en uno de los pilares fundamentales del funcionamiento de la Unión Europea, porque articula las condiciones en las que los Estados miembros coordinan sus decisiones económicas y establece el marco en el que se ejerce la política monetaria para los países que comparten la moneda única. Desde la creación de las Comunidades Europeas, la integración económica ha sido la vía elegida para avanzar hacia una unión política, de modo que la estabilidad macroeconómica, la supervisión presupuestaria y la gestión monetaria han adquirido una relevancia creciente conforme se ampliaba el número de Estados y se profundizaba el mercado interior. Para comprender el modo en que la Unión Europea actúa en este ámbito es necesario distinguir entre las dos ramas de la *política económica general*: la *política financiera*, que sigue siendo competencia de los Estados miembros pero se desarrolla bajo mecanismos de coordinación y supervisión de la Unión, y la *política monetaria*, que es competencia exclusiva de las instituciones europeas para los Estados cuya moneda es el euro, y que se ejerce principalmente a través del Banco Central Europeo y del Sistema Europeo de Bancos Centrales.

La política financiera expresa la autonomía presupuestaria y fiscal de los Estados miembros, pero está sometida a una coordinación reforzada debido a la interdependencia profunda de las economías europeas. La creación del mercado interior, la libre circulación de capitales y la existencia de una política monetaria común para veintiún de los veintisiete Estados de la Unión Europea implica que las decisiones fiscales nacionales generan efectos directos sobre sus socios, por lo que la coordinación se convierte en un instrumento indispensable para preservar la estabilidad. El órgano central en esta materia es el *Consejo de Asuntos Económicos y Financieros*, conocido como Consejo ECOFIN, en el que participan los ministros de Economía y Finanzas de todos los Estados miembros junto con el comisario europeo de Asuntos Económicos y Monetarios o, en su caso, de Presupuestos. Este consejo coordina las políticas económicas, supervisa las políticas presupuestarias nacionales, define la posición común de la Unión en foros internacionales como el Fondo Monetario Internacional, y es responsable de la legislación en materia fiscal, financiera y de servicios bancarios. La Comisión Europea participa en este proceso con competencias relevantes en materia económica, ya que analiza las tendencias macroeconómicas, propone recomendaciones a los Estados, elabora los informes de supervisión dentro del Semestre Europeo, —instrumento central de la gobernanza económica de la Unión Europea, a través del cual los Estados coordinan y ajustan sus políticas presupuestarias y económicas conforme a las normas acordadas a escala de la Unión—, y puede activar procedimientos correctivos cuando se incumplen los criterios presupuestarios o se identifican desequilibrios macroeconómicos significativos.

La política financiera se complementa con un órgano específico para los Estados que comparten la moneda única, el *Eurogrupo*, que está integrado exclusivamente por los ministros de Economía de los países de la zona euro. Se trata de un órgano informal, sin capacidad jurídica vinculante, pero con un peso político considerable, porque permite la coordinación estrecha entre los gobiernos cuyos presupuestos están sometidos a las mismas condiciones monetarias. En las reuniones del Eurogrupo participa el presidente del Banco Central Europeo y el comisario europeo de Asuntos Económicos y Monetarios, lo que facilita el diálogo directo entre las autoridades fiscales y la autoridad monetaria. Aunque sus decisiones no tienen fuerza legal, en la práctica orientan la gobernanza económica de la zona euro, y han desempeñado un papel decisivo en momentos de dificultades, como crisis financiera global y crisis de la deuda soberana.

La *política monetaria* constituye la segunda rama de la política económica general, y ha evolucionado desde mecanismos de cooperación monetaria hasta convertirse en una competencia exclusiva de la Unión para los Estados cuya moneda es el euro. Como adelantamos, desde el inicio de las Comunidades Europeas se percibió la necesidad de coordinar las políticas monetarias nacionales para evitar fluctuaciones excesivas entre las monedas europeas, que podían poner en riesgo el comercio y los avances del mercado común. A lo largo de los años setenta y ochenta se ensayaron diferentes mecanismos de cooperación, entre ellos el conocido como serpiente monetaria o serpiente en el túnel, a la que ya hemos hecho referencia, que buscaba limitar las fluctuaciones entre las monedas mediante márgenes estrechos, aunque su funcionamiento resultó complicado por la inestabilidad económica internacional. Posteriormente se creó el Sistema Monetario Europeo, que introdujo el ecu; como hemos explicado anteriormente, se trataba de una unidad de cuenta europea que serviría de referencia para las transacciones financieras, y que anticipaba la futura moneda única. La caída del sistema de Bretton Woods, las crisis inflacionarias y la necesidad de reforzar el mercado interior, impulsaron nuevas etapas hacia la integración monetaria, proceso que culminó con la aprobación del Tratado de la Unión Europea en 1992, en el que se apostó de manera definitiva por la creación de una moneda única.

La construcción de la Unión Económica y Monetaria se desarrolló en tres fases, siguiendo la propuesta del *Informe Delors*. En la primera, con la aprobación del Tratado de la Unión Europea, se reforzó la coordinación de las políticas económicas, se eliminaron las restricciones al movimiento de capitales, y se dotó a las instituciones europeas de herramientas de supervisión. En la segunda fase, iniciada en 1994, se creó el Instituto Monetario Europeo, encargado de preparar la transición hacia una autoridad monetaria común y de organizar los trabajos técnicos para la introducción del euro. Este instituto operó como una estructura provisional que permitiría la creación del Banco Central Europeo, que comenzó su funcionamiento el 1 de junio de 1998, heredando las funciones preparatorias y asumiendo plenamente las competencias de política monetaria para los Estados que se incorporaran a la moneda única. El 1 de enero de 1999, con la tercera fase, se fijaron irrevocablemente los tipos de cambio entre las monedas de los Estados participantes y el euro pasó a existir como moneda electrónica y unidad de cuenta, aunque durante unos años fue «invisible»: los billetes y monedas no entrarían en circulación hasta el 1 de enero de 2002, y mientras tanto se utilizaban las monedas estatales, aunque su valor contable ya era en euros. A partir de 2002, durante un breve periodo de tiempo existió una doble circulación monetaria: el euro como moneda común de los países de la zona euro, y la moneda nacional en cada país: el escudo en Portugal, el marco en Alemania, la lira en Italia, el franco en Francia o la peseta en España. Unos meses después, el euro pasó a ser la única moneda de curso legal, y los bancos centrales habilitaron un plazo prolongado para canjear las antiguas monedas y billetes en euros. Desde entonces, el euro se ha consolidado como una de las monedas más importantes del mundo, y ha reforzado la integración económica entre los Estados que forman parte de la unión monetaria.

La eurozona está actualmente compuesta por veintiún Estados miembros que han adoptado el euro como moneda oficial, lo que implica que participan plenamente en la política monetaria común y forman parte del Eurosistema. Los países que integran la eurozona son: Alemania, Austria, Bélgica, Bulgaria, Chipre, Croacia, Eslovaquia, Eslovenia, España, Estonia, Finlandia, Francia, Grecia, Irlanda, Italia, Letonia, Lituania, Luxemburgo, Malta, Países Bajos y Portugal; la búlgara ha sido la última incorporación, en 2026, dejando atrás la leva búlgara, en circulación en el país durante casi siglo y medio. Por su parte, seis Estados miembros de la Unión Europea aún no han adoptado el euro y mantienen sus monedas nacionales, aunque en principio todos, salvo Dinamarca, están obligados a incorporarse a la moneda única cuando cumplan los criterios de convergencia establecidos, como estabilidad de precios y finanzas públicas sólidas. La excepción danesa deriva de un protocolo específico que le permite mantener su moneda propia, la corona danesa, de manera indefinida. Suecia no cuenta con una excepción formal y cumple con los criterios de convergencia, pero en la práctica no ha completado los requisitos necesarios para incorporarse al euro, entre ellos la participación en el Mecanismo Europeo de Tipos de Cambio.

Existen también países que no pertenecen a la Unión Europea pero utilizan el euro como moneda oficial. Algunos lo hacen mediante acuerdos formales con la Unión, como Andorra, Mónaco, San Marino y la Ciudad del Vaticano, cuyos bancos centrales no emiten moneda propia y operan bajo reglas pactadas con el Eurosistema. Otros países, Montenegro —al que ya hemos hecho referencia— y Kosovo, utilizan el euro de facto sin un acuerdo formal, lo que implica que adoptan la moneda, pero no participan en las instituciones monetarias europeas ni en la definición de la política monetaria.

El *Banco Central Europeo* es el pilar central de la política monetaria en la eurozona y se encarga de gestionar la moneda única y garantizar la estabilidad de precios, que constituye el objetivo fundamental de la política monetaria europea; el objetivo de la estabilidad del euro se sitúa en torno a una inflación del 2%. El Banco Central Europeo establece los tipos de interés a los que presta dinero a los bancos comerciales de la eurozona, lo que influye directamente en las condiciones del crédito, la inflación y la actividad económica. También gestiona las reservas de divisas de la eurozona y puede intervenir en los mercados de divisas mediante la compra o venta de monedas extranjeras cuando resulta necesario para preservar la estabilidad. El Banco Central Europeo autoriza la emisión de billetes de euro, mientras que las monedas son emitidas por los Estados miembros, aunque bajo supervisión y aprobación del Banco.

Otra función esencial del Banco Central Europeo consiste en la supervisión bancaria dentro del *Mecanismo Único de Supervisión*, donde actúa como autoridad supervisora de las entidades bancarias más relevantes, mientras que los supervisores nacionales, generalmente los bancos centrales de cada Estado, conservan competencias en las entidades menos significativas. Este modelo, integrado en la Unión Bancaria Europea, pretende garantizar la estabilidad financiera, evitar riesgos sistémicos y romper el vínculo entre políticas bancarias y presupuestos nacionales, que había demostrado ser problemático durante la crisis financiera.

Como veremos, el Banco Central Europeo se caracteriza por una independencia especialmente intensa en comparación con otros bancos centrales del mundo, independencia que se estableció para blindar la política monetaria frente a presiones políticas pero que no deja de ser controvertida. Sus miembros no pueden solicitar ni recibir instrucciones de instituciones europeas, gobiernos nacionales o autoridades externas, y su mandato se orienta exclusivamente a la estabilidad de los precios. Esta independencia se concibió como un elemento indispensable para la estabilidad monetaria y para evitar desviaciones en función de coyunturas políticas, aunque también ha sido objeto de debate público, especialmente en períodos de riesgo de deflación o de crisis económica, cuando se han exigido políticas expansivas más contundentes o compras masivas de activos.

La coexistencia entre una política monetaria centralizada y las políticas financieras estatales plantea desafíos estructurales que se han hecho visibles en momentos de tensión económica. Mientras que el Banco Central Europeo fija los tipos de interés para toda la eurozona, cada Estado mantiene su autonomía fiscal y presupuestaria, lo que puede generar divergencias en la capacidad de respuesta ante crisis económicas o desequilibrios en la política económica general. Los Estados con mayor margen fiscal pueden aplicar políticas expansivas, mientras que otros se ven obligados a ajustes más estrictos, creando asimetrías dentro de la unión monetaria. Esta situación pone de relieve la necesidad de mecanismos de coordinación económica más sólidos y de instrumentos comunes de estabilización, como se evidenció durante la crisis financiera de 2008 y nuevamente durante la pandemia del Covid-19, que impulsó la creación del fondo de recuperación Next Generation EU.

La política económica y monetaria de la Unión Europea es, en consecuencia, un sistema complejo que combina la autonomía fiscal de los Estados con una política monetaria supranacional destinada a garantizar la estabilidad de la moneda única. Esta combinación requiere una coordinación constante y un equilibrio institucional delicado que permita mantener la estabilidad económica y responder adecuadamente a los desafíos contemporáneos, desde la inflación hasta las transiciones energética y digital. La integración monetaria ha fortalecido el proyecto europeo, pero ha mostrado asimismo la necesidad de avanzar en mecanismos de gobernanza económica capaces de asegurar que la unión monetaria sea sostenible, equilibrada y capaz de proponer soluciones a los grandes problemas económicos de la Unión.

8.- Unión Europea y Derecho internacional

La presencia de la Unión Europea en el escenario internacional se ha convertido en uno de los elementos más característicos de su identidad contemporánea, hasta el punto de que resulta imposible comprender su funcionamiento actual sin atender al modo en que actúa en el ámbito del Derecho internacional. La Unión es hoy un actor que participa en conferencias multilaterales, celebra acuerdos internacionales, mantiene delegaciones en numerosos países, asume compromisos globales y aplica sanciones exteriores, configurándose así como un sujeto plenamente integrado en la vida jurídica internacional. Este papel no deriva de la condición soberana, tradicionalmente exclusiva de los Estados, sino de un proceso evolutivo que comenzó con las Comunidades Europeas y que culminó con la consolidación de una personalidad jurídica internacional propia, vinculada a la expansión de sus competencias y a la necesidad funcional de representarse como un bloque unitario en ámbitos clave de la gobernanza mundial.

Anteriormente hemos hecho referencia a que las Comunidades Europeas nacieron con una vocación esencialmente económica, y sus tratados constitutivos reconocían una personalidad jurídica interna amplia que les permitía actuar dentro del marco europeo, contratar personal, gestionar recursos y comparecer ante tribunales. Sin embargo, en esos primeros textos no aparecía una referencia explícita a su *personalidad jurídica internacional*. La práctica comunitaria fue revelando con rapidez que esta falta de mención expresa no impedía la necesidad de actuar más allá de las fronteras, sobre todo en sectores fuertemente vinculados al comercio y al transporte internacional. La Comunidad Económica Europea comenzó a desarrollar normas internas aplicables a sectores como el transporte por carretera, lo que llevó inevitablemente a cuestionar quién debía representar a los

Estados miembros en las negociaciones internacionales sobre estas mismas materias. Fue en este contexto cuando el Tribunal de Justicia desempeñó un papel decisivo al pronunciarse en la conocida *sentencia AETR*, de 1971, un fallo que marcó un antes y un después en la construcción de la personalidad internacional de las Comunidades europeas.

El asunto AETR giraba en torno al Acuerdo Europeo sobre el Trabajo de los Conductores que efectúan Transportes Internacionales por Carretera, elaborado en el marco de la Comisión Económica para Europa de Naciones Unidas. Este acuerdo regulaba aspectos esenciales sobre los tiempos de conducción y descanso de los conductores de vehículos comerciales, una materia que la Comunidad ya había comenzado a normar a través de reglamentos internos. Al encontrarse los Estados miembros negociando individualmente en la organización internacional, surgió el interrogante de si podían seguir ejerciendo esa representación externa pese a que la Comunidad estaba legislando sobre el mismo ámbito. El Tribunal concluyó que, cuando la Comunidad adopta normas internas que afectan a un sector determinado, adquiere automáticamente la competencia para celebrar acuerdos internacionales en ese mismo sector, incluso si los tratados constitutivos no mencionan expresamente tal competencia. Esta doctrina, conocida como *competencia externa implícita*, implica que cuando la Comunidad ha ejercido su competencia interna, la capacidad de los Estados para actuar individualmente en el ámbito internacional queda desplazada, ya que la unidad de representación exterior es necesaria para garantizar la eficacia del Derecho comunitario. De este modo, el Tribunal afirmó que las Comunidades europeas poseían personalidad jurídica internacional en materia económica, no por la existencia de una cláusula explícita, sino por la propia lógica del sistema y el principio de eficacia que exige coherencia entre las normas internas y la actuación internacional. En consecuencia, la representación exterior pasa a ser ejercida de manera unitaria, evitando la fragmentación normativa que podría surgir si cada Estado actuara por su cuenta. Esta doctrina no solo reforzó la posición internacional de las Comunidades, sino que también consolidó la autonomía del ordenamiento comunitario frente al Derecho internacional, situando a la institución en un nivel superior de actuación exterior, aunque siempre dentro de los límites marcados por los Estados a través de los tratados.

El paso siguiente en esta evolución se produjo con el Tratado de Maastricht, de 1992, que creó formalmente la Unión Europea y estableció la estructura de los tres pilares que hemos estudiado. Aunque este tratado fortaleció notablemente la capacidad internacional del conjunto europeo, especialmente en materia de política exterior y de seguridad común y en cooperación policial y judicial, no reconoció de forma explícita la personalidad jurídica de la Unión. Este vacío provocó un sistema complejo en el que coexistían la personalidad jurídica de las Comunidades europeas, titulares de las competencias del primer pilar, con ámbitos intergubernamentales en los que la Unión actuaba sin personalidad internacional propia. La falta de reconocimiento expreso generaba dificultades prácticas, puesto que algunas actuaciones exteriores, especialmente en materia de seguridad o justicia, debían formalmente canalizarse a través de los Estados miembros o de las Comunidades, lo que disminuía la coherencia y visibilidad internacional del conjunto europeo.

La solución a esta fragmentación llegó con el intento de aprobar un Tratado por el que se establecía una Constitución para Europa, documento que sí reconocía expresamente la personalidad jurídica de la Unión en su artículo I-7. Aunque este proyecto fue rechazado en referéndum, como hemos visto, y nunca entró en vigor, su contenido sirvió de base para la redacción del Tratado de Lisboa, que finalmente consolidó la *personalidad jurídica única de la Unión Europea*. Desde 2009, el artículo 47 del Tratado de la Unión Europea reconoce de manera explícita que la Unión tiene personalidad jurídica, lo que unifica la representación exterior y simplifica la estructura institucional. La Unión se presenta así ante terceros Estados y organizaciones internacionales como un sujeto único, eliminando las ambigüedades que existían anteriormente y dotando de mayor coherencia a su acción exterior.

En el ámbito del Derecho internacional, es esencial diferenciar entre los sujetos primarios y los sujetos derivados. Los Estados son *sujetos primarios* del Derecho internacional porque poseen soberanía plena, actúan en nombre propio, y ejercen competencias originarias. Las organizaciones internacionales, en cambio, son *sujetos derivados* cuya personalidad jurídica se construye a partir de las atribuciones que los Estados les transfieren por medio de los tratados constitutivos. Esta personalidad es limitada y funcional, en el sentido de que la organización actúa únicamente en los ámbitos en los que los Estados le han conferido competencias. La Unión Europea encaja en esta segunda categoría, aunque presenta particularidades propias de un proceso de integración que la distinguen de las organizaciones internacionales clásicas. A diferencia de estas, la Unión posee competencias atribuidas a través del ya estudiado principio de atribución; ahora bien, también cuenta con la posibilidad de desarrollar las competencias mediante mecanismos propios, incluidas las competencias implícitas que hemos visto, y que amplían su ámbito de actuación en función de la lógica interna del sistema y de la necesidad de garantizar la eficacia de sus normas.

La personalidad jurídica internacional de la Unión, por tanto, es derivada, en la medida en que procede de la transferencia voluntaria de competencias realizada por los Estados miembros, pero al mismo tiempo es autónoma porque las instituciones europeas ejercen esas competencias sin necesidad de autorización previa en cada caso. El *principio de eficacia* juega aquí un papel central, puesto que determina que es sujeto de Derecho internacional quien necesita serlo para ejercer de forma plena los derechos y deberes que le corresponden. En el caso de la Unión Europea, su creciente actividad normativa interna y su participación cada vez más intensa en el comercio, el transporte, el medio ambiente o la cooperación al desarrollo hacían indispensable reconocer su capacidad de actuar externamente. Como hemos adelantado, la práctica internacional terminó por consolidar esta situación, incluso antes de que existiera un reconocimiento explícito en los tratados.

Las *manifestaciones* de la personalidad jurídica internacional de la Unión se expresan en varias facultades propias del Derecho internacional. En primer lugar, el *ius contrahendi* o capacidad de celebrar tratados permite a la Unión negociar y firmar acuerdos internacionales en nombre propio, ya sean bilaterales o multilaterales. La Unión es parte en numerosos acuerdos comerciales, acuerdos de asociación, convenios de cooperación y tratados sectoriales, lo que muestra su activa participación en la vida jurídica internacional. En segundo lugar, el *ius legationis*, que incluye la facultad de enviar y recibir representantes diplomáticos, se manifiesta en la existencia del Servicio

Europeo de Acción Exterior, encargado de gestionar las delegaciones de la Unión en más de ciento cuarenta países y ante las principales organizaciones internacionales. Estas delegaciones funcionan como auténticas misiones diplomáticas, representando los intereses de la Unión y coordinando la labor de los Estados miembros cuando es necesario. La Unión participa también en la diplomacia multilateral, tomando parte activa en conferencias internacionales y organismos como Naciones Unidas, la Organización Mundial del Comercio, la Organización Internacional del Trabajo, la Organización Internacional del Transporte Aéreo o el G20 en el que, de hecho, es el único bloque regional con status de miembro pleno. En muchos de estos foros la Unión interviene junto a los Estados miembros, pero con competencias propias que reflejan su autonomía en sectores específicos. Otra manifestación de la actividad internacional de la Unión Europea es el denominado *ius standi*, que implica la capacidad de asumir responsabilidad internacional activa y pasiva, forma parte igualmente de su personalidad jurídica. La Unión puede ser parte en procedimientos de solución de controversias internacionales y asumir responsabilidad por el incumplimiento de obligaciones internacionales que le sean directamente atribuibles. Finalmente, la Unión ejerce el *ius puniendi* a través de la imposición de sanciones internacionales, un instrumento clave de su política exterior que se aplica en casos de violaciones graves de derechos humanos, amenazas a la paz o actuaciones contrarias al Derecho internacional por parte de terceros Estados o entidades.

Ejemplos de ejercicio de estas facultades son numerosos y demuestran la dimensión global de la Unión. La firma de acuerdos comerciales de nueva generación, como el celebrado con Canadá o Japón, muestra su capacidad para negociar tratados de amplio alcance en nombre de los Estados miembros. La participación en el Acuerdo de París sobre cambio climático pone de manifiesto su papel en las negociaciones multilaterales y su voluntad de actuar como actor comprometido con la sostenibilidad global. La imposición de sanciones a Rusia tras la anexión de Crimea o la invasión de Ucrania ilustra la capacidad de la Unión para actuar colectivamente en defensa del Derecho internacional. La existencia de delegaciones europeas en países de todos los continentes manifiesta su papel diplomático global, y su participación en misiones internacionales civiles y militares, especialmente en regiones como los Balcanes o el Sahel, demuestra su contribución a la seguridad internacional.

En conjunto, la evolución de la personalidad jurídica internacional de la Unión Europea muestra un proceso progresivo en el que la expansión de competencias internas ha impulsado la necesidad de actuar en el exterior, generando una figura singular que supera a las organizaciones internacionales tradicionales sin llegar a convertirse en un Estado. La Unión es un sujeto derivado, pero con facultades amplias y una práctica constante que confirma su presencia activa en la vida internacional. Su personalidad internacional es el resultado de la combinación entre la voluntad de los Estados miembros, la interpretación jurisprudencial del Tribunal de Justicia, y la exigencia funcional de representar colectivamente los intereses europeos. Este proceso ha situado a la Unión como un actor influyente en la escena internacional, contribuyendo de manera decisiva a la definición de normas globales.

9.- Acción exterior de la Unión Europea

La *acción exterior* se define en el artículo 21 del Tratado de la Unión Europea, y constituye el conjunto de principios, objetivos e instrumentos con los que la Unión se proyecta más allá de sus fronteras, articulando sus relaciones políticas, económicas y jurídicas con terceros Estados y organizaciones internacionales. Esta proyección externa se ha consolidado como un ámbito esencial de la integración europea, tanto por la interdependencia creciente del sistema internacional como por la necesidad de los Estados miembros de coordinar sus intereses en un escenario global complejo. La acción exterior tiene como finalidad proteger los valores y principios en los que se funda la integración, promover la paz, la seguridad, el desarrollo sostenible y los derechos humanos, y preservar los intereses europeos en un mundo multipolar. A través de ella, la Unión ha construido una presencia internacional significativa que combina instrumentos jurídicos, diplomáticos, financieros y comerciales en un marco de actuación no exento de dificultades.

El *alcance* de la competencia exterior de la Unión Europea se determina, en primer lugar, por el conjunto de competencias internas atribuidas por los tratados. Allí donde la Unión es competente para actuar internamente, ya sea de manera exclusiva o compartida, puede proyectar su acción hacia el exterior para garantizar la efectividad de sus políticas. Esta lógica funcional permite que la competencia exterior se extienda a prácticamente todos los ámbitos materiales de actuación de la Unión, desde el comercio y la cooperación al desarrollo hasta la protección del medio ambiente o la política energética. Por ello, el Derecho de la Unión y la jurisprudencia del Tribunal de Justicia han consolidado la idea de que la competencia exterior no constituye un ámbito separado o autónomo, sino la dimensión internacional de las políticas europeas comprendidas en las atribuciones establecidas por los tratados.

Desde una perspectiva jurídica, la *naturaleza* de las competencias exteriores de la Unión se articula a través de dos categorías fundamentales: competencias exteriores *expresas* y competencias exteriores *implícitas*. Las primeras se encuentran definidas de manera precisa en el Derecho primario, y constituyen ámbitos en los cuales los tratados atribuyen a la Unión una capacidad clara para concluir acuerdos internacionales, adoptar actos normativos o desplegar acciones diplomáticas. Entre ellas destaca la Política Comercial Común, que se recoge en los artículos 206 y 207 del Tratado de Funcionamiento de la Unión Europea, y que constituye una competencia exclusiva, lo que significa que solo la Unión puede legislar y celebrar acuerdos internacionales en esta materia. Asimismo, la cooperación al desarrollo se regula en los artículos 208 a 211 del Tratado de Funcionamiento de la Unión Europea, configurando un espacio de actuación compartida entre la Unión y los Estados miembros en el que se busca la erradicación de la pobreza y el desarrollo sostenible. La cooperación económica, financiera y técnica con terceros países se establece en los artículos 212 y 213 del Tratado de Funcionamiento de la Unión Europea, reforzando la capacidad de la Unión para ofrecer asistencia macroeconómica, apoyar reformas institucionales o estimular la integración regional. A su vez, la ayuda humanitaria, recogida en el artículo 214 del Tratado de Funcionamiento de la Unión Europea, dota a la Unión de un instrumento para responder a crisis humanitarias mediante acciones de socorro, rehabilitación y prevención. Las medidas restrictivas dirigidas contra países terceros o actores no estatales se hallan en el artículo 215 del Tratado de Funcionamiento de la Unión Europea, constituyendo un mecanismo esencial para la diplomacia coercitiva de la Unión. Además, los artículos 216 a 219 del Tratado de Funcionamiento de la Unión Europea regulan la celebración de acuerdos internacionales, definiendo el procedimiento para su adopción y la naturaleza vinculante de estos. Los artículos 220 y 221 del Tratado de Funcionamiento de la Unión Europea establecen el marco para las relaciones de la Unión con terceros Estados, organizaciones internacionales y la red de delegaciones que ejercen funciones diplomáticas. El artículo 222 del Tratado de Funcionamiento de la Unión Europea introduce la ya referida cláusula de solidaridad, que permite una respuesta conjunta ante atentados terroristas o catástrofes naturales. Finalmente, el artículo 191.4 del Tratado de Funcionamiento de la Unión Europea reconoce la dimensión exterior de la política medioambiental, permitiendo que la Unión asuma compromisos internacionales en materias como el cambio climático o la protección de la biodiversidad.

A estas competencias expresas se suman las competencias exteriores implícitas, que han sido construidas fundamentalmente por la jurisprudencia del Tribunal de Justicia. Como hemos comentado, se trata de competencias que no se encuentran mencionadas de manera explícita en los tratados, pero que resultan necesarias para el desempeño eficaz de las competencias internas atribuidas a la Unión. Su origen es jurisprudencial, y se encuentra en la ya referida sentencia AETR de 1971.

La acción exterior de la Unión se articula también a través del *Servicio Europeo de Acción Exterior*, una estructura diplomática creada para coordinar y ejecutar la política exterior y de seguridad, así como para asegurar la coherencia entre las distintas dimensiones exteriores de la Unión. Aunque su funcionamiento se desarrolla con más detalle en otro apartado, es importante señalar que el Servicio integra a personal de la Comisión, del Consejo y de los Estados miembros, y que gestiona una extensa red diplomática con presencia en prácticamente todos los países del mundo. Gracias a este servicio, la Unión ha obtenido una capacidad de representación global que le permite dialogar con terceros Estados, participar en organizaciones internacionales y coordinar políticas de cooperación, aportando mayor visibilidad y coherencia a su acción exterior.

Las relaciones internacionales de la Unión Europea se han desarrollado de manera progresiva en todos los continentes, consolidándose a través de una red densa de acuerdos bilaterales y multilaterales. En Europa, las relaciones con los países de la Asociación Europea de Libre Comercio se han articulado a través del Espacio Económico Europeo, que integra a Islandia, Liechtenstein y Noruega en el mercado interior. Con Suiza existe un conjunto complejo de acuerdos bilaterales que cubren ámbitos como el transporte, la libre circulación o la investigación. También son relevantes las relaciones con los países de la vecindad oriental, incluidos los Estados asociados como Ucrania, Moldavia y Georgia, cuyos acuerdos de asociación incluyen zonas de libre comercio de alcance amplio y profundo y mecanismos de aproximación normativa que facilitan una integración progresiva en las estructuras europeas.

En África, la Unión mantiene una relación histórica que se ha redefinido con el paso del tiempo. Durante décadas, el marco principal fue el Acuerdo de Cotonú (2000), que agrupaba a los países de África, el Caribe y el Pacífico en un modelo de cooperación centrado en el desarrollo y el comercio. Este marco ha evolucionado hacia el Acuerdo de Samoa (2023), centrado en la implementación de la Agenda 2030 y en la gestión conjunta de desafíos como el cambio climático, la movilidad y la gobernanza. Además, la Unión participa en misiones de estabilización, apoya procesos de integración regional como la Unión Africana, y mantiene acuerdos de libre comercio con regiones como África Oriental y Meridional.

En Asia, la Unión mantiene relaciones diversificadas con economías avanzadas y países emergentes. Japón constituye uno de sus socios estratégicos más relevantes, con un Acuerdo de Asociación Económica que ha eliminado la mayoría de barreras comerciales y un Acuerdo de Asociación Estratégica que cubre ámbitos políticos y de seguridad. Con Corea del Sur existe un acuerdo de libre comercio consolidado, y la Unión sostiene un diálogo político constante con la Asociación de Naciones del Sudeste Asiático, y ha firmado acuerdos bilaterales con países como Singapur y Vietnam.

En Norteamérica, las relaciones con Estados Unidos siguen siendo fundamentales, pese a las fluctuaciones políticas que han marcado la agenda bilateral. Ambos comparten una colaboración intensa en áreas como la seguridad, la energía, la tecnología y la regulación comercial, a pesar de las tensiones que asomaron a partir del segundo gobierno Trump y la guerra de aranceles (2025). Con Canadá, la Unión ha concluido el Acuerdo Económico y Comercial Global, que establece un marco avanzado para la liberalización comercial, así como un Acuerdo de Asociación Estratégica que fortalece la cooperación política.

En América Latina, la Unión ha desarrollado una de sus redes de relaciones más completas, basada en un firme compromiso con la democracia, el desarrollo y la integración regional. Con México y Chile existen acuerdos de asociación global que integran comercio y diálogo político y que se encuentran en proceso de modernización. Con el Mercosur, la Unión Europea y los Estados del bloque han negociado un acuerdo de asociación para crear una de las zonas de libre comercio más grandes del mundo. Con la Comunidad Andina, la Unión mantiene acuerdos de comercio multipartes con Colombia, Perú y Ecuador, que han consolidado una integración económica importante. Además, el diálogo político birregional con la CELAC ha permitido coordinar posiciones en asuntos globales, desde el cambio climático hasta la gobernanza digital.

En Oceanía, las relaciones con Australia y Nueva Zelanda se han intensificado mediante acuerdos de asociación y cooperación, así como negociaciones avanzadas para tratados comerciales que buscan fortalecer el intercambio económico y la convergencia normativa. Ambos países comparten con la Unión un compromiso fuerte con el multilateralismo, el comercio basado en reglas, y la acción climática.

Con todo ello, la acción exterior de la Unión Europea constituye un entramado complejo y dinámico que refleja la evolución de la integración y la ambición de situarse como un actor relevante en el ámbito internacional. La combinación de competencias expresas, competencias implícitas y una red institucional consolidada permite a la Unión proyectar sus valores y sus intereses en un mundo caracterizado por la interdependencia, los desafíos globales y la necesidad de respuestas cooperativas. Cada paso en el desarrollo de estas competencias ha reafirmado la capacidad de la Unión para actuar con autonomía, y ha configurado una presencia internacional de importancia global.

10.- Política exterior, seguridad y defensa

La *Política Exterior y de Seguridad Común* de la Unión Europea constituye el instrumento mediante el cual los Estados miembros intentan articular una posición común en la escena internacional. Nació como respuesta a la necesidad de conferir una dimensión política al proyecto europeo, pero su evolución muestra una trayectoria marcada por avances lentos y expectativas que a menudo superaron las capacidades reales. Su origen más remoto se encuentra en el fracaso de la Comunidad Europea de Defensa en la década de 1950, el proyecto al que ya hemos hecho referencia que buscaba crear un ejército europeo autónomo, y que se frustró por la negativa de la Asamblea Nacional francesa a ratificar el tratado. Desde entonces, la seguridad y la defensa europeas se identifican con una de las áreas más frágiles de la integración, debido a la reticencia de los Estados a ceder soberanía en un ámbito tan sensible y a la dependencia estructural de Europa respecto de Estados Unidos en materia militar. Esta debilidad influyó en la construcción de la Política Exterior y de Seguridad, que solo adquirió forma jurídica con el Tratado de Maastricht en 1992, dentro del llamado segundo pilar de la Unión. El fallido proyecto constitucional de principios del siglo XXI intentó reforzar esta dimensión, pero la consolidación del marco actual se produjo con el Tratado de Lisboa de 2009, que creó la figura del *Alto Representante de la Unión para Asuntos Exteriores y Política de Seguridad* y estableció el *Servicio Europeo de Acción Exterior* como cuerpo diplomático europeo.

Las características fundamentales de la Política Exterior y de Seguridad Común reflejan su *naturaleza* predominantemente intergubernamental. A diferencia de los ámbitos regulados por el Derecho de la Unión Europea, donde rige la lógica supranacional y la primacía del Derecho de la Unión, la Política Exterior y de Seguridad Común se regula de manera diferenciada en el Capítulo 2 del Título V del Tratado de la Unión Europea, y no en el Tratado de Funcionamiento. Este diseño coloca la responsabilidad principal en los Estados miembros, y relega a las instituciones comunitarias a funciones de apoyo o coordinación. La regla de adopción de decisiones se basa en la unanimidad, lo que exige que todos los Estados coincidan para que la Unión pueda actuar, y otorga a cada uno un poder de veto capaz de paralizar la acción exterior. Esta exigencia provoca que la Política Exterior y de Seguridad Común avance a un ritmo muchísimo más lento y problemático que otras políticas; la integración económica alcanzó niveles de supranacionalidad que contrastan con la cautela política en materia de seguridad y defensa. La asimetría entre ambas es una constante del proceso europeo, y explica las dificultades de la Unión para responder con rapidez y cohesión a crisis internacionales.

La *organización institucional* de la Política Exterior y de Seguridad Común intenta conciliar las exigencias de coordinación intergubernamental con la necesidad de ofrecer una voz europea reconocible en el escenario internacional. El Consejo Europeo define los intereses estratégicos y los grandes objetivos que orientan la acción exterior de la Unión. Sobre esa base, el Consejo desarrolla la política concreta y adopta las decisiones necesarias para su ejecución. El Alto Representante de la Unión para Asuntos Exteriores y Política de Seguridad se encarga de ejecutar estas decisiones, intentar introducir coherencia en la acción exterior, y representar a la Unión en su dimensión política y diplomática. Esta estructura busca un equilibrio entre dirección política y capacidad ejecutiva, que finalmente depende del consenso entre los Estados y de la voluntad de los gobiernos para avanzar en posiciones comunes. En definitiva, el Alto Representante está enormemente limitado en su capacidad de representación exterior de la Unión Europea.

No obstante, la figura del Alto Representante constituye uno de los elementos institucionales más relevantes creados por el Tratado de Lisboa. Se trata de un cargo híbrido, diseñado para unificar en una sola figura la representación política exterior, tradicionalmente dispersa entre la Comisión y el Consejo, y que contó como precursora la figura del Alto Representante del Consejo para la PESC creado en el Tratado de Ámsterdam, informalmente conocido como «Míster PESC». El Alto Representante es a la vez vicepresidente de la Comisión Europea, lo que permite integrar la acción exterior en el conjunto de políticas comunitarias, y presidente del Consejo de Asuntos Exteriores, lo que facilita la coordinación con los ministros de Exteriores de los Estados. Dirige además el Servicio Europeo de Acción Exterior, que funciona como el cuerpo diplomático de la Unión, y encabeza la Agencia Europea de Defensa. La combinación de estas funciones pretende aportar continuidad y coherencia a la proyección internacional de la Unión, aunque el resultado práctico depende de la capacidad de la Unión para superar las diferencias entre gobiernos y de la cooperación efectiva entre las instituciones.

El *Comité Político y de Seguridad* desempeña un papel decisivo en la estructura de la Política Exterior y de Seguridad Común. Su regulación aparece en el artículo 38 del Tratado de la Unión Europea, y su composición refleja su naturaleza intergubernamental, ya que está integrado por embajadores de los Estados miembros acreditados en Bruselas. Este comité se reúne dos veces por semana, y aumenta la frecuencia de sus sesiones cuando la situación internacional lo exige. Su función consiste en seguir la evolución de los acontecimientos internacionales, formular recomendaciones estratégicas y opciones políticas al Consejo, y ejercer el control político y la dirección estratégica de las operaciones de gestión de crisis. Representa el puente entre la acción diplomática y la acción operativa, ofreciendo un espacio donde los Estados pueden coordinar su posición sin necesidad de elevar cada cuestión al máximo nivel político.

La *Política Común de Seguridad y Defensa* constituye el marco político a través del cual los Estados miembros desarrollan la estrategia europea de seguridad y defensa. Se integra en la estructura de la Política Exterior y de Seguridad Común y se regula en el Título V, artículos 42 a 46 del Tratado de la Unión Europea. Esta política pretende avanzar en un ámbito tradicionalmente reservado a la soberanía estatal, ofreciendo mecanismos de cooperación que permitan mejorar las capacidades europeas, responder a crisis internacionales y reforzar la autonomía estratégica de la Unión. Aunque su ambición se refiere a la creación progresiva de una defensa común, la realidad es que hoy, como sabemos, no existe un ejército europeo, y las decisiones más sensibles permanecen en manos de los gobiernos de los Estados miembros.

La *Agencia Europea de Defensa* desempeña un papel importante en el desarrollo de la Política Común de Seguridad y Defensa. Se creó con el objetivo de reforzar la cooperación entre los Estados en el ámbito de la defensa europea y mejorar la capacidad militar de la Unión a través de la coordinación, la investigación y la planificación conjunta. La Agencia actúa como un foro para los ministros de Defensa europeos, y facilita programas de investigación sobre armamento y tecnologías militares financiados por la Comisión

Europea. Su sede se encuentra en Bruselas, y trabaja con todos los países de la Unión para mejorar las capacidades defensivas mediante la cooperación, aunque sus resultados dependen de la voluntad política de los Estados miembros para comprometerse con iniciativas comunes y superar las duplicidades que han lastrado históricamente la eficiencia en materia de defensa.

La dimensión diplomática de la Unión se articula a través del ya mencionado *Servicio Europeo de Acción Exterior*, que opera bajo la dirección del Alto Representante. El Servicio combina personal de la Comisión, del Consejo y de los Estados miembros y gestiona una amplia red de delegaciones en terceros países y organizaciones internacionales. Como hemos visto, su función consiste en asegurar la coherencia entre las distintas vertientes de la política exterior, desde el comercio hasta la cooperación al desarrollo, y en representar a la Unión en el ámbito diplomático. Esta estructura ha permitido reforzar la visibilidad internacional de la Unión y proyectar sus valores y prioridades más allá de sus fronteras, aunque su eficacia también está limitada, y depende de la capacidad para conciliar las posiciones nacionales y ofrecer un mensaje común ante actores internacionales.

La Política Exterior y de Seguridad Común y la Política Común de Seguridad y Defensa se despliegan también en la gestión de crisis y en las operaciones exteriores de la Unión. La Unión ha puesto en marcha misiones civiles y militares en distintas regiones del mundo, centradas en la estabilización, el fortalecimiento institucional, la formación de fuerzas de seguridad o el mantenimiento de la paz. Estas operaciones no constituyen acciones militares a gran escala, pero sí representan un esfuerzo por afirmar la presencia europea en contextos de crisis y apoyar la seguridad internacional. El alcance de estas acciones depende de los recursos aportados por los Estados miembros y de la capacidad de la Unión para coordinar esfuerzos diplomáticos, financieros y operativos.

El *multilateralismo* constituye la base de la acción exterior de la Unión y un principio estructural tanto de la Política Exterior y de Seguridad Común como de la Política Común de Seguridad y Defensa. La Unión defiende un orden internacional basado en reglas, cooperativo y respaldado por instituciones multilaterales fuertes. Naciones Unidas ocupa un lugar central en esta visión, ya que la Unión considera que la paz y la seguridad internacionales deben abordarse a través de mecanismos colectivos y legitimados. La Unión y sus Estados miembros participan de manera activa en las actividades de Naciones Unidas, han apoyado algunas de sus operaciones de mantenimiento de la paz, y promueven la cooperación con los organismos especializados.

La relación con la *Organización del Tratado del Atlántico Norte* ha tenido un carácter estratégico para Europa. La mayoría de los Estados miembros pertenecen a la OTAN y han confiado su defensa territorial a este marco atlántico. La incorporación reciente de Finlandia y Suecia pareció reforzar aún más este vínculo, introduciendo a dos Estados con tradición de neutralidad en la estructura defensiva transatlántica. Los Estados miembros que no integran la OTAN son Austria, Irlanda, Malta y Chipre, que mantienen políticas de neutralidad con distintos matices. Ahora bien, la dependencia de Estados Unidos en materia militar ha generado debates sobre el futuro de la OTAN y sobre la necesidad de fortalecer la autonomía estratégica europea, lo que incluye la posibilidad de crear capacidades militares comunes o incluso avanzar hacia un ejército europeo. Este debate continúa abierto y enfrenta consideraciones políticas, estratégicas y presupuestarias, pero refleja la tensión constante entre la integración europea y la preservación de la soberanía nacional en materia de defensa.

En conjunto, la Política Exterior, de Seguridad y Defensa de la Unión Europea constituye un ámbito complejo, condicionado por la diversidad de intereses nacionales y por la voluntad de los Estados de avanzar sin renunciar a sus competencias esenciales. Aun así, la Unión ha creado instrumentos que buscan articular su presencia internacional, y ha desarrollado capacidades diplomáticas y de gestión de crisis que la sitúan como un actor relevante en la escena mundial. Su evolución futura dependerá de la capacidad para profundizar la integración en un ámbito tradicionalmente reservado a los Estados, y de la necesidad creciente de responder con eficacia a amenazas globales que exigen coordinación, visión, y capacidades de defensa comunes.

11.- Política Agrícola Común y políticas ecológicas

Son varias, y en proceso de expansión, las políticas sectoriales compartidas entre los Estados miembros y la Unión Europea, y dos ejemplos de su funcionamiento son la política agrícola y las políticas ecológicas, conocidas como mediambientales. La política agrícola y la política medioambiental constituyen dos ámbitos estrechamente relacionados dentro del sistema competencial de la Unión Europea, ambos configurados como competencias compartidas entre la Unión y los Estados miembros, lo que como sabemos implica que la acción europea se combina con las políticas nacionales y que estas solo pueden desplegarse plenamente en la medida en que la Unión no haya ejercido su competencia o lo haga de forma complementaria. Esta relación resulta especialmente visible en el sector agrario, donde la producción de alimentos, la gestión del territorio, la conservación de los recursos naturales y la protección de la biodiversidad forman parte de una misma realidad económica, social y ecológica. La agricultura no solo cumple una función productiva, sino que también desempeña un papel esencial en el equilibrio medioambiental, en la lucha contra el cambio climático y en la cohesión territorial, especialmente en las zonas rurales. Por esta razón, la evolución de la política agrícola común ha ido incorporando de manera progresiva objetivos medioambientales, de sostenibilidad y de protección del entorno natural, hasta el punto de que hoy resulta difícil comprender la una sin la otra.

La *política agrícola común* (PAC) constituye una de las políticas más antiguas y emblemáticas de la integración europea, y su origen se encuentra en los primeros momentos del proceso comunitario. Desde la creación de la Comunidad Económica Europea, los Estados fundadores identificaron la agricultura como un sector estratégico, tanto por su peso económico y social como por su importancia para garantizar el abastecimiento alimentario en un continente que aún sufría las consecuencias de la posguerra, y que seguía con la amenaza de la hambruna. Los Tratados de Roma establecieron desde el inicio la necesidad de una política común en este ámbito, con objetivos claramente definidos, entre los que destacaban el aumento de la productividad agrícola, la garantía de un nivel de vida equitativo para la población agraria, la estabilización de los mercados, la seguridad de los abastecimientos, y el ofrecimiento de precios razonables a las personas consumidoras, principalmente. Estos objetivos reflejaban una concepción fuertemente intervencionista, basada en la idea de que el mercado por sí solo no podía asegurar el equilibrio del sector agrario ni la cohesión social y territorial; los Estados, individualmente y en el marco del proceso de integración, debían realizar un esfuerzo conjunto de regulación y planificación para asegurar los objetivos de la política agrícola.

Desde sus primeras etapas, la política agrícola común se caracterizó por una fuerte centralización a nivel europeo y por la utilización de instrumentos específicos que la diferenciaban de otras políticas de la Unión. Entre estos instrumentos destacaron los precios garantizados, las intervenciones públicas en los mercados, los mecanismos de almacenamiento y las restituciones a la exportación, que permitían sostener los ingresos agrarios y proteger la producción europea frente a la competencia exterior. Este modelo resultó eficaz durante décadas para alcanzar el autoabastecimiento alimentario, pero generó también importantes desequilibrios, como la sobreproducción de determinados productos, el elevado coste presupuestario, o las inevitables tensiones comerciales con terceros países que, de hecho, podemos observar cada vez que se plantean cambios en la producción o comercio de productos agrarios. No obstante, durante mucho tiempo la política agrícola común fue el principal capítulo del presupuesto comunitario y un elemento clave del compromiso político entre los Estados miembros. En este contexto, la posición del Reino Unido resultó particularmente significativa, ya que desde su adhesión mantuvo una actitud crítica hacia una política que consideraba costosa e ineficiente, lo que dio lugar a excepciones financieras y a una presión constante para reformar el sistema. El conocido mecanismo de corrección presupuestaria acordado en los años ochenta refleja bien estas tensiones, así como la dificultad de conciliar intereses nacionales divergentes en un ámbito tan sensible como el agrario.

A lo largo de las décadas, la política agrícola común ha experimentado profundas transformaciones, impulsadas tanto por factores internos como por cambios en el contexto internacional. A partir de los años noventa, se hizo evidente la necesidad de reformar un modelo basado casi exclusivamente en el apoyo a los precios y a la producción, que generaba distorsiones y resultaba cada vez menos compatible con las reglas del comercio internacional. Las reformas introducidas en este periodo marcaron un punto de inflexión, al desplazar progresivamente el apoyo desde los precios hacia las ayudas directas a las personas agricultoras, desvinculadas en mayor medida de la producción. Este proceso, conocido como *desacoplamiento*, pretendía reducir los incentivos a la sobreproducción y orientar la política hacia objetivos más amplios, como la estabilidad de las rentas agrarias y la sostenibilidad del medio rural.

En paralelo, la política agrícola común fue incorporando de forma creciente la dimensión medioambiental, en coherencia con el desarrollo de la política de medio ambiente de la Unión y con una mayor sensibilidad social hacia la protección de los recursos naturales. La introducción de la condicionalidad ambiental supuso un cambio significativo, al vincular el acceso a las ayudas al cumplimiento de determinadas normas en materia de medio ambiente, bienestar animal y seguridad alimentaria. De este modo, la política agrícola dejó de concebirse únicamente como un instrumento de apoyo económico y pasó a desempeñar una función reguladora más compleja, orientada a promover prácticas agrarias compatibles con la protección del entorno y con el uso sostenible del suelo, del agua y de la biodiversidad. La ampliación de la Unión Europea hacia el este supuso un nuevo desafío para la política agrícola común, al incorporar Estados con un peso agrario significativo y con niveles de desarrollo muy desiguales.

En definitiva, la política agrícola común representa un ejemplo paradigmático de cómo la integración europea ha sabido combinar objetivos económicos, sociales y medioambientales en una política compartida que ha evolucionado de forma constante. Hoy, la política agrícola común busca asegurar la viabilidad del sector agrario, y también contribuir de manera decisiva a la sostenibilidad del modelo europeo de desarrollo, a la cohesión territorial y a la protección de un patrimonio natural que forma parte esencial de la identidad y del futuro de la Unión Europea.

Por otro lado, la magnitud de la crisis ecológica que atraviesa el planeta ha situado a las *políticas ambientales* en el centro del debate público internacional. La degradación acelerada de los ecosistemas, el agotamiento de los recursos naturales y la evidencia científica de un calentamiento global irreversible exigen nuevas formas de acción institucional y una reorganización profunda del modo en que las sociedades conciben su relación con la Naturaleza. Este contexto ha impulsado el desarrollo de un giro ecocéntrico que coloca en el centro del análisis la protección integral de la vida en el planeta y la preservación de los sistemas que sostienen la existencia humana. Tanto Naciones Unidas como la Unión Europea se hacen eco de esta necesidad de reevaluación del modo de vida humano sobre la Tierra.

La preocupación contemporánea por el medio ambiente no surge de manera espontánea, sino que forma parte de un proceso histórico que se remonta al reconocimiento internacional del derecho humano a un entorno saludable. La Declaración de las Naciones Unidas sobre el Medio Ambiente Humano, aprobada en Estocolmo en 1972, afirmó que toda persona tiene derecho a vivir en un ambiente cuya calidad permita una vida digna y con bienestar. También estableció el deber de proteger y mejorar el medio ambiente para las generaciones presentes y futuras, un principio que abrió la puerta a la noción moderna de justicia intergeneracional y que facilitó la construcción de un marco ético y jurídico que hoy sostiene la acción ecológica global. A partir de la Constitución griega de 1975, las diferentes Constituciones fueron paulatinamente haciéndose eco de este derecho al medio ambiente sano, aunque desde un enfoque exclusivamente antropocéntrico; es decir, en beneficio del ser humano, no propiamente de la Naturaleza.

En Europa, la competencia en materia de medio ambiente emergió en paralelo a la expansión de las políticas comunitarias que acompañaron el crecimiento económico posterior a la Segunda Guerra Mundial. La *Cumbre de París* de 1972 marcó un punto de inflexión al asumir que la integración económica y monetaria exigía una atención específica a los efectos ambientales del desarrollo industrial. Los gobiernos europeos reconocieron que el progreso económico no podía desligarse de la preservación del entorno natural y que Europa, en su conjunto, debía abordar la contaminación, la calidad del aire y del agua, el uso de la energía y la protección de los ecosistemas mediante políticas comunes. Este compromiso inicial inauguró las políticas europeas de medio ambiente, y situó la cuestión ecológica en el proceso comunitario, aunque los tratados fundacionales no incluyeron disposiciones expresas en esta materia. Con el avance de la integración, especialmente desde el Acta Única Europea de 1986 y el Tratado de Maastricht de 1992, la protección ambiental se convirtió en un área formal de competencia y en un componente estructural del proyecto europeo.

La década siguiente confirmó la importancia de la dimensión ecológica, pero también reveló los límites de las políticas ambientales cuando las prioridades económicas se intensifican. La crisis financiera y económica global de finales de la primera década del siglo XXI provocó una reorientación de las agendas gubernamentales hacia políticas expansivas centradas en la reactivación del empleo y la recuperación de la producción. La urgencia económica relegó temporalmente los objetivos climáticos y ambientales, redujo la velocidad de las reformas ecológicas, y dificultó el cumplimiento de los compromisos adoptados por la Unión. Tras la superación de la fase más aguda de la crisis, la Unión Europea constató una ralentización en el cumplimiento de los objetivos en materia de medio ambiente, energía y clima, lo que puso en evidencia la necesidad de un modelo más estable capaz de resistir las oscilaciones económicas y de garantizar una transición ecológica que no dependa únicamente de los ciclos productivos.

En este contexto, la aprobación en 2015 de la Agenda 2030 de Desarrollo Sostenible por la Asamblea General de las Naciones Unidas introdujo un marco universal que transformó la manera de comprender la sostenibilidad. Los diecisiete Objetivos de Desarrollo Sostenible articulan una visión integral en la que la protección del medio ambiente se relaciona con el bienestar social, la igualdad, la salud, el acceso al agua, la energía y la gestión de los ecosistemas terrestres y marinos. Entre ellos, destacan objetivos estrechamente vinculados a la transición ecológica, como asegurar la disponibilidad de agua y su gestión sostenible, garantizar el acceso universal a una energía segura, asequible y sostenible, promover ciudades resilientes y sostenibles, fomentar patrones responsables de producción y consumo, adoptar medidas urgentes frente al cambio climático, proteger los océanos y mares y gestionar de forma sostenible los bosques y la biodiversidad. La sostenibilidad, como vemos, es el enfoque de las metas trazadas por Naciones Unidas. La Agenda 2030 reconoce la irreversibilidad del cambio climático y la urgencia de actuar ante un proceso de desgaste y erosión de la Naturaleza que amenaza las condiciones de habitabilidad del planeta. La transición ecológica dejó de presentarse como una alternativa deseable, y a ojos de todo el mundo se convirtió en una necesidad estructural que condiciona la estabilidad global.

Las políticas ecológicas europeas se desarrollan dentro de un sistema complejo de distribución de competencias. El *medio ambiente* constituye un ejemplo paradigmático de competencia compartida entre la Unión Europea y los Estados miembros, lo que obliga a coordinar la acción normativa y política en función de los principios de subsidiariedad y proporcionalidad. La Unión puede adoptar normas que establezcan estándares comunes y objetivos vinculantes, mientras que los Estados adaptan e implementan estas medidas según su estructura administrativa y su modelo territorial. En los Estados descentralizados, esta competencia se distribuye también entre los distintos niveles territoriales. En el caso de España, las comunidades autónomas desempeñan un papel central en la legislación sobre el medio ambiente, la gestión de los recursos naturales, la aplicación de la normativa ambiental y la planificación sobre residuos, agua, montes y conservación de la biodiversidad. Esta complejidad multinivel exige mecanismos sólidos de coordinación que permitan la determinación de objetivos globales, coherencia normativa, efectividad administrativa y compatibilidad entre las diferentes estrategias ecológicas. Las consecuencias de una mala gestión y sus terribles perjuicios, en especial sobre las personas, las hemos experimentado en la peor catástrofe del país en las últimas décadas, la DANA que asoló una parte del territorio valenciano en octubre de 2024, y cuyo origen es el cambio climático y la deficiencia en la protección de la población por parte de las autoridades gubernamentales.

El refuerzo definitivo de las políticas ambientales europeas se produjo con la presentación del *Pacto Verde Europeo* en 2019, una estrategia amplia que integra todos los sectores de la economía en un proceso de transformación destinado a situar a Europa en la vanguardia mundial de la transición ecológica. El Pacto Verde se concibe como la herramienta fundamental para la aplicación de la Agenda 2030 y de los Objetivos de Desarrollo Sostenible, y representa la incorporación de la Unión al giro ecocéntrico. Su objetivo consiste en transformar el sistema productivo mediante una economía circular que reduzca los residuos, promueva la eficiencia y limite el uso de recursos naturales. Incluye medidas para impulsar las energías limpias, proteger y restaurar los ecosistemas naturales, mejorar la salud humana a través de la reducción de la contaminación, y desarrollar una transformación digital que apoye la sostenibilidad. Entre sus compromisos más relevantes se encuentra la limitación en la fabricación de vehículos de combustión de carbono en un futuro próximo, una medida que refleja el intento de la Unión de acelerar la descarbonización del transporte, aunque la continuidad de este objetivo está amenazada por la presión de los lobbies del automóvil y dependientes de la fabricación de motores de carbono. El objetivo estratégico final, no obstante, sigue consistiendo al menos formalmente en convertir a Europa en el primer continente climáticamente neutro para 2050.

La ejecución del Pacto Verde enfrenta dificultades significativas. El constitucionalismo multinivel de la Unión introduce una estructura compleja en la que conviven normas y competencias compartidas, instituciones supranacionales, autoridades estatales y entidades territoriales con capacidad política propia. A este desafío estructural se añaden los populismos negacionistas, con cierta fuerza en los Gobiernos de los Estados miembros e incluso presencia en el Parlamento Europeo, que rechazan la evidencia científica y cuestionan la legitimidad de las políticas ecológicas, lo que complica la construcción de consensos duraderos. Sin embargo, estas dificultades no impiden reconocer que el marco europeo ha avanzado de manera notable hacia un modelo ecológico coherente, dotado de estrategias integrales e instrumentos jurídicos capaces de orientar la transición energética, la protección de la biodiversidad y la transformación económica.

La consolidación del giro ecocéntrico en Europa representa un cambio profundo en la manera de concebir la integración. La Unión dejó de vincular exclusivamente su identidad al mercado interior y a la unión económica para asumir un papel proactivo en la protección del planeta. La Naturaleza, entendida como un sistema complejo e indispensable para la existencia humana, pasó a ocupar un espacio central en el diseño de las políticas públicas. Este giro se refleja en la construcción de un marco normativo que otorga relevancia a los ciclos naturales, reconoce la urgencia climática, y apuesta por una relación más equilibrada entre las sociedades y los ecosistemas.

El futuro de las políticas ecológicas europeas dependerá de la capacidad de mantener este impulso transformador, superar los obstáculos políticos y garantizar que la transición ecológica se traduzca en mejoras reales en la vida de las personas y en la salud del planeta. A pesar de las tensiones internas, la Unión cuenta con una base normativa sólida, una ciudadanía cada vez más consciente de la crisis ecológica, y una proyección internacional que la sitúa como referente en la protección de la Naturaleza. La combinación de estos elementos permite mantener un horizonte optimista, sostenido por el compromiso europeo de avanzar hacia un modelo ecológico que proteja la vida, reafirme el sentido de la integración y consolide un desarrollo sostenible para las generaciones presentes y futuras. El tiempo dirá si se alcanzan estos objetivos.

Bibliografía

Aguilar Calahorro, Augusto (2021), *Naturaleza y eficacia de la Carta de Derechos Fundamentales de la Unión Europea*. Centro de Estudios Políticos y Constitucionales, Madrid.

Alonso Tomé, Sandra (2025), *Las fronteras de la Unión Europea: gestión, acceso y retorno*. Colex, A Coruña.

Bar Cendón, Antonio (2025), *La política de defensa de la UE ante la guerra: de la inexistencia a la inconsistencia*, *Revista de las Cortes Generales*, nº 119, págs. 33-100.

Camarero, Mariam; Tamarit Escalona, Cecilio (coords.) (2023), *Economía de la Unión Europea*. Civitas, Madrid.

Canosa Usera, Raúl y Carmona Cuena, Encarnación (coords.) (2024), *La Europa de los derechos sociales. La Carta Social Europea y otros sistemas internacionales de protección*. Tirant lo Blanch, València

Estévez Mendoza, Lucana María de la Cruz (2017), «La instauración de la fiscalía europea como cooperación reforzada: problemas orgánicos y procesales», *Revista de Estudios Europeos*, Extraordinario monográfico 1, págs. 106-122.

Faggiani, Valentina (2022), «Ciudadanía sustantiva y derechos de participación política en la UE: límites del sistema y necesidad de una mayor inclusión», *Revista de Derecho Comunitario Europeo*, nº 73, págs. 915-949.

Fajardo del Castillo, Tamara (2022), *La diplomacia del clima de la Unión Europea: la acción exterior sobre cambio climático y el Pacto Verde Europeo*. Reus, Madrid.

García Ortiz, Adrián (2022), *Orden público y Unión Europea. Una contribución a la construcción constitucional europea*. Tirant lo Blanch, València.

Gordillo Pérez, Luis Ignacio; Canedo Arrillaga, José Ramón (2013), «La Constitución económica de la Unión Europea. Bases de un modelo en constante evolución», *Cuadernos de Derecho Transnacional*, vol. 5, nº 1, págs. 163-183.

Gosalbo Bono, Ricardo (2015), «Insuficiencias jurídicas e institucionales de la acción exterior de la Unión Europea», *Revista de Derecho Comunitario Europeo*, año nº 19, nº 50, págs. 231-320.

Jimena Quesada, Luis (2014), «*La consagración de los derechos fundamentales: de principios generales a texto fundacional de la Unión Europea»*, *Cuadernos Europeos de Deusto*, nº 50, págs. 173-197.

Mangas Martín, Araceli (2008), «La distribución de competencias en la Unión Europea y el principio de subsidiariedad», en AA.VV., *Jornada sobre el principio de subsidiariedad en la Unión Europea.* Fundación Manuel Giménez Abad de Estudios Parlamentarios y del Estado Autonómico, Zaragoza.

Martínez Dalmau, Rubén (ed.) (2006), *Europa y el Mediterráneo. Perspectivas del diálogo euromediterráneo.* Publicacions de la Universitat de València, València.

Martínez Dalmau, Rubén (2022), «El giro ecocéntrico en Naciones Unidas y en la Unión Europea: la Agenda 2030 y el Pacto Verde Europeo», en AA.VV., La lucha contra el cambio climático y el reconocimiento de los derechos de la Naturaleza. Pireo, València.

Molina del Pozo, Carlos Francisco (2016), «El largo camino recorrido desde la descentralización hasta el federalismo: el caso de la Unión Europea», *Revista de la Secretaría del Tribunal Permanente de Revisión*, año 4, nº 8, págs. 19-40.

Morata, Francesc (2004), *La Unión Europea. Procesos, actores y políticas.* Alianza, Madrid.

Mut Bosque, Maria (2025), «La Unión Europea: el difícil equilibrio entre una identidad común basada en los valores fundacionales y el respeto a las identidades nacionales», *Quaderns IEE: Revista de l'Institut d'Estudis Europeus*, vol. 4, nº 1, págs. 15-59.

Palomares Lerma, Gustavo (2002), *La política de seguridad y defensa de la Unión Europea. Realidades y retos para el siglo XXI.* Tirant lo Blanch, València.

Sáenz de Santa María, Paz Andrés (2016), «La Unión Europea y el Derecho de los tratados: una relación compleja», *Revista Española de Derecho Internacional*, vol. 68, nº 2, págs. 51-102.

III. CÓMO FUNCIONA LA UNIÓN EUROPEA: INSTITUCIONES

1.- Instituciones europeas

Las *instituciones europeas* constituyen el entramado político y jurídico mediante el cual la Unión Europea ejerce las funciones de gobierno asociadas a las competencias que los tratados le atribuyen, de forma que la acción de la Unión se desarrolla a través de órganos dotados de legitimidad democrática, estabilidad operativa, y capacidad decisoria y de ejecución. Se trata, en definitiva, de la estructura con que se dota a la Unión Europea para el ejercicio adecuado de las funciones que se le han asignado. El marco institucional de la Unión, conforme al artículo 13 del Tratado de la Unión Europea, se orienta a promover los valores que la fundamentan, perseguir los fines que le asignan los Estados miembros, defender los intereses comunes, proteger a la ciudadanía y asegurar la continuidad, la eficacia y la coherencia del conjunto de sus políticas. El diseño institucional se articula como un sistema único para todas las políticas de la Unión, que refleja el compromiso con la democracia representativa, ya que no solo los Estados miembros deciden —a través de las autoridades democráticamente electas—, sino que la ciudadanía europea se encuentra en la base de su legitimidad y se expresa mediante la elección directa del Parlamento Europeo. La distinción entre instituciones, órganos y organismos permite comprender el funcionamiento interno de este sistema, ya que las instituciones ejercen las funciones políticas principales, mientras que los órganos cumplen funciones consultivas o de control, y los organismos desarrollan tareas técnicas o ejecutivas especializadas que complementan el conjunto de la arquitectura institucional.

La *evolución* histórica de las instituciones europeas muestra el proceso progresivo de integración paulatina y complejidad institucional que han acompañado el desarrollo del proyecto europeo desde sus inicios, buscando equilibrios y profundizando en el paso de la intergubernamentalidad a la supraconstitucionalidad. Desde la creación de la Comunidad Europea del Carbón y del Acero en 1951, con un diseño institucional que, como hemos visto, incluía una Alta

Autoridad, una Asamblea, un Consejo y un Tribunal de Justicia, se abrió una senda que condujo a la progresiva consolidación de instituciones capaces de gestionar un mercado común y, posteriormente, un proceso político y jurídico de integración más amplio. La fusión de las instituciones de las Comunidades Europeas en los años sesenta, la creación del Consejo Europeo en los años setenta, la elección directa del Parlamento Europeo en 1979, y la profundización institucional derivada del Acta Única, del Tratado de Maastricht y de los sucesivos tratados reformadores, configuraron un entramado que refleja las exigencias de una Unión con múltiples competencias y una creciente interdependencia entre los Estados miembros. Cada reforma de los tratados ha reajustado el equilibrio institucional con el objetivo de responder a los desafíos de cada etapa del proceso de integración, desde la unión económica y monetaria hasta la ampliación hacia el Este, pasando por el fortalecimiento de la dimensión exterior de la Unión y la incorporación de nuevas políticas comunes, aunque en muchas ocasiones se quedaron cortos en ambición. A continuación vamos a ofrecer un panorama general de las instituciones para, en los siguientes apartados, desarrollarlas con mayor profundidad.

El *Consejo Europeo* reúne a los jefes de Estado o de Gobierno de los Estados miembros y define el impulso político general de la Unión, fija sus orientaciones estratégicas y marca las prioridades que guían la actuación del conjunto de las instituciones. Sus reuniones de alto nivel, que se celebran habitualmente en Bruselas, permiten resolver los asuntos más complejos del proceso de integración y establecer compromisos que luego se traducen en decisiones políticas y legislativas desarrolladas por las demás instituciones. Aunque no ejerce funciones legislativas directas, su papel en la definición de los objetivos y estrategias de la Unión resulta determinante para la orientación global del proyecto europeo.

El *Consejo*, también conocido como Consejo de la Unión Europea, representa a los Estados miembros a nivel ministerial, y desempeña una función legislativa compartida con el Parlamento Europeo. Su sede se sitúa en Bruselas durante la mayor parte del año, aunque determinadas reuniones se celebran en Luxemburgo. En el Consejo se articulan los intereses nacionales mediante la participación de los ministros del ramo correspondiente, de forma que su composición varía según la materia tratada. Junto con el Parlamento, aprueba las normas, decide parte del presupuesto, y define políticas concretas en múltiples ámbitos, desde la agricultura hasta la energía, pasando por el mercado interior o el espacio de libertad, seguridad y justicia. Actúa habitualmente por mayoría cualificada, salvo en ámbitos especialmente sensibles, donde se mantienen exigencias de unanimidad.

La *Comisión Europea*, principal órgano ejecutivo de la Unión Europea, representa el interés general de la Unión y actúa como motor del proceso de integración mediante la iniciativa legislativa, la vigilancia del cumplimiento del Derecho de la Unión, la ejecución del presupuesto, y la gestión de las políticas. Su sede principal se encuentra en Bruselas, aunque mantiene servicios relevantes en Luxemburgo y representaciones en todos los Estados miembros. La Comisión ejerce la función ejecutiva del sistema institucional europeo, y formula propuestas legislativas que inician el procedimiento de toma de decisiones; de hecho, cuenta con el monopolio de la iniciativa legislativa. Impone infracciones cuando los Estados miembros incumplen sus obligaciones, y desarrolla las políticas europeas en ámbitos tan diversos como la competencia o el medio ambiente. Su estructura, compuesta por comisarias y comisarios con carteras específicas, refleja la amplitud de competencias atribuidas a la Unión, y se articula como un órgano colegiado que decide de forma colectiva.

El *Parlamento Europeo* constituye la institución que representa directamente a la ciudadanía de la Unión, y ejerce funciones legislativas, presupuestarias y de control político. Su sede se distribuye entre Bruselas, donde celebra la mayor parte de sus trabajos; Estrasburgo, donde tienen lugar algunas de las sesiones plenarias; y Luxemburgo, donde se sitúan algunos servicios administrativos. Como cámara legislativa, participa en la aprobación de las normas europeas mediante el procedimiento legislativo ordinario, que exige la cooperación equilibrada con el Consejo, y en la adopción del presupuesto de la Unión, que refleja las prioridades políticas del conjunto. Además, controla a la Comisión Europea mediante mecanismos parlamentarios, y puede exigir su responsabilidad política mediante la aprobación de una moción de censura.

El *Tribunal de Justicia de la Unión Europea*, con sede en Luxemburgo, asegura la interpretación y aplicación uniforme del Derecho de la Unión. Está compuesto por el Tribunal de Justicia, el Tribunal General y, eventualmente, tribunales especializados creados para materias específicas. Sus decisiones garantizan la primacía del Derecho de la Unión sobre el Derecho interno, protegen los derechos que este confiere a los particulares, y aseguran el respeto institucional de los Tratados. A través de los procedimientos prejudiciales, controla la aplicación del Derecho de la Unión Europea por parte de los tribunales nacionales, mientras que mediante los recursos directos examina la legalidad de los actos de las instituciones, y resuelve los litigios entre los Estados miembros y las instituciones.

El *Banco Central Europeo* constituye la institución responsable de la política monetaria de la zona euro, y se sitúa en Frankfurt. Su misión principal se centra en mantener la estabilidad de precios, que como hemos visto es el objetivo central de la Unión Económica y Monetaria, y para ello coordina las políticas monetarias del Eurosistema, compuesto por el Banco Central Europeo y los bancos centrales nacionales de los Estados que integran la zona euro. Gestiona los tipos de interés oficial de la moneda única, controla la disponibilidad de crédito, y vela por el correcto funcionamiento del sistema financiero. Su independencia respecto de los gobiernos nacionales y de las demás instituciones busca aumentar la credibilidad de su actuación y el cumplimiento del mandato de estabilidad monetaria, aunque no deja de ser problemática desde el punto de vista de la legitimidad democrática.

El *Tribunal de Cuentas Europeo*, con sede en Luxemburgo, controla la legalidad y la buena gestión financiera del presupuesto de la Unión. Examina los ingresos y gastos europeos, detecta irregularidades, formula recomendaciones para mejorar la eficiencia del uso de los recursos, y contribuye a la transparencia del sistema institucional. Su función de control externo del presupuesto refuerza la confianza en la gestión financiera de la Unión, y permite corregir prácticas ineficientes o que incumplen las reglas presupuestarias.

El funcionamiento del sistema institucional se completa con órganos consultivos que representan a la sociedad civil organizada y a las entidades territoriales. El *Comité Económico y Social Europeo*, con sede en Bruselas, incorpora a empresarios, trabajadores y grupos de interés de diversa naturaleza, y formula dictámenes y recomendaciones que orientan la elaboración de políticas, especialmente en materias económicas, sociales y laborales. El *Comité de las Regiones*, también con sede en Bruselas (de hecho, comparte sede y servicios administrativos con el Comité Económico y Social), representa a autoridades regionales y locales y actúa como foro de articulación territorial de la Unión. Sus dictámenes permiten incorporar las perspectivas territoriales en la elaboración de políticas que impactan de forma relevante en los territorios y ciudades de los Estados miembros.

El conjunto de instituciones, órganos y organismos refleja la profundidad del proceso de integración europea y configura un sistema político original que combina elementos supranacionales e intergubernamentales. La actuación conjunta de instituciones representativas, ejecutivas y judiciales, junto con órganos especializados, quiere asegurar el equilibrio entre la soberanía de los Estados y el ejercicio conjunto de competencias en beneficio común, aunque no siempre lo consigue con facilidad. Al mismo tiempo, el marco institucional de la Unión proyecta una identidad política que supera lo estrictamente interestatal, y se acerca a un modelo supranacional en el que la comunidad jurídica y política se fundamenta en valores compartidos, en la elección democrática directa o indirecta de sus instituciones, y en un ordenamiento jurídico propio que vincula a los Estados miembros y a sus ciudadanos.

2.- Impulso político: Consejo Europeo

El *Consejo Europeo* constituye la institución que define los impulsos necesarios para el desarrollo de la Unión y fija las orientaciones y prioridades políticas generales, conforme al artículo 15 del Tratado de la Unión Europea. Actúa como órgano de dirección política al más alto nivel dentro del marco institucional europeo, y reúne a los jefes de Estado o de Gobierno de los Estados miembros. De hecho, el único jefe de Estado que acude es el francés, por la distribución competencial entre la Presidencia de la República y el Primer Ministro que prevé el sistema constitucional francés; el resto, son jefes de gobierno. También lo integran la Presidenta o Presidente del Consejo Europeo, la Presidenta o Presidente de la Comisión Europea, y cuenta con la asistencia permanente de la Alta o Alto Representante para Asuntos Exteriores y Política de Seguridad, que participa sin condición de miembro pleno. El Consejo Europeo no participa en la adopción de normas, y su papel se centra en impulsar la integración europea y definir el rumbo político general de la Unión, por lo que se convierte en un espacio decisivo para el diálogo político de alto nivel, especialmente en ámbitos situados en el centro del debate intergubernamental como la política exterior, la seguridad y la defensa, todas ellas mencionadas en los artículos 13, 15, 26, 27 y 42 del Tratado de la Unión Europea.

El *origen* del Consejo Europeo se relaciona con la práctica de las *cumbres* entre las jefas y los jefes de Estado o de Gobierno de los Estados miembros, que comenzaron en 1961 y que, progresivamente, adquirieron relevancia como espacio de concertación política. Estas reuniones informales y periódicas se institucionalizaron en la denominada *Cumbre de París de 1974,* que reconoció la necesidad de recurrir a encuentros regulares para orientar el desarrollo del proceso de integración. A partir del Acta Única Europea, los Tratados comenzaron a referirse expresamente a estas reuniones, lo que consolidó su papel como órgano político decisivo en la definición del rumbo de la Comunidad. Con el Tratado de Lisboa, el Consejo Europeo adquirió formalmente el estatus de *institución*, lo que supuso un cambio cualitativo en su función, ya que pasó de ser un foro diplomático de naturaleza intergubernamental más o menos informal a constituir la cúspide del sistema institucional europeo, con reconocimiento jurídico expreso y funciones definidas de manera precisa en los tratados. A partir de entonces, se estableció la obligación de convocar reuniones ordinarias del Consejo Europeo al menos cuatro veces por año, lo que garantiza un ritmo regular de toma de decisiones en cuestiones esenciales para el funcionamiento de la Unión.

El *funcionamiento* del Consejo Europeo confirma su naturaleza eminentemente política, ya que las decisiones se adoptan por *consenso* y reflejan el equilibrio entre los intereses de los Estados miembros y la necesidad de avanzar en la integración. Tras cada reunión, muchas de las cuales pueden durar hasta altas horas de la madrugada, se publican las Conclusiones de la Presidencia, documento que sintetiza los acuerdos alcanzados y orienta la acción política futura en ámbitos como la gobernanza económica, la transición ecológica, la seguridad, o las relaciones exteriores. Este ejercicio de transparencia institucional en un órgano de naturaleza poco transparente, se complementa con la comparecencia de la Presidenta o el Presidente del Consejo Europeo ante el Parlamento Europeo, que informa sobre los trabajos realizados, y permite la rendición de cuentas democrática en relación con la dirección política seguida por la Unión. El funcionamiento interno se apoya en la labor preparatoria del Comité de Representantes Permanentes (COREPER) y de los grupos de trabajo especializados, pero las decisiones finales corresponden exclusivamente a las jefas y los jefes de Estado o de Gobierno, que asumen un papel determinante en la definición de la agenda estratégica de la Unión. Los procesos de negociación son, como puede imaginarse, arduos, porque las decisiones del Consejo son las que finalmente priorizarán la agenda europea.

La *presidencia del Consejo Europeo* constituye un ámbito esencial para comprender su funcionamiento. Antes del Tratado de Lisboa, la presidencia recaía automáticamente en la jefa o el jefe de Estado o de Gobierno del país que ejercía la presidencia rotatoria del Consejo de la Unión Europea. Este sistema generaba discontinuidades y limitaba la capacidad del Consejo Europeo para desarrollar una estrategia estable, ya que cada semestre modificaba su dirección política y su liderazgo. Con la entrada en vigor del Tratado de Lisboa, el modelo cambió de forma profunda al establecer una Presidenta o Presidente *estable*, elegido por el propio Consejo Europeo para un mandato de dos años y medio, renovable una sola vez. Este liderazgo estable permite desarrollar líneas estratégicas a medio plazo y representar de forma continuada a la Unión en la escena internacional. Desde 2009 han ejercido la presidencia estable del Consejo Europeo Herman Van Rompuy, Donald Tusk y Charles Michel, cada uno con estilos diferentes y en contextos políticos marcados por desafíos singulares, desde la crisis financiera hasta el Brexit y la redefinición de la gobernanza económica y exterior de la Unión. En diciembre de 2024 fue elegido António Costa.

En paralelo a la presidencia estable del Consejo Europeo, la Unión mantiene el sistema de presidencias rotatorias semestrales del Consejo de la Unión Europea, que corresponde a los Estados miembros y que influye indirectamente en la coordinación política general y en la preparación técnica de los trabajos. Desde 2023 han ejercido la presidencia rotatoria Suecia en el primer semestre, España en el segundo semestre de 2023; Bélgica y Hungría en 2024; Polonia y Dinamarca, en 2025; Chipre e Irlanda, en 2026. El ciclo continuará con Lituania y Grecia en 2027, e Italia y Letonia en 2028. La decisión respecto a las presidencias las toma el propio Consejo Europeo, con un calendario a más de una década vista, lo que colabora en el tiempo suficiente para la preparación de las presidencias. Aunque esta presidencia rotatoria no afecta directamente a la dirección del Consejo Europeo, no deja de influir en el clima político en el que se adoptan las decisiones de alto nivel.

La *Presidenta o el Presidente del Consejo Europeo* desempeña funciones importantes para el liderazgo político de la Unión. Su misión principal consiste en conducir los trabajos del Consejo Europeo, facilitar la cohesión y el consenso entre los Estados miembros, y asegurar la preparación adecuada de las reuniones. Actúa como figura de referencia en la orientación de las prioridades estratégicas de la Unión, y garantiza la continuidad política entre las diferentes reuniones. Su papel se extiende a la representación exterior de la Unión en materias relacionadas con la política exterior y de seguridad, en coordinación con la Alta o el Alto Representante para Asuntos Exteriores y Política de Seguridad, y con la Comisión Europea. Esta representación internacional permite a la Presidencia del Consejo Europeo proyectar la posición común de la Unión en los foros multilaterales y en las reuniones con socios estratégicos, lo que busca reforzar la visibilidad de la Unión. Su figura es, con todo, muy desconocida para la mayor parte del pueblo europeo.

Las *funciones* del Consejo Europeo reflejan su relevancia como órgano de dirección política. Además de fijar las orientaciones generales y las prioridades, aborda cuestiones especialmente complejas que no pueden resolverse en el ámbito del Consejo o en instancias técnicas, como la gobernanza económica, la reforma institucional, la ampliación de la Unión, la política migratoria, o las grandes estrategias relacionadas con la transformación ecológica y digital. En el ámbito de la política exterior y de seguridad, el Consejo Europeo define los principios generales y las líneas estratégicas que configuran la acción de la Unión en la escena internacional, lo que incluye posiciones comunes en relación con conflictos internacionales, relaciones con potencias globales, vecindad oriental y mediterránea, o cooperación multilateral. Asimismo, participa en la designación de los altos cargos institucionales más relevantes, como la Presidencia de la Comisión Europea, la Alta o el Alto Representante para Asuntos Exteriores y Política de Seguridad, y los miembros del Comité Ejecutivo del Banco Central Europeo, lo que refuerza su papel estructural dentro del sistema institucional.

La importancia crítica del Consejo Europeo se explica por su capacidad para actuar como espacio en el que se reconducen tensiones políticas, se negocian compromisos difíciles, y se decide la orientación futura del proyecto europeo. Desde luego, su función no es fácil, y es la menos reglamentada de todas las instituciones. Su naturaleza intergubernamental y su estructura basada en el consenso buscan integrar las sensibilidades nacionales en decisiones comunes, pero al mismo tiempo pueden provocar bloqueos cuando los intereses de los Estados divergen de manera significativa, o cuando las posiciones ideológicas chocan. Esta ambivalencia define la esencia del Consejo Europeo como órgano cuyos avances dependen de la voluntad política de los Estados que lo componen, y cuya eficacia varía según el contexto político, económico y social de la Unión.

Desde una perspectiva crítica, el Consejo Europeo encarna la tensión permanente entre la integración supranacional y la lógica intergubernamental que persiste en asuntos sensibles como la política exterior, la defensa, la fiscalidad o las reformas institucionales de mayor calado. Aunque su capacidad para definir estrategias resulta imprescindible, la concentración de decisiones clave en un órgano compuesto exclusivamente por las jefas y los jefes de Estado o de Gobierno puede generar percepción de déficit de legitimidad democrática cuando las decisiones no se someten a procesos suficientemente transparentes, o cuando el consenso entre los Estados conduce a soluciones poco ambiciosas frente a los desafíos que enfrenta la Unión. Sin embargo, la experiencia de varias décadas demuestra que, a pesar de estas tensiones, el Consejo Europeo ha demostrado en múltiples ocasiones su capacidad para proporcionar dirección política en momentos difíciles y desbloquear negociaciones complejas.

3.- Negociación entre Estados: Consejo

El *Consejo*, también conocido como *Consejo de la Unión Europea*, *Consejo de Ministros* o *Consilium*, constituye la institución que expresa la posición de los Estados miembros dentro del proceso decisorio europeo, y canaliza la negociación intergubernamental en el interior de la arquitectura institucional de la Unión. Su composición refleja esa lógica estatal, ya que cada país participa con un representante con rango ministerial que varía según la materia debatida, sin la presencia de miembros fijos ni la existencia de una configuración única. Los ministros competentes forman el Consejo en sus distintas formaciones y presiden las reuniones de acuerdo con el Estado que ocupa la presidencia rotatoria, con la única excepción del Consejo de Asuntos Exteriores, liderado por la Alta o el Alto Representante para Asuntos Exteriores y Política de Seguridad. A diferencia del Consejo Europeo, el Consejo de la Unión Europea participa en la elaboración de normas y asume funciones centrales en el desarrollo de la integración, aunque siempre desde la perspectiva de la representación estatal y del equilibrio entre intereses nacionales y objetivos comunes.

El *origen* del Consejo se sitúa en los años fundacionales del proyecto europeo. En 1951 se creó el Consejo especial de ministros de la Comunidad Europea del Carbón y del Acero, concebido como contrapeso intergubernamental a la Alta Autoridad, precedente de la actual Comisión Europea. En 1957 surgieron los Consejos de Ministros de la CECA, la CEE y Euratom, lo que reflejó la naturaleza diferenciada del proceso supranacional inicial. Sin embargo, esta multiplicidad institucional resultaba ineficiente. El Tratado de Fusión de los Ejecutivos de 1965, como hemos visto, unificó los Consejos en un solo Consejo de las Comunidades Europeas, que actuó como órgano de los gobiernos nacionales dentro de las tres Comunidades. Con el Tratado de Maastricht de 1992 se configuró el Consejo de la Unión Europea como institución del nuevo marco político europeo, articulado en pilares y con competencias ampliadas. El Tratado de Lisboa de 2007 consolidó esta evolución y simplificó su denominación, fijando claramente sus funciones legislativas y de coordinación, al tiempo que lo situó dentro del entramado institucional de la Unión como institución decisoria esencial en cooperación con el Parlamento Europeo. A lo largo de este proceso, el Consejo reforzó su papel como espacio de negociación entre Estados, que buscan armonizar intereses diversos en un sistema caracterizado por la interdependencia.

La estructura del Consejo se articula a través de *formaciones* especializadas, que corresponden a las distintas áreas de políticas públicas que la Unión regula o coordina. Estas formaciones permiten adaptar la deliberación a los contenidos sustantivos de cada ámbito, y facilitan la presencia de los ministros responsables de cada materia. El Consejo de Asuntos Generales actúa como espacio de coordinación horizontal, integra las distintas agendas sectoriales, y prepara las reuniones del Consejo Europeo, a la vez que supervisa la coherencia del funcionamiento institucional. El Consejo de Asuntos Exteriores aborda las cuestiones de política exterior y de seguridad, gestiona las relaciones exteriores, dirige la acción diplomática europea, y aplica las directrices del Consejo Europeo dentro del ámbito internacional. El Consejo de Asuntos Económicos y Financieros, ECOFIN, reúne a los ministros de Economía y Finanzas de los Estados miembros junto con el comisario responsable de Asuntos Económicos y Monetarios o, en ciertas etapas, de Presupuestos, y se ocupa de coordinar las políticas económicas, supervisar las políticas presupuestarias y fijar orientaciones económicas generales, lo que le otorga una función central en el proceso de gobernanza económica. Conviene diferenciarlo del Eurogrupo, al que ya hemos hecho referencia, que reúne exclusivamente a los ministros de los Estados cuya moneda es el euro, y trata asuntos específicos de la zona euro en un formato más restringido; no constituye una formación del Consejo, pero influye decisivamente en los trabajos del ECOFIN.

El Consejo de Justicia y Asuntos de Interior reúne a las ministras y ministros competentes en justicia, seguridad y asuntos internos, diseña políticas comunes en materia migratoria, policial y judicial, y articula mecanismos de cooperación en espacios clave como la lucha contra el terrorismo o la cooperación judicial penal. El Consejo de Empleo, Política Social, Sanidad y Consumidores coordina políticas nacionales en estos ámbitos, fija orientaciones en materia laboral y sanitaria, y aborda cuestiones ligadas a cohesión social, protección de consumidores y sistemas sanitarios. El Consejo de Competitividad integra las áreas de mercado interior, industria, innovación y espacio, y subraya la importancia de la competitividad como eje estratégico de la política económica europea. El Consejo de Transportes, Telecomunicaciones y Energía interviene sobre infraestructuras, redes electrónicas, energías renovables y seguridad energética, con especial atención a la transición energética y a la economía digital. El Consejo de Agricultura y Pesca, uno de los más antiguos y con agendas más densas, gestiona la Política Agrícola Común y la Política Pesquera Común, sectores históricamente sensibles para los Estados miembros. El Consejo de Medio Ambiente trata la regulación ambiental, las políticas ecológicas y climáticas, y el desarrollo sostenible, y ha adquirido creciente relevancia en el marco de los compromisos climáticos europeos. Finalmente, el Consejo de Educación, Juventud y Cultura se ocupa de políticas culturales, movilidad educativa, reconocimiento de cualificaciones y programas destinados a la juventud. Esta estructura en múltiples formaciones expresa la amplitud material de las competencias de la Unión y la variedad de intereses sectoriales que se negocian en el seno del Consejo.

El trabajo del Consejo se apoya en el *Comité de Representantes Permanentes*, el COREPER, que ya hemos mencionado, y que constituye el engranaje técnico y diplomático donde se preparan los expedientes que posteriormente llegan a la mesa ministerial. Cada Estado cuenta con un representante permanente con rango de embajador ante la Unión, que coordina a los equipos nacionales y articula la posición estatal ante los diversos expedientes. El COREPER no decide, ya que esa función corresponde al Consejo, pero desempeña un papel decisivo en la búsqueda de compromisos. La práctica demuestra que la mayor parte de los acuerdos se alcanza en este nivel diplomático, lo que permite que el Consejo apruebe o descarte los asuntos con una deliberación más controlada. El COREPER se divide en dos secciones: el COREPER II agrupa a los representantes responsables de asuntos políticos, institucionales, económicos y exteriores, y prepara los puntos que suelen incluirse como puntos A del orden del día, es decir, expedientes listos para su aprobación sin debate. El COREPER I se ocupa de los asuntos técnicos y económicos vinculados a mercado interior, agricultura, pesca, medio ambiente, transporte, telecomunicaciones, energía y otros ámbitos, que requieren con más frecuencia debates preparatorios. Ambos grupos se reúnen semanalmente y mantienen un flujo constante de negociación, lo que convierte al COREPER en el corazón diplomático de la Unión y en uno de los espacios donde la interdependencia entre Estados se manifiesta con mayor claridad.

El Consejo ejerce *funciones* esenciales dentro del sistema institucional europeo. Negocia y adopta la legislación de la Unión junto con el Parlamento Europeo, en el marco del procedimiento legislativo ordinario, a partir de las propuestas formuladas por la Comisión Europea. Coordina las políticas económicas y, en general, las políticas públicas de los Estados miembros en los ámbitos en los que la Unión tiene funciones de coordinación. Desarrolla la política exterior y de seguridad, aplicando las orientaciones del Consejo Europeo, y desempeña un papel central en la definición estratégica de la acción exterior. Celebra acuerdos internacionales en nombre de la Unión y autoriza la firma y la conclusión de tratados con terceros países u organizaciones internacionales. Junto con el Parlamento Europeo, aprueba el presupuesto anual de la Unión, lo que garantiza el control estatal sobre la asignación de recursos comunitarios. Además, participa en las decisiones relativas a la adhesión de nuevos Estados, la ampliación de competencias de la Unión, la activación de cláusulas de seguridad y defensa, y la fijación de marcos financieros plurianuales.

Las *reglas de votación* dentro del Consejo constituyen un elemento fundamental para comprender su funcionamiento y su capacidad para producir decisiones vinculantes. La regla general es la mayoría cualificada, concebida para equilibrar el peso de los Estados grandes y pequeños, y para facilitar la toma de decisiones en un entorno complejo. La mayoría cualificada requiere el apoyo del 55% de los Estados miembros que representen al menos el 65% de la población de la Unión. Este sistema asegura que las decisiones se adoptan con un apoyo suficientemente amplio y evita que un pequeño grupo de Estados condicione la acción europea. La minoría de bloqueo exige, al menos, cuatro Estados que representen el 35% de la población de la Unión, lo que impide que un pequeño número de países muy poblados pueda bloquear en solitario iniciativas legislativas. Este mecanismo garantiza que las decisiones reflejen tanto una amplia representación territorial como demográfica. Sin embargo, hay ámbitos en los que continúa aplicándose la unanimidad, lo que revela la sensibilidad política de ciertas materias. La unanimidad, como hemos visto, se emplea en política exterior y de seguridad común, en la aprobación de nuevos derechos para la ciudadanía europea, en la adhesión de nuevos Estados, en cuestiones vinculadas a las finanzas de la Unión como los recursos propios o los marcos financieros plurianuales, y en otros ámbitos de especial relevancia política. La unanimidad permite que cualquier Estado exprese reservas sustanciales sobre decisiones que afectan a su soberanía o a sus intereses vitales, aunque ralentiza el proceso decisorio y puede generar bloqueos. Resulta significativo que las abstenciones no impidan la unanimidad, lo que facilita la formación de consensos amplios sin imponer posiciones a Estados que prefieren no tomar parte activa en la decisión, pero tampoco bloquearla.

El Consejo de la Unión Europea ocupa un lugar central en el equilibrio institucional del sistema europeo. Su importancia radica en que constituye el principal espacio de negociación entre Estados en el seno de una organización que combina elementos supranacionales e intergubernamentales. Su función legislativa, compartida con el Parlamento Europeo, y su capacidad para coordinar políticas, adoptar decisiones en materia exterior, intervenir en asuntos económicos y participar en el presupuesto, lo convierten en un actor determinante en la orientación de la integración. Desde un punto de vista crítico, el Consejo encarna las tensiones propias del modelo híbrido de la Unión, ya que opera a veces como freno y otras como motor de la integración, en función del grado de convergencia entre Estados. Aunque formalmente es una institución diferente al Consejo Europeo, lo cierto es que trabajan conjuntamente y con similares orientaciones. Su papel como defensor de la perspectiva estatal garantiza la legitimidad intergubernamental de las decisiones, pero también introduce dinámicas de negociación que pueden ralentizar o fragmentar las políticas comunes. A pesar de ello, su existencia resulta indispensable para asegurar que la integración se apoye en un equilibrio adecuado entre soberanía nacional y proyecto común. Sus bloqueos pueden llevar a la parálisis en decisiones de gran relevancia para el futuro del proceso de integración.

4.- Gobierno: Comisión Europea

La *Comisión Europea* se concibe como el Ejecutivo comunitario; actúa como el gobierno de la Unión, aunque con una naturaleza singular que la diferencia profundamente de los ejecutivos nacionales. Su legitimidad se basa en el principio de *independencia*, de modo que no representa a los Estados ni a los grupos políticos, y orienta su actuación hacia la defensa del interés general de la Unión. Esta posición se refuerza con su papel como *guardiana de los tratados*, función que la sitúa como garante del cumplimiento del Derecho de la Unión Europea y de la coherencia del ordenamiento jurídico de la Unión. El artículo 17 del Tratado de la Unión Europea define a la Comisión como la institución que promueve el interés general, supervisa la aplicación de los tratados y de la normativa europea, ejecuta el presupuesto, dirige la Administración europea, presenta iniciativas legislativas, y asume la representación exterior de la Unión en determinados ámbitos. Esta definición demuestra que la Comisión articula funciones políticas y administrativas, lo que explica su influencia decisoria en el proceso de integración y su rol central en la evolución institucional europea.

El *origen* de la Comisión se relaciona con la arquitectura institucional surgida tras la Segunda Guerra Mundial. Como hemos visto, en 1951, la Comunidad Europea del Carbón y del Acero creó la Alta Autoridad, un órgano supranacional innovador que encarnaba un poder ejecutivo colegiado no sometido a los gobiernos nacionales, y que introdujo la idea de una Administración europea independiente. En 1957, con la creación de la Comunidad Económica Europea y de la Comunidad Europea de la Energía Atómica, surgieron las Comisiones de la CEE y de Euratom, diseñadas como ejecutivos comunitarios de alcance más amplio. Sin embargo, la coexistencia de tres ejecutivos separados generaba duplicidades administrativas. Como también hemos adelantado, para racionalizar el sistema institucional, el Tratado de Fusión de 1965 unificó las tres Comisiones en una institución común, que asumió las funciones ejecutivas y la gestión administrativa de las tres Comunidades Europeas. Esta reconfiguración creó un órgano estable que progresivamente amplió sus competencias, especialmente a medida que la integración se profundizó en los ámbitos económico, social y regulatorio. Con la evolución del proyecto europeo, la Comisión reforzó su papel político, desarrolló una estructura administrativa amplia, y se consolidó como institución fundamental en la gobernanza europea.

La formación del *Colegio de comisarias y comisarios* ha variado a lo largo del tiempo. Antes del Tratado de Fusión, el número de miembros variaba: nueve la Alta Autoridad CECA y la Comisión CEE, y cinco la Comisión Euratom. El Tratado de Fusión estableció catorce miembros para las tres comunidades, que posteriormente se redujeron a nueve. En la *Europa de los doce* se establecieron diecisiete comisarios: dos eran nacionales de los «países grandes», Alemania, Francia, Italia, España y el Reino Unido, y el resto de Estados miembro disponían de un comisario cada uno. En la *Europa de los quince* se mantuvo este sistema, de modo que el Colegio sumaba veinte miembros. Con el Tratado de Niza se estableció la regla de un comisario por Estado miembro fuera cual fuera su peso demográfico, lo que llevó a que el Colegio alcanzara la cifra actual de veintisiete integrantes. Aunque en su concepción la Comisión no representa los intereses de los Estados, sino de la Unión Europea, lo cierto es que ningún Estado quiere renunciar a un miembro nacional en el órgano colegiado; se entiende que no actuará como representante del interés del Estado correspondiente, sino del interés general, y no pueden solicitar ni aceptar instrucciones de los gobiernos nacionales ni de ningún otro ámbito. Este principio constituye la base de la legitimidad supranacional de la Comisión, y distingue su lógica de funcionamiento de la del Consejo, donde como hemos visto prevalece la representación estatal. Este modelo, no obstante, plantea desafíos de coordinación interna y de configuración a medida que la Unión Europea adscriba a nuevos Estados.

Las comisarias y los comisarios se asemejan conceptualmente a ministros con cartera dentro de un gobierno nacional, y su responsabilidad política se ejerce dentro de un marco colegiado. Cada miembro de la Comisión asume la responsabilidad de una cartera específica, que puede abarcar ámbitos como competencia, agricultura, transporte, energía, comercio, mercado interior, igualdad, medio ambiente o política digital. Sin embargo, las decisiones se adoptan colectivamente, de modo que la responsabilidad no corresponde a un comisario concreto, sino al Colegio en su conjunto. Este principio de colegialidad garantiza coherencia, evita la fragmentación sectorial, y proyecta la imagen de un Ejecutivo comunitario unificado. La presidencia de la Comisión juega un papel decisivo al distribuir las carteras, coordinar el trabajo interno, y fijar las orientaciones políticas generales. Ejemplos como la Comisión presidida por Jean-Claude Juncker entre 2014 y 2019, centrada en cuestiones económicas, migratorias y en la búsqueda de una respuesta institucional a la crisis financiera y al Brexit, o la Comisión presidida por Ursula von der Leyen desde 2019, marcada por el Pacto Verde Europeo, la transición digital, la respuesta a la pandemia y la guerra en Ucrania, muestran cómo la presidencia influye en la dirección política del proyecto europeo y en la adaptación del Ejecutivo a los desafíos del momento.

Las *funciones* de la Comisión Europea evidencian su carácter de órgano gubernamental complejo. La Comisión vela por los intereses generales de la Unión y supervisa la aplicación del Derecho europeo, lo que implica controlar que los Estados cumplan sus obligaciones y, en caso necesario, iniciar procedimientos de infracción ante el Tribunal de Justicia. Ejecuta las políticas y el presupuesto de la Unión, gestiona programas europeos, aplica la legislación adoptada por el Parlamento y el Consejo, y dirige la Administración europea mediante los servicios y direcciones generales. Además, ejerce el monopolio de la iniciativa legislativa en la mayoría de los ámbitos, lo que significa que ninguna ley se inicia sin su propuesta previa. Aunque el Parlamento y el Consejo pueden solicitar iniciativas, la decisión final corresponde a la Comisión, que analiza su viabilidad y su coherencia con el interés general europeo. Este monopolio de la iniciativa legislativa europea resulta decisivo, ya que permite a la Comisión orientar la agenda legislativa, anticipar problemas y proponer soluciones. Asimismo, representa a la Unión a nivel internacional en ámbitos como comercio, cooperación internacional, ayuda humanitaria y negociaciones multilaterales, especialmente en materias en las que la Unión tiene competencias exclusivas o compartidas. Como suele ocurrir con los gobiernos estatales, la Comisión actúa como Colegio de comisarias y comisarios en su dimensión política, y como Administración pública europea en su dimensión operativa, lo que explica la amplitud de su actividad y su influencia en la vida institucional de la Unión.

La *elección de la presidencia* de la Comisión constituye un procedimiento complejo que combina elementos intergubernamentales y parlamentarios. Tras la constitución del Parlamento Europeo, la Presidenta o el Presidente del Consejo Europeo inicia consultas con los grupos políticos del Parlamento para identificar posibles candidaturas. Este proceso se desarrolla con la participación de la Presidenta o el Presidente del Parlamento Europeo, lo que introduce una negociación temprana entre ambas instituciones. La Presidencia del Consejo Europeo presenta la propuesta al Consejo Europeo, que la adopta y decide la persona candidata a presidir la Comisión. Esa persona candidata elabora un programa de gobierno para el mandato de cinco años y lo presenta ante el Parlamento Europeo, donde se celebra un debate de investidura. La candidatura se aprueba si logra la mayoría absoluta de los escaños, y si se rechaza, se reinicia el procedimiento con nuevas consultas. Este proceso refuerza la legitimidad democrática de la presidencia y sitúa al Parlamento como actor central en la conformación del Ejecutivo europeo, aunque el peso decisorio sigue correspondiendo a los Estados en el Consejo Europeo.

El *cese* de la Comisión Europea puede producirse por diversas vías. La renuncia personal de la presidencia, la expiración del mandato de cinco años, o una moción de censura del Parlamento Europeo afectan a la continuidad del Colegio. La *moción de censura* se dirige a toda la Comisión, ya que su responsabilidad es colegiada. La práctica demuestra que este mecanismo constituye un control político excepcional, pero de alto impacto, y con el objeto de evitar las crisis de gobierno se estableció durante el mandato de Romano Prodi el llamado *procedimiento Prodi*, que previó la posibilidad de que la presidencia solicite la renuncia individual de comisarios cuestionados y proteger así al resto de la Comisión. Esta previsión es política, y no está regulada en la normativa europea.

Según el sistema institucional, la moción debe ser presentada por al menos una décima parte de los miembros del Parlamento, y debe ser aprobada por al menos una mayoría de dos tercios de los votos emitidos, que representen a la mayoría de los escaños. Si prospera, todo el Colegio dimite y se activa el proceso para la investidura de una nueva Comisión. Un precedente relevante es la dimisión de la Comisión Santer en 1999, que se produjo ante la amenaza real de una moción de censura por irregularidades administrativas y falta de control interno. Aunque no llegó a votarse formalmente, la presión política llevó a la renuncia en bloque del Colegio de comisarias y comisarios, lo que puso de manifiesto la capacidad de control del Parlamento y generó una reforma en los mecanismos de auditoría y responsabilidad interna de la Comisión.

La elección de las comisarias y los comisarios complementa el proceso de elección de la presidencia, y sigue una lógica similar de cooperación entre el Consejo Europeo, la presidencia de la Comisión y el Parlamento. Tras la designación de la presidenta o el presidente de la Comisión, y con su participación, el Consejo Europeo inicia consultas sobre las candidaturas presentadas por los Estados. Luego adopta una lista única que incluye a toda la Comisión, con la presidencia y el Alto Representante para Asuntos Exteriores y Política de

Seguridad. La presidencia distribuye las carteras y las vicepresidencias dentro del Colegio, y coordina el reparto de competencias. A continuación, las personas candidatas comparecen ante las comisiones del Parlamento Europeo, que evalúan su idoneidad, experiencia, conocimientos específicos y compatibilidad con las responsabilidades asignadas. Los informes resultantes llegan al Pleno, y si un informe es desfavorable, se sustituye a la persona propuesta por otra de la misma nacionalidad. Tras este proceso, el Parlamento Europeo aprueba por mayoría simple la totalidad del Colegio, y posteriormente el Consejo Europeo procede al nombramiento oficial. Finalmente, las comisarias y los comisarios prestan el juramento de respeto de los Tratados, lo que simboliza su independencia y su compromiso con los valores y normas de la Unión.

La elección de la Alta Representante o del Alto Representante para Asuntos Exteriores y Política de Seguridad sigue también un procedimiento específico. El Consejo Europeo realiza la designación con el acuerdo de la presidencia de la Comisión Europea, ya que esta persona formará parte del Colegio como vicepresidenta o vicepresidente. Como hemos visto, la Alta o el Alto Representante desempeña un doble papel: por un lado, dirige la acción exterior en el marco del Consejo, y por otro integra la Comisión, lo que establece una conexión institucional entre política exterior intergubernamental y políticas exteriores comunitarias. Esta figura refuerza la coherencia de la acción exterior de la Unión y articula los distintos instrumentos diplomáticos, militares, económicos y de cooperación.

En resumen, la Comisión Europea constituye uno de los pilares esenciales de la integración y del funcionamiento del sistema institucional europeo. Su importancia se manifiesta en su capacidad para proponer legislación, coordinar políticas, ejecutar programas, supervisar el cumplimiento del Derecho, y representar a la Unión en el exterior. Como órgano supranacional, garantiza que la integración avance con una lógica que supera los intereses nacionales y que el conjunto de la Unión actúe de manera coherente. Su función como guardiana de los tratados asegura el respeto del ordenamiento jurídico y protege la estabilidad institucional. Aunque su actividad se desarrolla dentro de un contexto donde intervienen los Estados y el Parlamento Europeo, la Comisión conserva un lugar decisivo en la definición de la agenda política y en la gestión cotidiana de la Unión.

Su combinación de funciones políticas y administrativas constituye un elemento distintivo de la gobernanza europea, y explica por qué sigue siendo un actor imprescindible en el proyecto de integración.

5.- Ciudadanía: Parlamento Europeo

El *Parlamento Europeo* es la única institución de la Unión que obtiene su legitimidad de un sufragio universal, directo y secreto por parte de la ciudadanía de los Estados miembros, lo que lo convierte en un pilar democrático de enorme trascendencia en el sistema institucional europeo. Su definición jurídica aparece en el artículo 14 del Tratado de la Unión Europea, que establece que ejercita conjuntamente con el Consejo la función legislativa y la función presupuestaria, a la vez que desarrolla funciones de control político y consultivas según los tratados. Además, participa de manera decisoria en la elección de la presidenta o al presidente de la Comisión y del Colegio de comisarias y comisarios, lo que refuerza su papel central en la arquitectura democrática de la integración europea. Con sus 720 eurodiputadas y eurodiputados, que representan a la ciudadanía de veintisiete Estados miembros, la institución reúne la diversidad política, social y territorial del continente en un espacio de deliberación que aspira a expresar la voluntad común europea mediante procedimientos públicos, plurales, transparentes y producto de la argumentación democrática.

Los *antecedentes* del Parlamento Europeo reflejan la evolución gradual de las Comunidades Europeas desde una lógica funcional y tecnocrática hacia una estructura progresivamente más democrática. Hemos visto cómo en 1951 se creó la Asamblea de la Comunidad Europea del Carbón y del Acero, una institución de carácter consultivo que surgió para acompañar la primera organización supranacional orientada a integrar sectores esenciales para la paz y la reconstrucción. En 1957, con los Tratados de Roma, nació la Asamblea de las Comunidades Europeas, que acompañó el desarrollo de la Comunidad Económica Europea y de la Comunidad Europea de la Energía Atómica. En esta etapa, las asambleas estaban formadas por miembros designados por los parlamentos nacionales, lo que reflejaba la dimensión interestatal del proceso de integración. Sin embargo, el aumento de competencias de las Comunidades y la necesidad de fortalecer su legitimidad impulsaron un cambio profundo, y en 1979 se celebraron las primeras elecciones al Parlamento Europeo mediante sufragio directo en todos los Estados miembro, hecho que marcó un hito al convertirlo en una asamblea elegida por la ciudadanía del continente. Con todo, continuaba siendo una institución principalmente consultiva, sin prácticamente capacidad de decisión.

A partir de la década de los ochenta del siglo XX el Parlamento Europeo inició un proceso sostenido de fortalecimiento institucional que transformó su posición en el sistema político de la Unión. La legitimidad democrática derivada de las urnas permitió que la institución reclamara un papel más activo y equilibrado frente a la Comisión y el Consejo, lo que impulsó sucesivas reformas de los tratados que ampliaron sus competencias legislativas, presupuestarias y de control. Desde el Acta Única Europea hasta los Tratados de Maastricht, Ámsterdam, Niza y Lisboa, el Parlamento pasó de ser un órgano consultivo a convertirse en colegislador en la mayoría de las materias, adquirió la capacidad de aprobar o rechazar a la Comisión Europea, reforzó su influencia en la definición del presupuesto, y consolidó su participación en la aprobación de acuerdos internacionales. Este proceso configuró un espacio político europeo dotado de creciente alcance deliberativo, en el que los grupos políticos transnacionales desempeñan un papel decisivo en la formación de mayorías y en la orientación de las políticas comunes. El fortalecimiento de la institución no solo amplió sus funciones, sino que contribuyó a equilibrar el carácter híbrido de la Unión, al dotar de mayor profundidad democrática a un proyecto históricamente marcado por la intergubernamentalidad.

La *composición* del Parlamento Europeo revela la dimensión heterogénea del sistema político europeo, ya que la Unión renunció desde el inicio a aprobar una ley electoral uniforme aplicable a todos los Estados miembros. Esta decisión respondió a la diversidad de tradiciones constitucionales y políticas, lo que llevó a permitir distintos modelos electorales siempre que respetaran unos principios comunes. Entre ellos destaca la elección por sufragio universal, directo y secreto, la vigencia de un mandato representativo no sujeto a instrucciones, el establecimiento de legislaturas de cinco años, la aplicación de un sistema de escrutinio proporcional, y la posibilidad de que los Estados opten por circunscripciones únicas, como ocurre en España, Francia, Dinamarca o Luxemburgo, o por circunscripciones regionales, como sucede en Alemania, Bélgica o Italia. En las legislaciones electorales estatales se puede prever una barrera electoral que no supere el cinco por ciento de los votos, pensado en un principio para evitar una fragmentación excesiva de la cámara pero que, a su vez, limita la representatividad social; al final, la existencia de la barrera dependerá del sistema electoral de cada Estado. Respecto a la condición de electora o elector y de elegible, la normativa permite que una persona pueda votar o presentarse en su Estado de nacionalidad o en el de residencia, lo que refuerza el principio de ciudadanía europea. En España, en agosto de 1992 tuvo lugar la reforma del artículo 13 de la Constitución para adaptarla a esta previsión. El nuevo texto permitió que las ciudadanas y los ciudadanos de los demás Estados miembros de la Unión Europea pudieran ejercer en España el derecho de sufragio activo y pasivo en las elecciones municipales, tal como exigía el Tratado de Maastricht al crear la ciudadanía de la Unión y reconocer estos derechos en el país de residencia. La redacción original del artículo constitucional reservaba el derecho a presentarse como candidatas a las elecciones a las personas de nacionalidad española, lo que impedía cumplir las nuevas obligaciones derivadas del tratado.

La *organización interna* del Parlamento Europeo se asemeja a la de los parlamentos nacionales, ya que responde a una estructura compleja y altamente reglamentada que permite gestionar una asamblea de gran tamaño y diversidad. La Presidencia del Parlamento, elegida por el Pleno para un mandato de dos años y medio renovable, desempeña funciones institucionales, representativas y de dirección de los trabajos parlamentarios. La Mesa, compuesta por la Presidencia, catorce vicepresidencias y cinco cuestoras y cuestores, se ocupa de la gestión administrativa, financiera y de los aspectos internos que garantizan el buen funcionamiento de la institución. Las cuestoras y los cuestores ejercen funciones especialmente relevantes en la vida cotidiana del Parlamento, ya que se ocupan de los asuntos administrativos que afectan directamente a las eurodiputadas y eurodiputados, desde recursos materiales hasta cuestiones relacionadas con su estatuto. El Pleno constituye el corazón deliberativo del Parlamento, ya que en él se debaten y aprueban los textos legislativos, se adoptan las posiciones institucionales, se celebran debates con la Comisión y el

Consejo, y se examinan los grandes asuntos de la agenda europea. La institución reconoce un Estatuto del eurodiputado, que garantiza la independencia de sus miembros y regula aspectos esenciales como la inmunidad y la inviolabilidad parlamentaria, mecanismos indispensables para proteger la libertad de expresión y la independencia política de la representación. La cámara se organiza en grupos políticos que se estructuran según afinidades ideológicas y no en función del Estado miembro de origen, lo que refuerza el carácter transnacional del Parlamento. Las eurodiputadas y eurodiputados pertenecen a estos grupos si comparten una orientación política común, con independencia de su nacionalidad o circunscripción, lo que estructura un espacio deliberativo verdaderamente europeo que supera el marco estatal. El trabajo especializado se desarrolla en comisiones parlamentarias permanentes, donde se examinan las propuestas legislativas, se redactan informes y se entablan negociaciones técnicas y políticas que preparan el debate del Pleno.

Las *funciones* del Parlamento Europeo permiten comprender el carácter esencialmente democrático de la Unión y el equilibrio institucional que busca armonizar la legitimidad popular con la legitimidad estatal. Entre sus competencias legislativas destaca la aprobación de la legislación europea junto al Consejo, a partir de las propuestas de la Comisión, en el denominado *procedimiento legislativo ordinario*, que desarrollaremos con mayor detalle. El Parlamento participa en la adopción de la mayoría de normas que regulan el mercado interior, la protección de las personas consumidoras, el medio ambiente, los derechos digitales, las políticas sociales y otras áreas clave de la acción de la Unión. También interviene en la aprobación de acuerdos internacionales, incluidos los acuerdos comerciales, y su consentimiento es indispensable para que entren en vigor. Además, decide sobre la adhesión de nuevos Estados miembros y revisa el programa de trabajo de la Comisión, a la que puede solicitar la presentación de propuestas legislativas, lo que refuerza su función de impulso político.

Para garantizar este papel activo, la institución ejerce un *control democrático* intenso sobre las demás instituciones de la Unión. Como hemos visto, entre sus competencias de control político destaca la elección de la presidenta o presidente de la Comisión y la aprobación del colegio de comisarias y comisarios, lo que permite asegurar que la institución ejecutiva cuente con la confianza democrática de la cámara; también puede aprobar una moción de censura que, si obtiene la mayoría requerida, obliga a la Comisión a dimitir en pleno. El Parlamento Europeo interviene mediante preguntas escritas y orales dirigidas a la Comisión y al Consejo, lo que permite obtener información y exigir responsabilidades políticas. Además, aprueba la gestión del presupuesto de la Unión, lo que implica un examen de cómo se han gastado los recursos durante el ejercicio anterior. También recibe y examina las peticiones de la ciudadanía europea, que pueden dar lugar a investigaciones o a debates políticos en las comisiones. Mantiene un diálogo permanente con el Banco Central Europeo, especialmente respecto a la política monetaria de la zona euro, aunque a todas luces insuficiente desde la perspectiva de la legitimidad democrática del Banco Central, y realiza observación electoral en diversos países del mundo para promover estándares democráticos.

En relación con las competencias presupuestarias, el Parlamento Europeo establece junto al Consejo el presupuesto anual de la Unión, lo que implica la determinación de los ingresos y los gastos para cada ejercicio. La institución participa también en la aprobación del marco financiero plurianual, que define las prioridades presupuestarias a largo plazo y garantiza la estabilidad y previsibilidad de las políticas europeas. Esta función posee una dimensión política evidente, ya que decidir la asignación de recursos condiciona el alcance y orientación de las políticas comunes.

El *procedimiento legislativo ordinario* constituye el eje del sistema normativo de la Unión Europea, y expresa con claridad el equilibrio entre las instituciones que representan a la ciudadanía y aquellas que representan a los Estados. Antes llamado procedimiento de *codecisión*, apareció en el Tratado de la Unión Europea de 1992 y alcanza su configuración actual en los artículos 289 y 294 del Tratado de Funcionamiento de la Unión Europea. Se trata de un mecanismo que prevé la adopción conjunta de los actos legislativos por parte del Parlamento Europeo y del Consejo de la Unión Europea, siempre a partir de una propuesta inicial presentada por la Comisión Europea. La iniciativa legislativa pertenece exclusivamente a la Comisión, con carácter de monopolio, si bien distintas instituciones pueden solicitarle que inicie el proceso, en especial el Parlamento, el Consejo, el Banco Central Europeo en materias de su competencia. Por su parte, la ciudadanía europea puede instar a la Comisión a presentar una propuesta normativa mediante la *iniciativa ciudadana europea*, introducida por el Tratado de Lisboa. Requiere el apoyo de al menos un millón de ciudadanos de varios Estados miembros, y obliga a la Comisión a examinar la iniciativa y motivar su respuesta, aunque no la vincula jurídicamente a presentar una propuesta legislativa. Por otro lado, en el proceso de iniciativa legislativa también intervienen, cuando corresponde, los órganos consultivos cuya emisión de dictámenes resulta necesaria para continuar el procedimiento.

El proceso comienza con la presentación de la propuesta legislativa por la Comisión al Parlamento. A partir de este punto se abren tres posibles fases de lectura, estructuradas para facilitar acuerdos tempranos y, si no los hay, permitir una negociación más intensa. En la primera lectura, el Parlamento Europeo examina la propuesta, y puede aprobarla sin cambios o introducir enmiendas. El texto pasa al Consejo, que puede aceptar directamente la posición del Parlamento, lo que conduce a la adopción del acto legislativo, o puede modificar la propuesta introduciendo su propia posición. Si el Consejo introduce cambios, el texto vuelve al Parlamento para una segunda lectura. En esta etapa, el Parlamento puede aprobar la posición del Consejo, y el acto queda adoptado; puede rechazarla, y el procedimiento decae por completo; o puede proponer nuevas enmiendas que obligan al Consejo a pronunciarse nuevamente.

En la segunda lectura del Consejo, la institución puede aceptar la posición del Parlamento y, con ello, aprobar definitivamente el acto; o rechazarla, lo que activa la convocatoria del Comité de Conciliación. Este comité se integra por un número igual de representantes del Consejo y de eurodiputadas y eurodiputados, y su finalidad consiste en elaborar un texto común que resulte aceptable para ambas instituciones. Si no logran un acuerdo, el proyecto decae; si alcanzan un texto común, este pasa a una tercera lectura tanto en el Parlamento como en el Consejo. En esta fase final, ambas instituciones deben aprobar el texto sin modificaciones, lo que conduce a la adopción del acto legislativo. Si una de ellas lo rechaza, el procedimiento decae definitivamente.

El procedimiento legislativo ordinario refuerza la dimensión democrática de la Unión al situar al Parlamento Europeo en pie de igualdad con el Consejo en la función legislativa. A la vez, mantiene el papel esencial de la Comisión como garante del interés general y como fuente principal de iniciativas, lo que evita la fragmentación normativa y preserva la coherencia del conjunto del ordenamiento jurídico europeo. Con este mecanismo, la Unión asegura que sus normas resulten del equilibrio entre el interés general, la representación ciudadana, y la estatal, y que los actos legislativos gocen de una legitimidad basada en la participación efectiva de instituciones fundamentales del proyecto europeo.

Como conclusión, cabe resaltar que la importancia del Parlamento Europeo en la arquitectura democrática de la Unión reside en su capacidad para representar directamente a la ciudadanía en un sistema político complejo que combina elementos supranacionales e intergubernamentales; aunque su papel continúa evolucionando, la institución se ha consolidado como un referente político en la legitimidad democrática de la Unión Europea, necesario para comprender su dinámica de poder. La institución simboliza el esfuerzo por equilibrar la legitimidad de los Estados y la de las personas que viven en ellos, al permitir que la voluntad ciudadana influya en la creación del Derecho, en el control de las instituciones ejecutivas y en la orientación política de la Unión. No obstante, su evolución enfrenta desafíos que requieren reflexión crítica. La participación electoral continúa siendo inferior a la de los comicios nacionales en muchos Estados, lo que indica una distancia entre la ciudadanía y las instituciones europeas. Además, el equilibrio de poderes entre Parlamento, Consejo y Comisión sigue reflejando un sistema donde la legitimidad estatal mantiene un peso considerable, lo que limita la capacidad del Parlamento para desplegar plenamente su función legislativa. La ausencia de una verdadera ley electoral europea alimenta una cierta fragmentación política y mantiene diferencias estructurales significativas entre los Estados miembros. A pesar de ello, la cámara se ha consolidado como un espacio esencial de deliberación democrática, capaz de incidir en la agenda política europea y de reforzar los estándares de transparencia y pluralismo.

6.- Espacio judicial europeo y Tribunal de Justicia de la Unión Europea

La Unión Europea se configura como una comunidad jurídica basada en el Estado de derecho, en la que el ejercicio del poder público queda sometido a la ley y al control judicial, tanto en el ámbito de la Unión como en los ordenamientos de los Estados miembros. Esta concepción jurídica explica que la integración europea avance hacia la construcción de un espacio en el que la justicia ocupe un lugar central, como condición para la confianza mutua entre los sistemas nacionales y para la efectividad real de las normas europeas. De ahí proviene la necesidad de un *espacio judicial europeo*, de un *ámbito de cooperación en asuntos de justicia y de interior*, y en la existencia de un *poder judicial propio* de la Unión Europea: el Tribunal de Justicia de la Unión Europea.

El denominado *espacio judicial europeo* se concibe como un ámbito sin fronteras interiores en el que las personas puedan ejercer sus derechos y cumplir sus obligaciones con independencia del Estado miembro en el que se encuentren, con la seguridad de que las resoluciones judiciales y las decisiones administrativas producirán efectos más allá del territorio del Estado en el que se hayan adoptado. Este espacio se apoya en la cooperación entre autoridades judiciales y en el reconocimiento mutuo de resoluciones, principio que sustituye progresivamente a los mecanismos clásicos de cooperación internacional, más lentos y basados en la desconfianza recíproca. La lógica del espacio judicial europeo parte de la idea de que todos los Estados miembros comparten valores comunes, estándares mínimos de protección de derechos, y sistemas judiciales independientes y fiables, lo que permite aceptar las decisiones adoptadas por las autoridades de otros Estados como propias. Un ejemplo especialmente relevante de cómo se visibiliza en la práctica el espacio judicial europeo es la *Orden Europea de Detención y Entrega*, conocida coloquialmente como *euroorden*, que desde 2002 sustituye a los tradicionales procedimientos de extradición entre Estados miembros por un mecanismo judicial directo, rápido y basado en la confianza mutua. A través de este instrumento, una autoridad judicial de un Estado miembro puede solicitar la detención y entrega de una persona a otro Estado miembro para el ejercicio de la acción penal o para la ejecución de una condena, sin intervención política y con plazos estrictos. La autoridad judicial del Estado requerido no revisa el fondo del asunto ni la corrección de la decisión penal, sino que se limita a comprobar el cumplimiento de los requisitos formales y las garantías básicas previstas por el Derecho de la Unión.

Los *orígenes* de la cooperación en asuntos de justicia y de interior se sitúan fuera del marco comunitario clásico, como respuesta a la supresión progresiva de controles en las fronteras interiores y al incremento de la movilidad de personas. Durante décadas, estas materias quedaron reservadas a la cooperación intergubernamental, al considerarse estrechamente vinculadas a la soberanía estatal. La firma del Tratado de Maastricht supuso un primer intento de estructurar esta cooperación, aunque mantuvo un carácter limitado y fragmentado; se trató del conocido «tercer pilar» de Maastricht, que abarcaba la cooperación en los ámbitos de justicia y asuntos de interior. El verdadero impulso, no obstante, se produjo con el Tratado de Ámsterdam, que incorporó progresivamente estas políticas al marco jurídico de la Unión y sentó las bases para la creación de un espacio de libertad, seguridad y justicia, reforzado posteriormente por el Tratado de Lisboa, que consolidó la competencia de la Unión y amplió el papel de las instituciones europeas.

En el ámbito de la *cooperación judicial civil*, la acción de la Unión se orienta a facilitar la resolución de litigios con elementos transfronterizos, mediante normas comunes sobre competencia judicial, reconocimiento y ejecución de resoluciones, y determinación de la ley aplicable. Estas medidas buscan garantizar la seguridad jurídica, evitar resoluciones contradictorias, abaratar los costes, y en general limitar los problemas que antes producían los litigios internacionales. El reconocimiento casi automático de resoluciones civiles y mercantiles constituye uno de los avances más significativos, ya que permite que una decisión judicial produzca efectos en otro Estado miembro sin necesidad de procedimientos complejos, como acontecía anteriormente.

La *cooperación judicial penal* presenta mayores dificultades, debido a la sensibilidad de esta materia que mantienen los Estados y las diferencias entre los variados sistemas penales que persisten en Europa. No obstante, la Unión ha desarrollado instrumentos basados también en el reconocimiento mutuo, entre los que destaca la mencionada orden europea de detención y entrega. Además, se han adoptado normas mínimas para la aproximación de legislaciones penales en ámbitos especialmente graves, así como medidas destinadas a reforzar los derechos procesales de las personas investigadas o acusadas.

Por su parte, el *Tribunal de Justicia de la Unión Europea* constituye el poder judicial del proyecto europeo, entendido como la instancia máxima encargada de la interpretación y aplicación del Derecho de la Unión. Su función esencial consiste en garantizar que la legislación europea se interprete y aplique de manera uniforme en todos los Estados miembros, lo que busca fortalecer la coherencia, la seguridad jurídica y la protección efectiva de los derechos que confiere el ordenamiento de la Unión. En este sentido, el tribunal actúa como intérprete último del Derecho de la Unión y como garante de su correcta ejecución, lo que explica la importancia central de las *cuestiones prejudiciales*, que como veremos son procedimientos a través de las cuales los tribunales estatales plantean dudas sobre la interpretación o validez de las normas europeas para asegurar decisiones adecuadas. Este mecanismo revela la naturaleza supranacional del Tribunal, en diálogo constante con los órganos judiciales estatales, que se convierten en jueces de Derecho de la Unión Europea en la medida en que aplican y hacen valer sus normas en los litigios internos. Además, el Tribunal vela porque las instituciones europeas y los Estados miembros cumplan con sus obligaciones.

El *origen* del Tribunal se encuentra en la creación del Tribunal de Justicia de la Comunidad Europea del Carbón y del Acero en 1952, establecido por el Tratado de París de 1951 como parte del primer experimento supranacional europeo. Como hemos visto, el desarrollo posterior de la integración exigió transformar esta institución en 1957 en el Tribunal de Justicia de las Comunidades Europeas, en virtud del Tratado por el que se establecieron instituciones comunes para la CECA, la CEE y Euratom. Con la entrada en vigor del Tratado de Maastricht en 1992, el sistema experimentó una profunda reorganización, aunque el Tribunal continuó siendo la autoridad judicial central. Finalmente, con el Tratado de Lisboa en 2009, el Tribunal de Justicia de la Unión Europea se consolidó en sus características actuales.

Las *funciones* del Tribunal cubren todas las dimensiones del control jurisdiccional y abarcan mecanismos destinados a garantizar la legalidad y uniformidad del Derecho de la Unión. En primer lugar, el Tribunal interpreta la legislación europea mediante las *cuestiones prejudiciales*. Con independencia de que ampliemos el tema, cabe recordar que cuando un órgano judicial de un Estado miembro debe aplicar una norma europea y duda sobre su sentido o sobre su validez, plantea la cuestión al Tribunal, que dicta una interpretación vinculante. Este procedimiento asegura que una misma norma se aplique de igual manera en todos los países y evita la fragmentación del ordenamiento. En segundo lugar, el Tribunal aplica el Derecho europeo a través de los ya mencionados *procedimientos de infracción*, que permiten determinar si un Estado miembro incumple sus obligaciones. La iniciativa corresponde a la Comisión, como guardiana de los tratados, aunque también puede interponer la acción otro Estado miembro. Si el Tribunal comprueba el incumplimiento, el país debe adoptar medidas para corregir la situación y, si persiste, puede imponerse una multa. En tercer lugar, el Tribunal controla la legalidad de los actos jurídicos europeos mediante los *recursos de anulación*. El objetivo consiste en examinar si un acto adoptado por las instituciones europeas vulnera los tratados o los derechos fundamentales. La acción puede ser interpuesta por los gobiernos de los Estados miembros, el Consejo o el Parlamento Europeo, y también por personas particulares cuando el acto les afecte directa e individualmente. En cuarto lugar, el Tribunal garantiza que la Unión actúe cuando esté obligada a hacerlo, y no permanezca inactiva. Los *recursos por omisión* permiten denunciar que el Parlamento, el Consejo o la Comisión no han adoptado decisiones exigidas por los tratados, y pueden interponerlos tanto gobiernos como instituciones o personas particulares. Finalmente, el Tribunal conoce de las *acciones por daños y perjuicios* cuando cualquier persona física o jurídica considera que la actuación u omisión de las instituciones europeas o de su personal le ha causado un perjuicio. Con ello se completa un sistema integral de control jurisdiccional, orientado a asegurar la legalidad, la protección de los derechos y la responsabilidad de todas las autoridades de la Unión. Varios de estos procedimientos los veremos con mayor detalle en la parte final de este texto.

El Tribunal de Justicia de la Unión Europea se compone de dos órganos, cada uno con funciones diferenciadas. El *Tribunal de Justicia*, en sentido estricto, actúa como la instancia encargada de resolver las cuestiones prejudiciales planteadas por los tribunales nacionales —salvo algunos casos particulares, que recaen en la jurisdicción del Tribunal General—, así como determinados recursos de anulación y los recursos de casación contra las decisiones del Tribunal General. Su composición se organiza en tres niveles: el Pleno, integrado por veintisiete juezas y jueces, uno por cada Estado miembro; la Gran Sala, formada por quince miembros y competente para los asuntos de mayor relevancia; y las Salas, que pueden ser de tres o cinco jueces para la resolución de la mayoría de los litigios. La figura de la *abogada o abogado general* constituye una pieza esencial del funcionamiento del Tribunal. Existen once, y su función consiste en presentar dictámenes imparciales y fundamentados que ayudan a orientar la decisión judicial. Aunque estos dictámenes no son vinculantes, desempeñan un papel doctrinal y práctico de gran influencia en la evolución del Derecho de la Unión.

El *Tribunal General* fue creado en 1989 para aliviar la carga de trabajo del Tribunal de Justicia con el nombre Tribunal de Primera instancia de las Comunidades Europeas. Su nombre actual se determinó en el Tratado de Lisboa, y actúa como órgano de primera instancia en una amplia gama de asuntos. Conoce de los recursos de anulación interpuestos por personas particulares, empresas y, en ciertos casos, por gobiernos nacionales, especialmente en materias complejas como la competencia, las ayudas estatales, el comercio, la agricultura o las marcas comerciales. Desde 2024, el Tribunal General ha asumido la competencia para conocer de cuestiones prejudiciales en seis ámbitos concretos y limitados, en virtud de la reforma del Estatuto del Tribunal de Justicia de la Unión Europea. La medida busca aliviar la carga de trabajo del Tribunal de Justicia y garantizar una aplicación e interpretación del Derecho de la Unión dentro de plazos razonables. La transferencia afecta al IVA, los impuestos especiales, el código aduanero, la clasificación arancelaria, la protección de los pasajeros en el transporte y el régimen de comercio de derechos de emisión. Para el resto de cuestiones prejudiciales, el Tribunal de Justicia sigue siendo la instancia competente. El Tribunal General está compuesto por cincuenta y cuatro juezas y jueces, dos por cada Estado miembro, y organiza su trabajo en Pleno, Gran Sala y Salas de tres o cinco magistradas y magistrados, sin un cuerpo propio de abogados generales. Esta estructura facilita una gestión más ágil y especializada de los litigios, y permite que el Tribunal de Justicia se concentre en los asuntos que requieren mayor incidencia.

El *nombramiento* de las juezas, los jueces y las abogadas y abogados generales se realiza por común acuerdo de los Gobiernos de los Estados miembros, que designan a personas con acreditada competencia, independencia y experiencia jurídica, capaces de desempeñar las funciones propias del órgano judicial más alto de la Unión. El mandato dura seis años y puede renovarse, lo que busca asegurar la continuidad y estabilidad en su composición. La presidencia del Tribunal de Justicia es elegida por las juezas y los jueces, y tiene un mandato de tres años, renovable. La elección se basa en criterios de prestigio, experiencia y capacidad de gestión, ya que la presidencia desempeña un papel esencial en la organización del trabajo, en la representación institucional, y en la interlocución con las demás instituciones de la Unión.

El marco institucional del Tribunal de Justicia prevé la creación de tribunales especializados, de acuerdo con el artículo 257 del Tratado de Funcionamiento de la Unión Europea. El objetivo consiste en habilitar órganos de primera instancia dedicados a materias técnicas o particularmente complejas, que operen en estrecha vinculación con el Tribunal General. La experiencia más relevante fue el Tribunal de la Función Pública de la Unión Europea, creado para resolver los litigios entre la Unión y su personal. Funcionó entre 2005 y 2016; su disolución derivó en la transferencia de sus competencias al Tribunal General como parte de una reorganización destinada a simplificar el sistema. Por el momento, no se prevé más experiencias de tribunales especializados.

Podemos concluir teniendo en cuenta que el Tribunal de Justicia de la Unión Europea se ha convertido en una institución esencial para la consolidación del orden jurídico europeo y para la integración política, social y económica del continente. Muchos de los principios que, veremos, alimentan el ordenamiento jurídico europeo, surgieron a través de la jurisprudencia del Tribunal de Justicia. Su labor ha permitido afirmar la primacía y la aplicabilidad directa del Derecho de la Unión y ha garantizado que los Estados miembros cumplan con sus obligaciones, además del papel importante en la defensa de los derechos de la ciudadanía europea. A través de las decisiones prejudiciales, el Tribunal alimenta un diálogo constante con las juezas y los jueces nacionales, que se convierten en colaboradores en la construcción de este espacio jurídico supranacional basado en valores comunes. Gracias a su función interpretativa y de control, la Unión ha podido fortalecer su propio sistema jurídico. El Tribunal, por tanto, no solo es un garante de legalidad, sino también un motor de integración del Derecho en la Unión Europea.

7.- Autoridad monetaria: Banco Central Europeo

Un banco central es la institución responsable de dirigir la política monetaria y coordinar el funcionamiento financiero de un territorio determinado, velar por la estabilidad de la moneda, y supervisar el crédito. En el caso europeo, el *Banco Central Europeo* (BCE) es el núcleo del sistema monetario común desde que, con la introducción del euro, se configuró como la autoridad que gobierna la moneda única. Su papel es decisivo en un contexto en el que varios Estados comparten una misma divisa y ceden una parte sustantiva de su soberanía monetaria a una institución supranacional. Puesto que ya hemos desarrollado qué es la unión económica y monetaria, así como las experiencias de la cooperación monetaria y el Instituto Monetario Europeo, vamos ahora a centrarnos en la organización, funciones y naturaleza del Banco Central Europeo.

El *Banco Central Europeo* se define como la institución encargada de mantener la estabilidad de precios y de gestionar el euro, enmarcado en una arquitectura que integra a los bancos centrales nacionales y que conforma un sistema coherente, el *Sistema Europeo de Bancos Centrales*, para asegurar que las políticas monetarias se aplican de manera uniforme en toda la zona del euro. La estabilidad se considera alcanzada cuando la inflación se mantiene en torno al dos por ciento, un nivel que según los economistas puede permitir un crecimiento equilibrado y evita tanto la pérdida de poder adquisitivo como los efectos contractivos de la deflación, aunque este comportamiento no está plenamente consensuado en las ciencias económicas. La misión de estabilidad de la moneda se ha convertido en uno de los pilares de la integración económica europea, y debería orientar buena parte de las decisiones que adopta el Banco Central Europeo.

Dentro de sus *funciones* centrales, la fijación de los tipos de interés es quizá la herramienta más visible y decisiva. El Banco Central

Europeo establece el precio al que presta a las entidades financieras de la zona del euro, influye así en el coste del crédito, en el comportamiento de la economía real, y en las expectativas sobre el ciclo económico. La variación de estos tipos se emplea para contener la inflación o para estimular la actividad cuando existe riesgo de desaceleración. Además, el Banco Central Europeo administra las reservas de divisas de la eurozona, y decide cuándo comprar o vender divisas para estabilizar el tipo de cambio, apoyar la política financiera, o responder a tensiones en los mercados. A ello se suma su papel de supervisión, ya que sin reemplazar a las autoridades estatales coordina y controla el funcionamiento de los entes supervisores de cada país, de manera que las normas de solvencia y prudencia financiera se aplican de forma homogénea. Esta supervisión se refuerza desde la creación de la *Unión Bancaria*, que ha atribuido al Banco Central Europeo competencias directas sobre los bancos de mayor relevancia en el sistema económico. Finalmente, la institución autoriza la emisión de euros, de forma que controla tanto la creación física de billetes como la emisión monetaria dentro del sistema.

La *composición* del Banco Central Europeo responde a la necesidad de combinar una dirección ejecutiva estable con la participación de los bancos centrales nacionales, que aportan experiencia y conocimiento de las economías estatales. La *Presidencia* del Banco Central Europeo se configura como la figura más visible y dirige la acción institucional, representa a la entidad, y coordina los órganos internos. El *Comité Ejecutivo* se encarga del funcionamiento ordinario, y está compuesto por la Presidencia, la Vicepresidencia y cuatro miembros designados por los Estados que forman parte de la zona del euro, elegidos por mandatos de ocho años no renovables —en principio, con el objeto de evitar presiones políticas—. Como puede apreciarse, estamos ante un órgano de naturaleza federal, pues incorpora (muchos) menos miembros que los países que forman parte de la eurozona. El Comité Ejecutivo dirige el funcionamiento cotidiano del Banco Central Europeo, ejecuta las decisiones de política monetaria adoptadas por el Consejo de Gobierno, prepara los trabajos técnicos necesarios para fundamentar esas decisiones, y garantiza la aplicación coherente de las directrices en toda la zona del euro. El núcleo decisorio se encuentra en el *Consejo de Gobierno*, que integra al Comité Ejecutivo y a quienes presiden los bancos centrales de los países que utilizan el euro, en un esquema que asegura que todas las economías están representadas en las decisiones sobre política monetaria. El Consejo de Gobierno fija la orientación de la política monetaria, determina los tipos de interés, adopta las medidas estratégicas necesarias para mantener la estabilidad de precios, y coordina la actuación de los bancos centrales nacionales dentro del marco común del euro. Existe además un *Consejo General*, que adopta funciones consultivas y de coordinación, integrado por la Presidencia, la Vicepresidencia y quienes presiden los bancos centrales nacionales de todos los Estados de la Unión Europea, participen o no de la moneda única. El Consejo General cumple funciones consultivas y de coordinación dentro del Sistema Europeo de Bancos Centrales, facilita la cooperación entre Estados que no han adoptado todavía el euro, y permite mantener la coherencia institucional en el proceso de convergencia monetaria.

El *funcionamiento* del Banco Central Europeo no puede entenderse sin el Sistema Europeo de Bancos Centrales, que agrupa al Banco Central Europeo como institución directora y a los bancos centrales de todos los Estados miembros, con independencia de que hayan ingresado o no en la zona del euro. Este sistema establece un marco de coordinación supranacional que permite armonizar las políticas, mantener la coherencia del mercado interior, y preparar a los Estados que aspiran a adoptar la moneda única. Entre sus funciones, destaca la definición y ejecución de la política monetaria de la Unión, competencia ejercida directamente por el Banco Central Europeo, mientras que las operaciones de divisas, la gestión de las reservas oficiales y la garantía del buen funcionamiento de los sistemas de pagos permiten reforzar la estabilidad financiera e integrar los mercados. El Sistema garantiza también que las normas de política monetaria se interpreten de manera uniforme, y que las decisiones estratégicas del Banco Central Europeo cuenten con el apoyo técnico y logístico de los bancos centrales estatales.

El Banco Central Europeo ejerce distintas potestades que le permiten cumplir sus objetivos de manera efectiva. La *potestad de emisión* se vincula con la exclusividad en la producción y puesta en circulación del euro, de forma que ningún Estado puede emitir moneda por su cuenta. La *potestad legislativa* consiste en la capacidad de aprobar normas y recomendaciones en el ámbito competencial monetario, lo que otorga al Banco Central Europeo amplios instrumentos de regulación en toda la Unión; nótese que las normas aprobadas por el Banco Central Europeo tienen naturaleza de ley, y son directamente vinculantes. Esta capacidad normativa se justifica en que proporciona un marco común para las operaciones financieras, evita divergencias que puedan generar distorsiones, y garantiza el funcionamiento ordenado del sistema, pero no deja de ser problemático que un órgano con déficit de legitimidad democrática pueda ejercer una potestad legislativa, aunque esté acotada a sus funciones. La *potestad inspectora* le permite supervisar y controlar el cumplimiento de las normas monetarias y bancarias por parte de las entidades financieras bajo su vigilancia, mediante mecanismos de evaluación, coordinación y, en su caso, intervención. Por su parte, la *potestad sancionadora* autoriza al Banco Central Europeo a imponer sanciones cuando se producen incumplimientos de las obligaciones establecidas en la normativa europea, lo que refuerza la eficacia de la supervisión y permite mantener la disciplina del sistema financiero.

Uno de los aspectos más característicos del Banco Central Europeo es su *independencia,* una seña de identidad que lo diferencia de otros modelos de bancos centrales. En algunos países, los bancos centrales dependen directamente de los gobiernos, de modo que la política monetaria responde a intereses coyunturales, como la necesidad de financiar deuda pública o estimular artificialmente la economía en momentos concretos, como ocurre en la India o en China. En otros, se adoptan modelos autónomos donde existe cierta separación entre la política monetaria y el Gobierno, pero aún persisten espacios de influencia política, como la Reserva Federal norteamericana. La Unión Europea adoptó, con la firma del Tratado de Maastricht, el modelo de independencia plena, inspirado en el *Bundesbank* alemán, y vencieron así las posiciones económicas a favor de la definitiva separación entre el banco central y el gobierno, en sentido amplio. Según este modelo, ninguna institución europea ni ningún Gobierno estatal puede dirigir, influir o instruir al Banco Central Europeo en el desempeño de sus competencias, y sus órganos rectores actúan con plena libertad dentro del marco de los Tratados; tampoco puede ser censurado por el Parlamento Europeo. Esta independencia responde a la idea de que la política monetaria debe mantenerse al margen de las presiones electorales y orientarse a objetivos de largo plazo, aunque también plantea desafíos relevantes.

Entre esos desafíos destacan las dificultades para coordinar la política monetaria con las políticas económicas y financieras que dependen de la Comisión Europea y de los Estados miembros. Si de por sí la política financiera está ampliamente fragmentada entre la Unión y los Estados, mayor relevancia implica que la política monetaria esté en manos de un solo órgano con déficits democráticos. La falta de un gobierno económico plenamente integrado ha generado episodios de tensión, especialmente en momentos de crisis, porque las decisiones monetarias no siempre se alinean (de hecho, tienden a no alinearse) con las estrategias presupuestarias y fiscales de los Estados. A ello se añade la falta de control democrático directo, dado que el Parlamento Europeo no puede orientar la política monetaria ni tiene mecanismos efectivos para condicionar la actuación del Banco Central Europeo, lo que limita la legitimación democráticamente visible de sus decisiones. Estas decisiones, sin embargo, afectan a la vida económica de millones de personas y condicionan el margen de actuación de los Gobiernos estatales, lo que suscita no pocas dudas. También existe un debate sobre la legitimidad democrática del propio modelo, ya que la independencia extrema puede alejar la política monetaria de las prioridades sociales, al centrarse casi exclusivamente en la estabilidad de precios y relegar objetivos como el crecimiento o el empleo, que no forman parte estricta del mandato del Banco.

Con todo, la importancia del Banco Central Europeo en la arquitectura institucional de la Unión Europea es indiscutible, en particular su papel en la consolidación de la moneda única y la generación de confianza en los mercados internacionales. Su diseño institucional ha impulsado una integración económica que trasciende a los Estados, y ha creado un espacio financiero cohesionado, donde las decisiones se adoptan con criterios supranacionales orientados a preservar el interés común. Pese a los desafíos en materia de coordinación, control democrático y legitimidad, el Banco Central Europeo se ha consolidado como uno de los pilares esenciales del proyecto europeo; su actuación continúa siendo objeto de debate, pero también representa una de las expresiones más avanzadas de la integración económica y de la construcción institucional europea.

8.- Control del gasto: Tribunal de Cuentas

El *control del gasto público* constituye un elemento esencial en los sistemas constitucionales contemporáneos, porque garantiza que los recursos procedentes de la ciudadanía se administren con arreglo a la legalidad, la eficiencia y la transparencia. Desde el surgimiento del Estado moderno se desarrolló la necesidad de vigilar el uso de los fondos públicos, lo que llevó a la creación de órganos especializados con funciones de supervisión, fiscalización y auditoría. Estos órganos, presentes en la mayoría de los Estados, ofrecen garantías frente a posibles desviaciones de poder, combaten la malversación, y aseguran que la actividad financiera pública respete los principios presupuestarios. En muchos países adoptan la forma de *tribunales de cuentas* o *contralorías generales*, y se fortalecen como instituciones técnicas e independientes. Su función consiste en examinar cómo se ejecutan las partidas presupuestarias, verificar que se cumpla la normativa aplicable, y evaluar si la gestión pública logra los objetivos fijados. En la Unión Europea, que administra un presupuesto propio y distribuye fondos en los Estados miembros, esta función resulta especialmente relevante, porque asegura la correcta utilización de recursos comunes en un sistema multinivel de gobernanza financiera.

Este papel lo cumple el *Tribunal de Cuentas de la Unión Europea*, que se configura como la institución encargada de supervisar la legalidad y la buena gestión de los fondos de la Unión. Se fundamenta en los artículos 285 a 287 del Tratado de Funcionamiento de la Unión Europea, y actúa como órgano de control externo de carácter independiente. Su papel consiste en fiscalizar y supervisar las cuentas de la Unión, así como en garantizar que los ingresos y los gastos se ejecuten conforme a la legislación vigente y a los principios presupuestarios. Se trata de un órgano técnico que supervisa desde una perspectiva profesional y neutral, con el objetivo de asegurar que el presupuesto europeo se emplee de manera adecuada. Su posición institucional reforzada permite que sus conclusiones influyan en la gestión financiera europea y en la rendición de cuentas ante las instituciones políticas.

El *origen* del Tribunal de Cuentas se sitúa en el Tratado de Bruselas de 1975, que impulsó la creación de una institución más fuerte y con mayores competencias de fiscalización que el órgano anterior, la Comisión de Control Presupuestario en el seno del Parlamento Europeo, la cual tenía funciones limitadas y dispersas. Este tratado respondió a las exigencias de un presupuesto europeo cada vez más amplio y complejo, que requería un sistema de auditoría más estructurado y con garantías de independencia. El Tribunal inició su funcionamiento en 1977, y desde entonces se consolidó como un pilar fundamental del sistema institucional de la Unión. La consagración definitiva llegó con el Tratado de la Unión Europea de 1992, que reconoció al Tribunal de Cuentas como institución de pleno derecho, equiparándolo en este sentido a los demás órganos fundamentales de la arquitectura comunitaria, aunque este estatuto de institución no dejó de ser cuestionado por la diferencia de competencias con el Consejo, la Comisión o el Parlamento Europeo. Lo cierto es que, a partir de ese momento, el Tribunal de Cuentas adquirió una posición formal dentro del equilibrio institucional europeo, lo que reforzó su autoridad para examinar el uso de los fondos y exigir responsabilidades cuando fuera necesario.

Las *funciones* del Tribunal de Cuentas abarcan un amplio conjunto de competencias destinadas a garantizar la integridad de la gestión financiera de la Unión. Examina los ingresos y los gastos recogidos en el presupuesto con el objetivo de verificar que se aplican conforme a la normativa y que los fondos se utilizan de modo eficiente y eficaz. Esta auditoría externa cubre tanto las operaciones realizadas directamente por las instituciones europeas como las gestionadas por los Estados miembros, que administran una parte sustancial del presupuesto a través de sistemas compartidos de gestión. Asimismo, extiende su supervisión a cualquier persona u organización que gestione fondos europeos, lo que incluye organismos descentralizados, agencias ejecutivas y entidades privadas que reciben financiación. Este enfoque amplio permite abarcar la diversidad de instrumentos financieros utilizados por la Unión en ámbitos como la agricultura, la cohesión territorial, la investigación o la cooperación internacional.

El Tribunal realiza *controles específicos* que se centran en ámbitos estratégicos de la Unión. La Comisión Europea, como institución responsable de la ejecución presupuestaria, se encuentra sujeta a un escrutinio constante destinado a verificar el cumplimiento de sus obligaciones en materia financiera. Los Estados miembros, que gestionan aproximadamente el ochenta por ciento del presupuesto, también son objeto de auditorías que examinan el uso nacional de los fondos europeos y la adecuación de los sistemas estatales de control. Lo mismo ocurre con los países receptores de ayuda exterior europea, donde se analiza la correcta aplicación de los recursos destinados al desarrollo, la asistencia humanitaria o la cooperación económica. Esta red de supervisión pretende asegurar que, incluso fuera del territorio europeo, el presupuesto de la Unión se aplique conforme a los estándares exigidos.

Cuando el Tribunal detecta hechos que puedan constituir fraude, corrupción o actividades ilegales que afecten a los intereses financieros de la Unión, tiene el deber de comunicar estas sospechas a la *Oficina Europea de Lucha contra el Fraude* (OLAF). Esta oficina, situada en Bruselas, constituye el organismo especializado en la investigación administrativa de posibles irregularidades que afecten al presupuesto europeo. Actúa con independencia funcional, y puede indagar en instituciones, agencias, Estados miembros y entidades privadas con el fin de identificar responsabilidades y promover la recuperación de los fondos mal utilizados. La cooperación entre el Tribunal de Cuentas y esta oficina resulta crucial para cerrar el círculo entre auditoría, detección de irregularidades e investigación administrativa, lo que fortalece la protección del dinero público en el ámbito europeo.

El Tribunal de Cuentas se *estructura* de manera colegiada y está formado por veintisiete miembros, uno por cada Estado miembro de la Unión, lo que asegura la representación de todas las tradiciones de control público existentes en Europa. Estas personas se seleccionan entre profesionales con experiencia en instituciones de supervisión y auditoría, que deben acreditar competencia e independencia en el ejercicio de sus funciones. Cada Estado propone a su candidata o candidato, pero el nombramiento lo realiza el Consejo tras consultar al Parlamento Europeo, un procedimiento que introduce una dimensión institucional adicional de control democrático y técnico. El mandato de cada miembro tiene una duración de seis años y puede renovarse, lo que permite garantizar continuidad en los trabajos y al mismo tiempo mantener una renovación periódica de la composición. Los miembros del Tribunal eligen entre ellos a la presidencia, que ejerce funciones de dirección, organización interna y representación durante un mandato de tres años.

El *funcionamiento* del Tribunal de Cuentas se basa en un modelo de trabajo colegiado, donde las decisiones se adoptan tras la deliberación conjunta de sus miembros. Este sistema permite integrar perspectivas diversas y asegurar una supervisión equilibrada. La institución organiza su labor en cámaras especializadas, que se ocupan de distintos ámbitos del gasto europeo, y elabora informes anuales que constituyen la base para el proceso de aprobación de la gestión presupuestaria por parte del Parlamento Europeo y del Consejo. Estos informes contienen conclusiones sobre la legalidad y regularidad de las operaciones financieras y ofrecen recomendaciones para mejorar la gestión. Además, el Tribunal produce informes especiales sobre sectores concretos o programas específicos cuando detecta áreas donde resulta necesario introducir mejoras significativas. Todo este conjunto de actividades configura una supervisión financiera que combina control de legalidad, auditoría operativa y evaluación de políticas públicas.

Las *decisiones* del Tribunal de Cuentas no son actos jurisdiccionales y no afectan directamente a los derechos de particulares o Estados, por lo que el margen de recurso es limitado. Sin embargo, pueden ser objeto de control por parte del Tribunal de Justicia de la Unión Europea si implican cuestiones de legalidad o de competencias institucionales. Este mecanismo garantiza que el Tribunal de Cuentas actúa dentro del marco jurídico de los tratados y que su actividad se mantiene conforme al ordenamiento europeo. Además, sus informes y conclusiones sirven como base para la adopción de decisiones políticas por otras instituciones y pueden originar procedimientos de responsabilidad financiera en los Estados miembros o en la Comisión Europea. Aunque su función se centra en la auditoría y su labor no se dirige a imponer sanciones, su autoridad técnica y la publicidad de sus conclusiones generan efectos jurídicos y políticos significativos.

Podemos concluir que la importancia del Tribunal de Cuentas dentro del sistema institucional de la Unión Europea radica en que garantiza que el uso del presupuesto europeo se somete a criterios de transparencia, legalidad y eficiencia. En un sistema donde los fondos se ejecutan a través de múltiples actores y niveles de gobierno, resulta conveniente contar con una institución técnica e independiente que examine cada ejercicio presupuestario y mantenga una visión global de la situación financiera. Su función contribuye al equilibrio entre las instituciones, porque complementa el papel ejecutivo de la Comisión y el control político del Parlamento y del Consejo.

9.- Representación de las entidades territoriales: Comité de las Regiones

El *Comité Europeo de las Regiones* es el organismo consultivo de la Unión que integra de manera estable la perspectiva de las entidades territoriales, en particular de las regiones —en su más amplia categoría— y municipios que estructuran a los Estados miembros. Su existencia responde a la convicción de que la Unión Europea solo puede desarrollarse en coherencia con sus propios principios democráticos cuando incorpora de forma sistemática la voz de los territorios en los que se aplican las políticas públicas europeas. En un continente donde conviven Estados fuertemente centralizados con países dotados de amplios mecanismos de autonomía y con federaciones consolidadas, la diversidad territorial exige que la dimensión local y regional se incorpore a la arquitectura institucional. También importa la relevancia creciente de las ciudades, convertidas en nodos económicos, sociales y culturales que requieren espacios de participación propios dentro del proceso decisorio europeo. Esta heterogeneidad explica la creación de un órgano capaz de traducir las necesidades territoriales en argumentos políticos y técnicos que las instituciones de la Unión deben considerar antes de adoptar decisiones.

El *origen* del Comité se sitúa en el Tratado de la Unión Europea de 1992, momento en el que la integración europea avanzó hacia nuevas competencias y hacia una mayor densidad democrática e institucional. Durante la negociación del Tratado de Maastricht, los *länder* alemanes defendieron con firmeza la participación directa de las entidades federadas en las estructuras políticas de la Unión, puesto que entendían que el carácter compuesto de la federación alemana implicaba que muchas competencias europeas les afectaban. Su propuesta más ambiciosa se centró en la creación de una segunda cámara territorial dentro del Parlamento Europeo, que garantizara una cogestión legislativa en asuntos de impacto regional. Esa iniciativa no prosperó, puesto que implicaba una alteración profunda del equilibrio institucional europeo. Sin embargo, se reconoció la

legitimidad de la reivindicación y se optó por una solución interme-
dia que aseguraba la presencia formal de los territorios sin modificar
el procedimiento legislativo ordinario. Así nació el Comité de las
Regiones como órgano de representación institucional, de carácter
consultivo, encargado de introducir la perspectiva territorial en las
políticas comunitarias.

La *función* principal del Comité se articula a través de la emisión
de dictámenes, que expresan la posición de las entidades territoriales
sobre propuestas legislativas o iniciativas políticas de las instituciones
de la Unión. Aunque sus decisiones no poseen fuerza jurídica vinculante, las instituciones europeas están *obligadas* a consultarlo en
determinadas materias durante el proceso decisional, lo que otorga al
Comité un papel decisivo en la fase inicial del proceso normativo. En
los ámbitos en los que la consulta resulta obligatoria se encuentran la
educación, la formación profesional, la juventud, la cultura, la salud
pública, las redes transeuropeas de transporte, telecomunicaciones y
energía, y la cohesión económica y social. Estos sectores corresponden
en buena parte a ámbitos donde las entidades territoriales poseen
competencias directas o ejercen funciones de gestión pública que
afectan de manera inmediata a la ciudadanía, lo que hace conveniente
incorporar su experiencia y su juicio técnico antes de decidir.

Además de las consultas obligatorias, el Comité puede ser con-
sultado de manera facultativa por la Comisión, el Consejo o el Parlamento Europeo. La *consulta facultativa* permite que las instituciones
europeas soliciten una opinión territorial cuando consideren que un
asunto concreto puede generar efectos relevantes en la administración local o regional, o cuando deseen asegurar la coherencia de los
programas europeos con la realidad administrativa de los Estados
miembros. Esta facultad dota al Comité de una presencia variable
pero constante en la actividad de las instituciones, que recurren a su
criterio en ámbitos tan diversos como el desarrollo urbano, las políticas ambientales, el mercado interior o los programas de innovación.

Junto a las consultas obligatorias y facultativas, el Comité puede
aprobar *dictámenes* por iniciativa propia. Esta capacidad refuerza
su autonomía política y le permite abordar temas que todavía no
forman parte de la agenda legislativa, pero que pueden tener importancia estratégica para las regiones y municipios. Los dictámenes por
iniciativa propia funcionan como alertas tempranas, que detectan

problemas territoriales emergentes o identifican necesidades que la Unión debe considerar en sus futuros planes de acción. A través de esta herramienta, el Comité actúa como un actor que no solo responde a las propuestas institucionales, sino que contribuye activamente a modelar la orientación del proyecto europeo desde una óptica territorial.

La *composición* del Comité refleja el pluralismo territorial de la Unión y se organiza mediante 329 miembros titulares y 329 suplentes. La distribución entre Estados sigue el mismo modelo que el Comité Económico y Social, y atiende tanto al tamaño demográfico como al equilibrio entre países. Alemania, Francia e Italia cuentan con 24 representantes cada uno, mientras que España y Polonia disponen de 21. Rumanía aporta 15 miembros, y Austria, Bélgica, Bulgaria, Chequia, Grecia, Hungría, los Países Bajos, Portugal y Suecia cuentan con 12 cada uno. Croacia, Dinamarca, Finlandia, Irlanda, Lituania y Eslovaquia tienen 9 representantes cada uno, y Estonia, Letonia y Eslovenia aportan 7. Luxemburgo y Chipre cuentan con 6 representantes, y Malta con 5, lo que completa un total de 329 miembros. La composición del Comité permite integrar autoridades locales y regionales con responsabilidad ejecutiva o representativa en sus respectivos territorios, lo que asegura que el órgano hable con la legitimidad de quienes trabajan diariamente en la administración de los servicios públicos.

La *designación* de cada miembro corresponde al Estado al que representa, lo que garantiza que los integrantes del Comité reflejen la diversidad institucional interna de cada país, y su nombramiento debe ser posteriormente confirmado por el Consejo. El mandato tiene una duración de cinco años, renovable, lo que permite reforzar la continuidad en la representación territorial y facilita la acumulación de experiencia institucional. Los miembros eligen a la presidenta o al presidente y a la mesa por un periodo de dos años y medio, renovable. Como en el Parlamento Europeo, quienes integran el Comité pueden constituir grupos políticos que reflejen afinidades ideológicas, aunque quienes no se adscriben a un grupo pueden actuar como No inscritos.

En su trayectoria, el Comité ha desempeñado *funciones* significativas en la política europea. Su papel ha sido determinante en la defensa y promoción de la política de cohesión, que constituye uno de los pilares de la integración europea y que depende en gran medida de la participación activa de las regiones y municipios. El Comité ha contribuido a reforzar la dimensión territorial en la formulación de los Fondos Estructurales, lo que ha permitido adaptar los criterios de asignación y ejecución a las realidades de los distintos territorios. También ha influido en el desarrollo de estrategias urbanas integradas y en la definición de las políticas climáticas con impacto local.

Otro ejemplo de su relevancia se aprecia en la vigilancia del *principio de subsidiariedad*, en la que el Comité participa de manera activa. Sus mecanismos de evaluación permiten determinar si la intervención europea resulta necesaria, o si sería más adecuado que la acción se adoptara en niveles de gobierno más próximos a la ciudadanía. El Comité ha utilizado esta capacidad para promover un equilibrio razonable entre las competencias de la Unión y las de los Estados miembros, y para proteger la autonomía local y regional. Sus análisis han servido en varias ocasiones para advertir sobre el riesgo de una centralización excesiva en políticas donde la gestión territorial resulta esencial, como en la planificación urbana, la movilidad, o la política social.

El Comité de las Regiones ha cumplido además un papel relevante en la construcción de *redes de cooperación territorial* que refuerzan la gobernanza multinivel europea. A través de grupos de trabajo y asociaciones temáticas, el Comité ha contribuido a conectar a cientos de autoridades regionales y locales, lo que ha favorecido la circulación de buenas prácticas y ha mejorado la implementación de los programas europeos en ámbitos como la innovación, el desarrollo sostenible, el transporte urbano y la transición digital. También ha impulsado iniciativas europeas centradas en las ciudades, que han permitido reforzar su protagonismo político y su capacidad para acceder a mecanismos de financiación europeos.

En resumen, el papel del Comité en el proceso decisional europeo se resume en su capacidad para integrar la perspectiva territorial en las políticas de la Unión, para equilibrar la acción comunitaria con la autonomía regional y local, y para reforzar la calidad democrática de la integración europea. Aunque sus dictámenes no poseen fuerza jurídica vinculante, la sólida base técnica de sus análisis y la legitimidad representativa de sus miembros hacen que sus aportaciones influyan de manera constante en la elaboración de la legislación europea.

10.- Representación de los intereses económicos: Comité Económico y Social

El papel del *Comité Económico y Social* en la Unión Europea se comprende mejor cuando se observan sus raíces en una larga tradición europea de órganos consultivos que vinculan la elaboración de las políticas públicas con los intereses económicos y sociales presentes en la sociedad. En muchas democracias, estos órganos se han constituido para facilitar la interlocución institucional entre representantes de trabajadores, de sectores empresariales y de organizaciones sociales, con el fin de aportar información cualificada y directamente conectada con el funcionamiento de la economía y de las relaciones laborales, y que representen a los diferentes sectores de la sociedad. Su presencia pretende reforzar la legitimidad de las decisiones públicas y evitar que el desarrollo normativo avance desconectado de las realidades materiales que viven las personas y las empresas.

En el ámbito europeo, ya hemos visto que el primer *precedente* se encuentra en la Comunidad Europea del Carbón y del Acero, que desde 1951 creó un Comité Consultivo destinado a articular el diálogo entre quienes participaban en la producción, comercialización y regulación del carbón y el acero. La Comunidad Europea del Carbón y del Acero se sometía a profundos desafíos industriales y sociales, por lo que entendió que la regulación de mercados tan sensibles solo podía ser eficaz si incorporaba las perspectivas de los trabajadores, de las empresas, y de quienes representaban los intereses de consumidores y otros sectores afectados. Ese primer organismo aportó análisis técnicos, evaluaciones de impacto económico y propuestas de mejora que terminaron teniendo una influencia real en la orientación de la política industrial y social de la Comunidad.

El éxito funcional del Comité Consultivo de la Comunidad Europea del Carbón y del Acero influyó directamente en la decisión del Tratado de Roma de 1957 de crear un Comité Económico y Social para la entonces Comunidad Económica Europea. A diferencia de la Comunidad Europea del Carbón y del Acero, que tenía un perfil sectorial centrado en la industria pesada, la nueva Comunidad Económica Europea se concebía como una comunidad económica integrada, con políticas que afectaban al mercado común, la agricultura, el transporte, el comercio y la política social, entre otras muchas materias. Para abordar este conjunto de ámbitos, se configuró un único Comité Económico y Social como órgano consultivo común, encargado de representar los intereses económicos y sociales de la sociedad europea. Sus dictámenes debían orientar a la Comisión y al Consejo en la elaboración de las políticas comunitarias, incluyendo aquellas que afectaran también a la energía nuclear en el marco de Euratom, cuyas actividades no contaron con un comité consultivo propio y fueron integradas desde el inicio dentro de las competencias y funciones del Comité Económico y Social de la Comunidad Económica Europea.

La evolución institucional de las Comunidades Europeas reforzó esta integración. Con la fusión de los ejecutivos en 1967 y la progresiva convergencia de las políticas económicas y sociales, el Comité Económico y Social quedó consolidado como el órgano consultivo transversal destinado a cubrir la totalidad de los ámbitos de actuación comunitaria, incluidos los vinculados a Euratom. A partir de ese momento, su ámbito de trabajo se amplió tanto en extensión como en complejidad, y su papel se volvió central en el diálogo estructurado entre instituciones europeas y agentes económicos y sociales.

Este órgano, regulado actualmente en los artículos 300 a 304 del Tratado de Funcionamiento de la Unión Europea, representa a organizaciones de trabajadoras y trabajadores, al empresariado, y a un amplio conjunto de organizaciones de la sociedad civil. Su *configuración* busca reflejar la pluralidad económica, profesional y social existente dentro de la Unión, integrando entidades de la economía social, asociaciones profesionales, organizaciones agrícolas, colectivos de consumidores, entidades ambientales, mutualidades, cooperativas y otros actores relevantes. Su función esencial es consultiva. El Comité participa en el proceso de elaboración normativa europea a través de *dictámenes* que pueden ser solicitados por las instituciones o elaborados por iniciativa propia. Las *consultas obligatorias* se activan cuando la materia regulada forma parte de los ámbitos respecto de los cuales los tratados exigen escuchar al Comité, como la política agrícola, la libre circulación de personas y servicios, la política de transportes, la política de empleo, la política social, la educación, la formación profesional, la juventud, la salud pública, la protección de las personas consumidoras, las redes transeuropeas o el medio ambiente. Estas consultas permiten incorporar análisis técnicos y valoraciones sectoriales que enriquecen las propuestas legislativas y facilitan la identificación de impactos económicos y laborales.

Las *consultas facultativas* pueden ser realizadas por la Comisión, el Consejo o el Parlamento Europeo cuando consideran que la opinión del Comité puede aportar información valiosa. La flexibilidad de esta fórmula permite que el Comité intervenga en ámbitos emergentes o en cuestiones especialmente sensibles desde el punto de vista económico y social. Junto a estas modalidades, el Comité puede emitir dictámenes por iniciativa propia, una facultad que le permite señalar desafíos futuros, evaluar tendencias económicas y sociales, o recomendar orientaciones políticas incluso cuando no existe un procedimiento legislativo abierto. Esta capacidad ha sido particularmente útil para anticipar debates sobre la transición ecológica, las transformaciones digitales, el empleo juvenil o la economía social.

La composición del Comité refleja el equilibrio entre los Estados miembros y la representatividad de los sectores económicos y sociales involucrados. Está formado por 329 miembros, propuestos por cada Estado y nombrados por el Consejo, con una distribución que responde a criterios demográficos y que es similar al Comité de las Regiones, desde los 24 representantes de Alemania, Francia e Italia hasta los cinco de Malta. Como hemos visto, las personas designadas representan a organizaciones empresariales, asociaciones sindicales y entidades de la sociedad civil. El mandato es de cinco años, renovable, y el propio Comité elige a su presidencia por dos años y medio, también renovables. También en este caso, sus miembros pueden integrarse en grupos políticos o permanecer como no inscritos, lo que permite una articulación flexible de posiciones y afinidades.

Aunque sus dictámenes, como en el caso del Comité de las Regiones, no tienen carácter vinculante, desempeñan un papel relevante en el proceso legislativo. Su intervención resulta especialmente valiosa en la Política Agrícola Común, las redes transeuropeas, el mercado interior o la regulación ambiental, donde la complejidad técnica exige contar con la experiencia directa de quienes trabajan en los sectores afectados. También actúa como espacio privilegiado de diálogo social, y facilita puentes entre organizaciones sindicales y empresariales en debates que afectan a la competitividad, la calidad del empleo o la transición hacia nuevos modelos productivos. Su contribución al desarrollo del diálogo social europeo ha sido fundamental para la consolidación del acervo social y para la adopción de muchas medidas de mejora en las condiciones laborales y de protección frente a riesgos nuevos y tradicionales.

En conjunto, el Comité Económico y Social se ha consolidado como un componente central del sistema consultivo de la Unión. Su valor reside en su capacidad para integrar la voz de los actores económicos y sociales en la toma de decisiones europeas, aportar información especializada y contribuir al equilibrio entre eficacia normativa, cohesión social y viabilidad económica. Este papel, desarrollado de forma continua desde los primeros tiempos de la integración, refuerza la legitimidad democrática del proceso decisional europeo y permite que las políticas de la Unión reflejen con mayor fidelidad las realidades y necesidades de la ciudadanía y de los sectores productivos de los Estados miembros.

11.- Complejidad en la Administración europea

La Administración pública de la Unión Europea ha adquirido con el paso del tiempo un nivel notable de complejidad debido a la acumulación de órganos, organismos y agencias cuya creación responde tanto a las necesidades funcionales de las políticas europeas como a la ampliación progresiva de las competencias de la Unión. Hoy pueden identificarse varias decenas de entidades distintas, distribuidas entre instituciones centrales, agencias ejecutivas, agencias descentralizadas, oficinas de regulación y organismos especializados que operan en ámbitos tan diversos como la seguridad, la salud, la investigación científica, la protección de datos o la propiedad intelectual. Estas estructuras se transforman de manera constante, bien por ampliaciones de competencias, bien por reestructuraciones internas, o por la creación de nuevos organismos que permitan abordar políticas emergentes o atender necesidades nuevas. Algunas de estas entidades que hemos mencionado anteriormente, como el Servicio Europeo de Acción Exterior o la Oficina Europea de Lucha contra el Fraude, forman parte ya del paisaje institucional consolidado y han sido mencionadas previamente. Otras, igualmente relevantes, ilustran de manera elocuente la variedad y amplitud de la Administración europea contemporánea, así como el proceso de diversificación que caracteriza la integración desde finales del siglo XX. Hemos seleccionado algunas de las más relevantes, que desarrollaremos a continuación.

Uno de los organismos más importantes es el *Banco Europeo de Inversiones*, concebido como la entidad financiera de la Unión encargada de facilitar préstamos y apoyo financiero a proyectos que permitan promover objetivos económicos, sociales y territoriales definidos a escala europea, dentro y fuera de la Unión Europea. Su *origen* se encuentra en el Tratado de Roma de 1957, que consideró necesario un mecanismo financiero capaz de impulsar infraestructuras y favorecer la cohesión entre los Estados miembros. Su instalación en Luxemburgo reforzó la función de este Estado como uno de los centros administrativos de las Comunidades Europeas, y permitió que el Banco actuara desde un entorno fuertemente vinculado a las instituciones europeas.

Las *prioridades* del Banco han ido adaptándose con el tiempo, aunque hoy destacan algunos ejes fundamentales. El primero aparece reflejado en la lucha contra el cambio climático y en la protección del medio ambiente, con financiación orientada a promover energías limpias, proyectos de eficiencia energética, reducción de emisiones o infraestructuras sostenibles. El desarrollo económico constituye otra de sus líneas de actuación, especialmente visible en regiones que necesitan estímulos financieros para converger con la media europea. La innovación adquiere un peso creciente, con apoyo a proyectos de investigación, digitalización y transferencia tecnológica. Asimismo, el Banco impulsa programas dirigidos a pequeñas y medianas empresas, que representan el núcleo del tejido productivo europeo, y presta atención a infraestructuras de transporte, energía y comunicación. Todas estas prioridades se articulan con el objetivo transversal de favorecer el equilibrio entre las regiones de la Unión, colaborar con países prioritarios, y reducir las desigualdades derivadas de los diferentes niveles de desarrollo.

El Banco Europeo de Inversiones cuenta con varios *órganos* internos que determinan su gobernanza y su orientación estratégica. Los Estados miembros están representados en su *Consejo de Gobernadores*, que fija las líneas generales de actuación y designa al presidente y a los miembros del *Comité de dirección*. Este Comité, responsable de la gestión ordinaria, se encarga de aplicar las políticas aprobadas y de garantizar que los proyectos financiados cumplan los requisitos establecidos. Además, existe un *Consejo de administración* que examina y aprueba los proyectos concretos que reciben apoyo financiero, lo que proporciona un mecanismo de supervisión interna que equilibra la función técnica y la visión estratégica. La *presidencia* es elegida por el Consejo de Gobernadores.

Históricamente, el Banco desempeñó un papel fundamental en los procesos de ampliación de la Unión, especialmente en la ampliación hacia Europa Central y Oriental. Antes y después del ingreso de estos países, la financiación del Banco permitió modernizar infraestructuras, apoyar la transición económica, mejorar la conectividad, y favorecer la integración de sus economías en el mercado único. Este desempeño facilitó que los nuevos Estados miembros alcanzaran niveles mayores de convergencia, lo que redujo tensiones y contribuyó al éxito de la ampliación más significativa de la historia de la Unión. A día de hoy, el Banco continúa siendo un instrumento crucial para proyectos en la Unión Europea y fuera de ella, dado que, como hemos adelantado, también actúa en la financiación de iniciativas en terceros países cuando estos contribuyen a objetivos estratégicos europeos, como el desarrollo sostenible o la estabilidad regional.

Otro órgano relevante en la constelación de la gobernanza europea es *la Defensora o Defensor del Pueblo Europeo*, también conocido como *Ombudsman*, figura que hunde sus raíces en la tradición constitucional europea, pues varios países incorporaron tempranamente defensores del pueblo con la finalidad de ofrecer una vía independiente de supervisión del poder administrativo. El Tratado de la Unión Europea de 1992 introdujo esta figura en el sistema europeo con el propósito de que cualquier persona residente en la Unión pudiera presentar reclamaciones relacionadas con el funcionamiento de la Administración europea. Su elección corresponde al Parlamento Europeo, lo que refuerza la legitimidad democrática de la institución y procura que la persona titular mantenga independencia frente al resto de entidades de la Unión. Su sede se encuentra en Estrasburgo, y su actividad incluye la investigación de reclamaciones vinculadas a mala administración, falta de transparencia, retrasos injustificados, dificultades en el acceso a documentos, o vulneración de normas internas de las instituciones. Su papel ha sido relevante en la mejora de la calidad administrativa y en la consolidación de la transparencia en la Unión, pues sus informes y recomendaciones obligan a revisar procedimientos, modificar prácticas y fortalecer los mecanismos internos de rendición de cuentas.

La protección de datos personales constituye otro ámbito esencial de la Administración europea contemporánea, especialmente tras el desarrollo de la sociedad digital y la circulación transfronteriza de información. Para garantizar el cumplimiento de las normas de protección de datos dentro de las instituciones europeas, se creó en 2004 el *Supervisor de Protección de Datos*. Su función consiste en supervisar el tratamiento de datos personales por parte de instituciones y organismos europeos para asegurar que respeten el derecho a la intimidad y a la protección de datos de las personas. Es un órgano independiente, con sede en Bruselas, y con capacidad para formular recomendaciones, realizar auditorías, resolver reclamaciones, intervenir en procedimientos normativos y supervisar el cumplimiento de las normas en los sistemas informáticos de la Administración europea. Su papel se ha intensificado con el Reglamento General de Protección de Datos de 2018 y con el peso creciente que adquiere la tecnología digital en las políticas públicas europeas.

La complejidad administrativa de la Unión se refleja también en la amplia distribución territorial de sus órganos y organismos a lo largo del continente. Esta dispersión cumple varios objetivos, entre ellos equilibrar la presencia institucional entre los Estados miembros y favorecer un sentimiento de pertenencia compartido. España constituye un ejemplo significativo, pues alberga varias agencias y centros de la Unión que desempeñan funciones estratégicas, aunque en menor medida que los Estados centroeuropeos. En Alicante se encuentra la *Oficina de Propiedad Intelectual de la Unión Europea*, responsable de gestionar las marcas y los diseños registrados a escala europea. Su actividad constituye un apoyo indispensable para el mercado interior, protege la innovación empresarial y asegura que la propiedad industrial se trate con criterios uniformes en toda la Unión. En Bilbao opera la *Agencia Europea para la Seguridad y la Salud en el Trabajo*, cuyo propósito consiste en promover una cultura de prevención, facilitar información actualizada y coordinar estudios para mejorar las condiciones de trabajo en todos los Estados miembros. Su labor resulta fundamental en un mercado laboral sometido a cambios tecnológicos acelerados y a riesgos nuevos. En Sevilla se localiza el *Instituto de Prospectiva Tecnológica*, uno de los centros de investigación de la Comisión Europea dedicado a analizar tendencias científicas y tecnológicas que tendrán impacto en el futuro de la Unión. Sus análisis permiten anticipar escenarios, orientar inversiones en investigación, y facilitar la toma de decisiones basada en evidencias. En Torrejón de Ardoz se encuentra el *Centro Europeo de Satélites*, institución que presta apoyo geoespacial a la política exterior y de seguridad de la Unión mediante imágenes satelitales y análisis técnicos. Esta información facilita misiones militares y civiles, contribuye a la vigilancia de fronteras, y permite evaluar crisis humanitarias o situaciones de emergencia. En Vigo se ubica la *Agencia Europea de Control de la Pesca*, encargada de coordinar la aplicación de las normas pesqueras de la Unión y de garantizar que los recursos marinos se gestionen con criterios de sostenibilidad y equidad entre los Estados miembros. Su actividad es determinante para proteger los ecosistemas marinos y para evitar prácticas ilegales que ponen en riesgo la sostenibilidad de la actividad pesquera.

El conjunto de estos organismos, junto con muchos otros distribuidos por el continente, forma una red administrativa amplia, especializada y compleja que sostiene el funcionamiento cotidiano de la Unión, aunque muchas veces es considerada como una gran burocracia poco eficiente. Lo cierto es que cada entidad responde a necesidades concretas, y en conjunto permiten que la Unión actúe con eficacia en ámbitos muy diversos. La complejidad deriva de este proceso acumulativo, así como de la vocación de la Unión de intervenir en políticas nuevas que requieren capacidades adicionales. Esta estructura, cabe insistir, no está exenta de críticas, pues su diversidad puede generar dificultades de coordinación, solapamientos o necesidades de reforma. Sin embargo, también constituye una de las fortalezas de la integración europea, al permitir que cada ámbito cuente con especialistas capaces de desarrollar políticas basadas en información precisa y en experiencia acumulada.

Bibliografía

Aranda Álvarez, Elviro (2013), «La alerta temprana en el procedimiento legislativo de la Unión Europea. Una reflexión sobre su utilidad desde la reciente experiencia española», *Revista de Derecho Comunitario Europeo*, nº 44, págs. 101-153.

Barón Crespo, Enrique (2012), «El desarrollo de la codecisión como procedimiento legislativo de la UE», *Cuadernos Europeos de Deusto*, nº 46, págs. 19-47.

Biglino Campos, Paloma (2019), «El Tribunal de Cuentas como garantía del Estado Social, del Estado Democrático y del Estado de derecho», *Teoría y Realidad Constitucional*, nº 44, págs. 77-100.

Casado García-Hirschfeld, María (2015), *Función pública de la Unión Europea: (auto) regulación institucional. Las DGA de las instituciones europeas*. Instituto Nacional de Administración Pública, Madrid.

De Miguel Bárcena, Josu (2009), *El Consejo de la Unión Europea. Poder normativo y dimensión organizativa*. Aranzadi, Pamplona.

García García, María Jesús (2021), «La integración institucional de las regiones en los procesos decisorios comunitarios», *Revista Jurídica de Castilla y León*, nº 55, págs. 165-196.

Garzón Clariana, Gregorio (2015), «El Parlamento Europeo y la evolución del poder legislativo y del sistema normativo de la Unión Europea», *Revista de Derecho Comunitario Europeo*, nº 50, págs. 43-83.

Hernández Saseta, Carmen; Báez Seara, David (2025), «El Banco Central Europeo, una institución en adaptación constante al contexto económico cambiante: de la unión monetaria a la unión bancaria», *Revista de Derecho Comunitario Europeo*, nº 80, págs. 131-174.

Hix, Simon; Høyland, Bjørn (2023), *Sistema político de la Unión Europea*. McGrawHill Interamericana de España, Madrid.

López Aguilar, Juan Fernando (2015), *El Parlamento Europeo, legislador del Espacio de Justicia Penal de la UE, Revista de Derecho Político*, nº 93, págs. 13-74

López Martín, Ana Gemma (coord.) (2025), *Historia e instituciones de la Unión Europea*. Facultad de Derecho, Servicio de Publicaciones, Universidad Complutense de Madrid, Madrid.

Mangas Martín, Araceli; Liñán Nogueras, Diego J. (2024), *Instituciones y Derecho de la Unión Europea*. Biblioteca Universitaria de Editorial Tecnos, Madrid, 11ª edición.

Martínez Dalmau, Rubén (2005), *La independencia del Banco Central Europeo*. Tirant lo Blanch, València.

Mellado Prado, Pilar; Alguacil González-Aurioles, Jorge; Sánchez González, Santiago (2022), *Derecho e instituciones de la Unión*

Europea. Edición post-Brexit. Editorial Universitaria Ramón Areces, Madrid.

Molina del Pozo, Carlos Francisco (2023), *Instituciones, órganos y organismos de la Unión Europea.* Tirant lo Blanch, València.

Ortega Gómez, Marta (2012), *La Comisión Europea y el gobierno de la Unión.* Marcial Pons, Madrid.

Papí Boucher, Miguel (2017), *El Consejo Europeo entre el derecho y la realidad.* Agencia Estatal Boletín Oficial del Estado, Madrid.

Sánchez-Barrueco, María Luisa (2015), «El control del Consejo Europeo por el Parlamento Europeo (2009-2014): marco jurídico y práctica interinstitucional», *Revista Española de Derecho Europeo,* nº 53, págs. 19-54

Sánchez Cano, Javier (2015), «Entre lo interno y lo europeo: la acción exterior de las regiones en la Unión Europea», *Revista d'Estudis Autonòmics i Federals,* nº 21, págs. 128-158.

Serra Cristóbal, Rosario (1996), *El Comité Económico y Social de las Comunidades Europeas.* McGraw-Hill / Interamericana de España, Madrid.

IV. CÓMO ACTÚA LA UNIÓN EUROPEA: DERECHO

1.- Fuentes del Derecho de la Unión Europea

A lo largo de las últimas décadas, el ordenamiento jurídico de la Unión Europea ha adquirido un grado notable de densidad normativa y diferenciación respecto de otros sistemas jurídicos. La integración europea ha dejado atrás el marco inicial propio de una organización internacional clásica y ha consolidado un sistema de fuentes del Derecho dotado de autonomía, con vocación de eficacia y una estructura institucional que procura garantizar su aplicación uniforme en todos los Estados miembros. La Unión se concibe como un espacio regido por el Estado de derecho, donde el cumplimiento de los tratados se convierte en el fundamento último de su legitimidad. Los compromisos jurídicos que las personas que gobiernan los Estados asumen ante sus homólogos se transforman en obligaciones efectivas ante la ciudadanía y las instituciones europeas. Este rigor jurídico explica que la Unión no funcione como un simple foro intergubernamental, ni tampoco todavía como un Estado federal, sino como un ordenamiento singular que convive con los ordenamientos estatales y conserva una dosis importante de autonomía respecto de ellos. Se situaría, de hecho, entre la confederación y la federación, más cercana a la segunda que a la primera.

La *autonomía del Derecho de la Unión* y su capacidad para relacionarse con los Derechos internos sin absorberlos, ni quedar subordinado a ellos, han resultado esenciales en su evolución histórica. La construcción europea necesitó un sistema de fuentes capaz de integrar Estados con tradiciones jurídicas diversas, estructuras constitucionales distintas y culturas políticas en ocasiones alejadas entre sí. Para lograrlo, las instituciones europeas y, en particular, el Tribunal de Justicia, han desarrollado una lógica normativa orientada a la eficacia, la coherencia y la primacía de los compromisos comunes. Esta evolución ha generado un marco jurídico complejo, con elementos heredados del Derecho internacional, rasgos propios de los sistemas constitucionales, y otras características totalmente originales. La diferencia con el Derecho internacional es clara: frente al modelo tradicional basado en la voluntad soberana de los Estados, el Derecho de la Unión produce normas aplicables directamente a la ciudadanía y a las administraciones nacionales. La diferencia con el Derecho de los Estados también es evidente: la Unión no dispone de una potestad constituyente plena ni de un aparato coercitivo descendente, sino de un conjunto de instrumentos jurídicos cuyo valor depende del equilibrio institucional y del compromiso de los Estados miembros.

El *origen* del ordenamiento jurídico europeo se remonta a la fundación de la Comunidad Europea del Carbón y del Acero en 1951. La CECA se concibió como una organización sectorial destinada a gestionar recursos estratégicos para garantizar la paz y fomentar la recuperación económica. Pese a su carácter limitado, como hemos visto, la CECA introdujo elementos jurídicos que más tarde se integrarían en el sistema comunitario: un Tribunal independiente, un Consejo de Ministros, una Alta Autoridad con capacidad ejecutiva, y un mecanismo de control judicial de los actos europeos. Con la creación de la Comunidad Económica Europea y de la Comunidad Europea de la Energía Atómica en 1957 se amplió el ámbito material del Derecho comunitario, que empezó a denominarse de esa manera en referencia a las comunidades europeas, y se configuró una estructura institucional más estable. El Derecho comunitario se transformó progresivamente en un ordenamiento jurídico propio, con principios específicos, fuentes normativas diferenciadas, y un Tribunal de Justicia que, como veremos, desempeñó un papel decisivo al afirmar la primacía, la aplicación directa y la eficacia del Derecho europeo. Ese proceso culminó con las reformas que introdujeron el concepto de Derecho de la Unión Europea y dotaron al sistema de una jerarquía normativa más clara. Los tratados de Maastricht, Ámsterdam, Niza y, finalmente, Lisboa permitieron consolidar esta evolución, reforzar la dimensión jurídica de la Unión y clarificar las fuentes de su ordenamiento.

El *sistema de fuentes* del Derecho de la Unión se estructura de manera semejante a un ordenamiento constitucional, aunque conserva rasgos propios del Derecho internacional. La diferencia con un ordenamiento constitucional es que, como sabemos, no cuenta con una Constitución democrática, sino con normas supremas, los tratados, de naturaleza internacional. El primer gran bloque del Derecho de la Unión Europea lo constituye el *Derecho originario o primario*, que comprende las normas y actos adoptados por los Estados miembros en el uso de su facultad de firmar tratados internacionales. Este conjunto normativo incluye los tratados fundacionales, sus protocolos y anexos, los tratados modificativos y los tratados de adhesión mediante los cuales se incorporan nuevos Estados. A este núcleo se suma la Carta de Derechos Fundamentales que, como hemos visto, adquirió valor jurídico vinculante con la entrada en vigor del Tratado de Lisboa, y que se ha convertido en un referente para la protección de derechos en el espacio europeo. También forma parte del Derecho originario el tratado de retirada que permite la salida de un Estado, mecanismo utilizado por primera vez en la historia de la integración con la ya citada retirada del Reino Unido. La *naturaleza jurídica* de este conjunto normativo sigue inscrita en el ámbito del Derecho internacional público, ya que los tratados no dejan de ser acuerdos entre Estados. Sin embargo, la forma en que se despliega su contenido, así como la manera en que se aplican y se interpretan, lo convierten en un componente vertebrador del ordenamiento europeo. El Derecho originario determina la estructura institucional de la Unión, atribuye competencias, define procedimientos, y establece los principios esenciales del funcionamiento del sistema. Más adelante nos detendremos en sus características.

El segundo gran bloque del sistema lo forma el *Derecho derivado*, que integra las normas y actos adoptados por las instituciones de la Unión —en particular el Parlamento Europeo, el Consejo y la Comisión— con arreglo a los procedimientos establecidos en los tratados. El artículo 288 del Tratado de Funcionamiento de la Unión Europea ofrece la clasificación fundamental del Derecho derivado, a la que haremos referencia con detalle. El Derecho derivado muestra la singularidad jurídica de la Unión, ya que incorpora elementos de distintas tradiciones y presenta mecanismos de aplicación que no encuentran un equivalente directo en el Derecho interno ni en el Derecho internacional clásico. Lo complementaremos con mayor detalle algunas páginas más adelante.

El sistema de fuentes no se limita al Derecho originario y al Derecho derivado. Un tercer componente lo constituyen los *principios generales del Derecho*, que se han convertido en una de las bases más sólidas para la interpretación y aplicación del ordenamiento europeo. Estos principios no se encuentran necesariamente recogidos de manera exhaustiva en los tratados, sino que el Tribunal de Justicia los ha ido desarrollando con el paso del tiempo para asegurar la coherencia interna del sistema. Los principios generales incluyen criterios como la seguridad jurídica, la proporcionalidad, la igualdad ante la ley, o la responsabilidad de la administración por daños causados. Su origen se vincula a las tradiciones constitucionales comunes de los Estados miembros, que sirven de referencia para identificar un conjunto mínimo de garantías. El Tribunal de Justicia también recurre a los tratados internacionales suscritos por los Estados, especialmente los acuerdos en materia de derechos humanos, que estos han ratificado en el plano internacional. A partir de estas fuentes, el Tribunal construye un marco de principios que refuerza el carácter constitutivo del ordenamiento europeo, y permite resolver dilemas jurídicos que no pueden abordarse únicamente con los textos de los tratados y del Derecho derivado.

La noción de *tradiciones constitucionales comunes* remite a un espacio de convergencia donde los Estados mantienen su autonomía constitucional, pero aceptan que ciertos valores y mecanismos compartidos se integren en el Derecho de la Unión. Este proceso de convergencia ha dado lugar al desarrollo de un *ius commune constitutionale*, entendido como un conjunto de estándares, prácticas y principios que, sin formar un Derecho constitucional unificado, generan un sustrato común para toda la Unión. Este *ius commune* tiene un carácter dinámico, no uniforme, y con frecuencia problemático. La diversidad constitucional de los Estados miembros provoca tensiones interpretativas, especialmente cuando los tribunales nacionales consideran que ciertas normas o principios europeos pueden afectar a identidades constitucionales propias. El diálogo entre tribunales y la cooperación judicial se convierten en mecanismos esenciales para equilibrar estas tensiones. A pesar de las diferencias, el *ius commune* ha permitido la consolidación de un espacio normativo donde la protección de los derechos, la separación de funciones y el control judicial buscan converger en criterios compartidos.

Además del Derecho originario, el derivado y los principios generales, el sistema de fuentes integra los *acuerdos internacionales* celebrados por la Unión con otros países u organizaciones internacionales. La Unión ha desarrollado una política exterior jurídica compleja, con tratados comerciales, acuerdos de cooperación, convenios en materias específicas y mecanismos de asociación política. Estos instrumentos conforman un componente fundamental del ordenamiento europeo, ya que afectan a los ámbitos más diversos, desde el comercio y la protección del medio ambiente hasta los derechos de ciudadanía, la inversión o la movilidad. El Tribunal de Justicia ha señalado que los acuerdos internacionales forman parte del Derecho de la Unión y vinculan a todas las instituciones y a los Estados miembros. Esta característica refuerza el papel de la Unión como actor global, y dota al sistema jurídico de una dimensión externa que amplía su alcance.

La complejidad del sistema de fuentes del Derecho de la Unión refleja la propia complejidad del proyecto político y jurídico europeo. Desde su origen hasta la actualidad, la integración europea ha avanzado mediante un entramado de normas de naturaleza diversa, instituciones con competencias diferenciadas y procedimientos que requieren equilibrio y cooperación. El resultado no es un modelo cerrado, sino un ordenamiento dinámico, plural y adaptable. La coexistencia de veintisiete tradiciones constitucionales, de innumerables normas nacionales y de un acervo europeo en permanente crecimiento exige un esfuerzo constante de articulación y de interpretación. A pesar de su densidad, el sistema de fuentes se estructura alrededor de unos principios claros: respeto al Estado de derecho, primacía de los compromisos compartidos, protección de los derechos fundamentales, y garantía de la coherencia normativa. Esta arquitectura ha permitido que el proyecto europeo se consolide como una unión de Derecho, y que el ordenamiento jurídico europeo funcione como elemento vertebrador de la integración. Cada categoría de fuentes cumple una función específica, pero todas se interrelacionan y se interpretan conjuntamente para asegurar que la Unión permanezca como un espacio jurídico estable, pero abierto a la evolución.

2.- Naturaleza de los tratados constitutivos

Como se ha adelantado, los *tratados constitutivos* de la Unión Europea son acuerdos internacionales que vinculan jurídicamente a los Estados miembros y establecen las bases del proyecto de integración. Cada Estado decide comprometerse con un conjunto de normas que configuran un espacio jurídico común, al que se somete de manera voluntaria, y que sirve para organizar la acción colectiva en ámbitos esenciales. Estos tratados definen los valores sobre los que se asienta la Unión, fijan sus objetivos, y regulan la estructura institucional que permite adoptar decisiones de manera legítima y con consecuencias jurídicas. También determinan la distribución de competencias entre la Unión y los Estados, y articulan la relación entre ambos niveles de gobierno mediante reglas claras que buscan asegurar el equilibrio y la cooperación. Su *naturaleza jurídica* muestra un componente dual: aunque propiamente son Derecho internacional, lo cierto es que incorporan rasgos del Derecho constitucional. Desde el Derecho internacional, son pactos suscritos por sujetos soberanos que deciden limitar o coordinar determinadas competencias para alcanzar fines comunes. Sin embargo, aunque no son Constitución, poseen rasgos propios de una norma constitucional porque determinan derechos, organizan instituciones permanentes, establecen procedimientos de decisión que afectan a la ciudadanía, y generan efectos directos en los ordenamientos internos, función que habitualmente realiza una Constitución en el plano interno. El resultado es un diseño específico que confiere a los tratados un valor estructural dentro del sistema europeo, y los convierte en el fundamento de un ordenamiento jurídico que ya no puede identificarse solo con la lógica intergubernamental.

La *función* de estos tratados es amplia y precisa. Establecen los objetivos que guían la acción de la Unión, desde la promoción de la paz hasta el desarrollo sostenible y la cohesión económica y social. Determinan las normas fundamentales que rigen a las instituciones europeas, y fijan los procedimientos mediante los cuales se adoptan decisiones, lo que asegura que el ejercicio del poder se someta a criterios de legalidad y legitimidad democrática. También regulan la relación entre la Unión y sus integrantes mediante reglas destinadas a garantizar la lealtad institucional, el respeto a los principios comunes y la protección de la autonomía de los Estados dentro de un sistema coordinado. Estas disposiciones poseen fuerza vinculante y condicionan la actuación tanto de las instituciones europeas como de los poderes estatales, que deben ajustarse al marco fijado en los tratados.

El *diseño* de los tratados no es estático. La Unión Europea se ha transformado a lo largo del tiempo y ha necesitado actualizar sus textos fundacionales para adaptar su funcionamiento a nuevos desafíos o para integrar a nuevos Estados. Las reformas han introducido cambios en las competencias, en la arquitectura institucional, en las políticas comunes y en la configuración democrática del proyecto europeo. Muchas de estas modificaciones han respondido a la necesidad de mantener un equilibrio adecuado entre eficacia, legitimidad y respeto a la diversidad constitucional de los Estados. Otras han sido consecuencia de procesos de ampliación que exigieron revisar la distribución de votos, adaptar los procedimientos, o ajustar las instituciones a un número creciente de miembros. Los tratados han evolucionado desde la lógica sectorial de los primeros textos hacia una estructura más amplia y coherente, en la que conviven políticas económicas, sociales o de seguridad.

Cada *reforma* de los tratados se negocia mediante un procedimiento intergubernamental que refleja la naturaleza consensual del proyecto europeo, las conocidas como *conferencias intergubernamentales*. Los Estados designan representantes con mandato para negociar y formular propuestas que respondan a los intereses nacionales y a las prioridades del momento. La construcción del consenso es un proceso exigente que requiere conciliación y capacidad de compromiso. Las divergencias pueden ser relevantes en cuestiones de soberanía, política económica, derechos fundamentales o distribución de competencias, lo que obliga a buscar soluciones equilibradas. La unanimidad constituye un requisito esencial, porque garantiza que ninguna reforma se imponga a quienes no la comparten. Este mecanismo preserva la legitimidad del proceso, pero también ralentiza la toma de decisiones y hace más compleja la negociación de los textos. El resultado final debe expresar la voluntad conjunta de los Estados y ofrecer un marco jurídico capaz de sostener la integración en diversas fases de cambio. Con todo, hemos visto experiencias en que las conferencias intergubernamentales no han terminado en una reforma exitosa.

Una vez acordado el contenido de la reforma por los Gobiernos, comienza el proceso de *ratificación*. Cada Estado decide el procedimiento conforme a su propio ordenamiento constitucional. Algunos privilegian la ratificación parlamentaria, que es la más común, mientras que otros exigen un referéndum cuando la reforma afecta a aspectos sensibles de su identidad constitucional o implica una cesión relevante de competencias, como el caso irlandés. Esta diversidad crea escenarios de ratificación diferentes en duración e intensidad política. Todos los Estados deben concluir sus procedimientos internos para que el tratado entre en vigor, porque la naturaleza consensual del sistema impide que un texto se aplique sin el consentimiento de quienes participan en él. El proceso de ratificación se convierte, por tanto, en un momento clave para evaluar el apoyo ciudadano y político a la evolución de la integración.

La historia reciente de la Unión muestra varias dificultades en la ratificación de tratados importantes. El fallido Tratado por el que se establece una Constitución para Europa puso de manifiesto, como se ha analizado, hasta qué punto el apoyo ciudadano puede ser determinante. Recordemos que el texto obtuvo resultados negativos en los referendos de Francia y de los Países Bajos, que, por lo demás, eran consultivos, lo que impidió su entrada en vigor. Las dificultades obligaron a abrir un nuevo proceso de negociación que condujo al Tratado de Lisboa, aprobado tras introducir modificaciones que eliminaron aspectos simbólicos asociados al término *Constitución*, y preservaron los avances institucionales consensuados. Otros Estados han vivido situaciones complejas, algunas de las cuales ya hemos hecho referencia anteriormente. Irlanda rechazó inicialmente los tratados de Niza y de Lisboa en referéndum, y solo tras introducir declaraciones interpretativas y ajustarse a las preocupaciones nacionales se logró la aprobación final. Dinamarca también ha sometido varias reformas a consulta popular. Estas experiencias muestran que la integración requiere un equilibrio entre legitimidad democrática y funcionalidad institucional, lo que convierte la ratificación en un proceso decisivo para la estabilidad del sistema.

El *contenido del Derecho originario* refleja la diversidad y evolución del proyecto europeo. El primer componente lo integran los *tratados constitutivos y sus modificaciones*, que conforman el núcleo estructural de la Unión. El Tratado de Lisboa, aprobado en 2007, introdujo cambios profundos en la distribución de competencias, la composición institucional y el procedimiento legislativo. También reorganizó el Tratado de la Unión Europea y el Tratado de Funcionamiento de la Unión Europea, que hoy forman el marco jurídico fundamental. A ello se suma el Tratado de la Comunidad Europea de la Energía Atómica, cuyos contenidos continúan vigentes y ordenan la cooperación en materia nuclear. Los anexos, apéndices y protocolos que acompañan a estos textos complementan y precisan cuestiones técnicas relacionadas con políticas concretas o con la situación de determinados Estados, lo que añade complejidad pero también flexibilidad al ordenamiento.

El segundo componente lo forman los *tratados de adhesión*, que han permitido extender el proyecto europeo a nuevos países y consolidar la dimensión continental de la integración. Las adhesiones responden a decisiones políticas profundas, porque cada incorporación exige que el nuevo Estado acepte íntegramente el acervo comunitario y adapte sus instituciones y su normativa. Como hemos visto, en 1972 se produjo la primera ampliación con la incorporación del Reino Unido, Dinamarca e Irlanda y, desde entonces, todas las incorporaciones de nuevos Estados miembro se han realizado a través de tratados de adhesión. Cada tratado de adhesión añadió protocolos, adaptaciones institucionales y mecanismos transitorios destinados a garantizar la integración gradual de los nuevos miembros.

El tercer componente del Derecho originario lo constituye el *Tratado de retirada del Reino Unido*, aprobado en 2020, al que también hemos hecho referencia en varias ocasiones. Este texto ordenó el proceso de salida del país y definió cuestiones clave sobre derechos de ciudadanía, obligaciones financieras y transición. Por primera vez se aplicó el mecanismo de retirada voluntaria previsto en el Tratado de Lisboa, lo que añadió una nueva dimensión al Derecho originario. La salida del Reino Unido recordó que la integración es un proceso reversible, y que la permanencia no puede darse por sentada por muy deseable que sea.

El cuarto elemento lo conforma la *Carta de los Derechos Fundamentales de la Unión Europea*, proclamada en 2000 y dotada de valor jurídico vinculante con el Tratado de Lisboa. Ya hemos visto que la Carta recoge un amplio catálogo de derechos civiles, políticos, económicos, y en menos medida sociales, y se ha convertido en un instrumento esencial para orientar la actuación de las instituciones europeas y de los Estados cuando aplican el Derecho de la Unión. Su incorporación al Derecho originario refuerza la identidad constitutiva del proyecto europeo, porque consolida la centralidad de los derechos fundamentales y refuerza la exigencia de una interpretación coherente en todo el territorio de la Unión.

En resumen, el conjunto del Derecho originario muestra la riqueza y complejidad del proceso de integración europea. Los tratados constitutivos funcionan como la base jurídica de un sistema que se mantiene estable en sus principios y flexible en su evolución. Las reformas, los procesos de adhesión y la incorporación de la Carta reflejan una dinámica que combina continuidad y cambio. La exigencia de ratificación conforme a los ordenamientos internos asegura la legitimidad democrática, pero también introduce desafíos cuando las reformas suscitan debates intensos en algunos países. El Derecho originario ofrece una estructura sólida sobre la que descansa el resto del ordenamiento de la Unión. La comprensión de su naturaleza permite apreciar cómo la Unión se construye mediante pactos entre Estados que deciden compartir competencias, articular objetivos comunes, y mantener un equilibrio permanente entre integración y soberanía.

3.- Derecho derivado

El *Derecho derivado* constituye el conjunto de normas producidas por las instituciones de la Unión Europea en el ejercicio de las competencias que los Estados miembros acuerdan en los tratados constitutivos. Se denomina *derivado* porque nace de un ordenamiento jurídico previo, el Derecho originario, que establece las bases institucionales, los ámbitos materiales de actuación y las reglas de procedimiento que permiten adoptar estos actos. La jerarquía entre ambos es clara, puesto que el Derecho derivado se encuentra sometido a la *primacía del Derecho originario* y debe respetar en todo momento las disposiciones de los tratados, de modo que cualquier norma adoptada por las instituciones debe enmarcarse dentro de los límites materiales y procedimentales establecidos por ellos. Esta estructura refleja el carácter singular de la Unión, que articula un sistema jurídico propio con elementos supranacionales, donde los Estados, al aprobar los tratados, determinan los fines comunes y habilitan a las instituciones para desarrollar y actualizar las políticas europeas mediante actos normativos que producen efectos directos y obligatorios en sus ordenamientos internos.

El artículo 288 del Tratado de Funcionamiento de la Unión Europea recoge las principales categorías de *actos jurídicos* que forman el núcleo del Derecho derivado. Aunque no constituye un catálogo cerrado ni impide a las instituciones generar otros instrumentos, este artículo define cinco actos típicos que representan la columna vertebral normativa de la Unión. Cada una de estas categorías responde a una función específica dentro del funcionamiento de las políticas europeas, y determina diversos grados de vinculación para los Estados miembros, para las personas físicas o jurídicas y, en algunos casos, para determinadas instituciones. Reglamentos, directivas, decisiones, recomendaciones y dictámenes expresan modalidades diferentes de intervención normativa, y permiten a la Unión articular tanto las políticas de integración más ambiciosas como los procesos de coordinación y armonización que requieren flexibilidad en contextos de diversidad jurídica y constitucional. Veámoslos con más detalle.

Los *reglamentos* son los actos de mayor intensidad normativa dentro del Derecho derivado, motivo por el cual se suelen comparar con leyes europeas. Se destinan a todos los Estados miembros y a todas las personas físicas y jurídicas, sin necesidad de que se adopten medidas nacionales para producir efectos jurídicos. Su característica esencial es la aplicabilidad directa una vez publicados, que los hace obligatorios en todos sus elementos y que garantiza que el contenido del reglamento despliegue efectos inmediatos en todo el territorio de la Unión, sin interferencias por parte de los ordenamientos nacionales. Esta naturaleza dota a la Unión de una capacidad regulatoria singular, adecuada para ámbitos en los que se requiere uniformidad normativa, como el mercado interior, la competencia o la política comercial común. La aplicación directa reduce los riesgos de divergencias nacionales, y asegura un nivel común de derechos y obligaciones. Para que un reglamento sea eficaz debe formularse con claridad y precisión, ya que cualquier ambigüedad repercute directamente en quienes resulten afectados por él.

Las *directivas* presentan un carácter distinto, porque se dirigen fundamentalmente a los Estados miembros y establecen objetivos jurídicos que estos deben alcanzar, pero dejan libertad sobre la forma y los medios para incorporarlas a sus ordenamientos jurídicos internos. Esta técnica, denominada *transposición*, permite que las directivas respeten las condiciones jurídicas de cada Estado y se adapten a las particularidades de sus sistemas legislativos y administrativos. A diferencia de los reglamentos, las directivas no son directamente aplicables en todos sus elementos, aunque pueden generar efectos directos en determinadas circunstancias cuando sus disposiciones son claras, precisas e incondicionales y cuando el Estado no las transpone en el plazo previsto; es el conocido como *efecto directo de las directivas*. Esta posibilidad es una singularidad del Derecho de la Unión, ya que amplía la protección jurídica de las personas cuando los Estados incumplen sus obligaciones. La directiva representa una herramienta de armonización muy utilizada en sectores donde la diversidad interna de los Estados exige un equilibrio entre integración y flexibilidad, como ocurre en materia de protección del consumidor, medio ambiente, igualdad, o derechos laborales.

Las *decisiones* constituyen actos jurídicos que se diferencian de los reglamentos y directivas en función de sus destinatarios, pues pueden dirigirse tanto a Estados miembros como a personas físicas o jurídicas. El contenido de una decisión es obligatorio en todos sus elementos para quienes se dirija, por lo que su grado de vinculación es pleno, aunque su alcance sea limitado a destinatarios concretos. Esta forma de actuación permite a las instituciones de la Unión regular situaciones específicas, resolver procedimientos administrativos vinculados a la aplicación del Derecho europeo, o adoptar medidas dirigidas a determinados operadores económicos o a ciertos Estados miembros. Su utilización es frecuente en ámbitos como la competencia, las ayudas de Estado, la supervisión financiera o la política económica, donde la Unión necesita intervenir de forma individualizada en relación con un sujeto concreto. La flexibilidad de las decisiones las convierte en instrumentos esenciales para la eficacia del Derecho europeo en situaciones en las que no se considera necesario producir normas de alcance general.

Dentro del catálogo del artículo 288 también se encuentran las *recomendaciones* y *dictámenes*, que no tienen carácter vinculante y expresan el parecer de las instituciones europeas respecto de situaciones o políticas determinadas. Aunque no imponen obligaciones legales, cumplen funciones importantes en el proceso de integración porque contribuyen a orientar la actuación de los Estados y de otros actores, favorecen la coordinación de políticas públicas y sirven como instrumentos de diálogo entre las instituciones y los Estados. Las *recomendaciones* suelen sugerir comportamientos, señalar objetivos o proponer líneas de acción para los Estados o para las personas, con el fin de facilitar la convergencia de políticas en ámbitos donde no existe una base jurídica para adoptar actos vinculantes. Los *dictámenes*, por su parte, expresan valoraciones sobre situaciones concretas y tienen relevancia en los procedimientos legislativos o administrativos, en los que resulta necesario conocer la posición de una institución antes de seguir avanzando. Pese a su falta de fuerza jurídica vinculante, estos instrumentos influyen en muchas ocasiones en la evolución de la legislación y las políticas europeas, dado que proporcionan criterios de interpretación y orientaciones políticas que pueden anticipar futuros desarrollos normativos.

Además de los actos previstos en el artículo 288, las instituciones de la Unión producen una amplia variedad de *actos atípicos* que no encajan en las categorías definidas por los tratados. Estos actos reflejan la necesidad de las instituciones de expresarse políticamente, de organizar su funcionamiento interno o de coordinarse entre ellas para el cumplimiento de sus funciones. Aunque no forman parte de las categorías típicas, muchos tienen relevancia jurídica o política y desempeñan un papel considerable en el proceso de toma de decisiones. Entre los actos atípicos expresamente previstos en los tratados se encuentran los *reglamentos internos*, que organizan el funcionamiento de cada institución y establecen sus procedimientos, y los *acuerdos interinstitucionales*, que sirven para coordinar a las instituciones en la ejecución de determinadas políticas o para definir procedimientos legislativos y presupuestarios específicos. Estos acuerdos, aunque no sean equiparables a leyes, obligan políticamente a sus suscriptores y facilitan la cooperación entre órganos con competencias compartidas.

Junto a estos actos previstos, existe también un grupo amplio de actos no contemplados expresamente por los tratados pero que se han consolidado en la práctica institucional. El Parlamento Europeo ha desarrollado instrumentos como *resoluciones* y *declaraciones* que, aunque no son jurídicamente vinculantes, expresan posiciones políticas y pueden influir en el proceso legislativo o en la actuación de la Comisión. El Consejo Europeo utiliza *conclusiones*, *resoluciones* u *orientaciones* para definir las prioridades políticas generales de la Unión y para señalar el rumbo estratégico en cuestiones como la política exterior, la gobernanza económica o la ampliación. Estas conclusiones no tienen fuerza normativa directa, pero constituyen la base política que impulsa muchas iniciativas legislativas de la Comisión y orientan el trabajo del Consejo y el Parlamento Europeo. La Comisión Europea, por su parte, recurre a actos como comunicaciones, libros verdes y libros blancos que desempeñan funciones de consulta, diagnóstico, planificación o impulso legislativo. Las *comunicaciones* presentan análisis institucionales y propuestas de acción. Los *libros verdes* plantean un debate abierto sobre una materia que requiere reflexión colectiva; presentan diagnósticos preliminares, identifican problemas, exponen opciones iniciales, y formulan preguntas que buscan recoger aportes de instituciones, Estados miembros, partes interesadas y ciudadanía. No contienen propuestas normativas cerradas, sino escenarios posibles que sirven para orientar una futura acción europea. Los *libros blancos*, en cambio, son documentos más definidos en los que la Comisión presenta estrategias concretas para actuar en un ámbito determinado. Ofrecen propuestas claras, líneas de acción específicas y un marco detallado que puede traducirse posteriormente en iniciativas legislativas o programáticas. Se diferencian de los libros verdes porque ya no buscan abrir un debate preliminar, sino establecer una posición institucional y trazar un plan de actuación coherente, que puede servir de base para la adopción de actos legislativos o para el diseño de políticas públicas de la Unión.

La variedad de los actos atípicos plantea desafíos sobre su *naturaleza jurídica* y su grado de vinculación. Aunque la mayoría de ellos no sean jurídicamente obligatorios, muchos generan efectos indirectos en el proceso de toma de decisiones, influyen en las prácticas de las instituciones, y condicionan la interpretación del Derecho derivado. Esta situación se explica por el carácter dinámico del sistema institucional europeo, donde la interacción entre los órganos de la Unión y la necesidad de actuar en ámbitos cada vez más complejos requieren instrumentos que no siempre se ajustan a los moldes tradicionales del Derecho internacional, o del Derecho constitucional de los Estados. La coexistencia de actos vinculantes y no vinculantes configura un panorama normativo amplio en el que el Derecho derivado se articula como un conjunto de medidas flexibles y diversificadas, pensadas para responder a las particularidades del proceso de integración.

En resumen, la diferencia de intensidad normativa entre los distintos actos del Derecho derivado permite a la Unión contar con un sistema que combina la uniformidad cuando resulta necesario, y la flexibilidad cuando las circunstancias lo aconsejan. Reglamentos y decisiones imponen obligaciones claras y garantizan la aplicación inmediata y uniforme de las políticas europeas. Las directivas permiten armonizar los ordenamientos jurídicos nacionales respetando sus particularidades. Las recomendaciones y los dictámenes facilitan la coordinación y la adaptación progresiva de las políticas. Los actos atípicos ofrecen herramientas políticas y técnicas que permiten a las instituciones actuar de forma adaptada en contextos diversos. Así, la arquitectura normativa del Derecho derivado responde a las exigencias de una Unión en constante evolución, que debe gestionar una gran diversidad de sistemas jurídicos y de modelos administrativos.

4.- Instrumentos jurídicos de la Política Exterior y de Seguridad Común

Como hemos podido ver, la *Política Exterior y de Seguridad Común* constituye el marco desde el que la Unión Europea articula la acción exterior en materias sensibles para la soberanía estatal. Se construye como un ámbito marcadamente *intergubernamental* en el que las decisiones dependen de la unanimidad de los Estados miembros, que mantienen el control político último sobre los objetivos, las herramientas y los límites de la acción común. La figura de la *Alta o Alto Representante de la Unión para Asuntos Exteriores y Política de Seguridad* se configura como eje institucional que coordina y representa la política exterior europea, sin sustituir a los gobiernos nacionales y sin disponer por sí solo de un poder autónomo de dirección. Su cargo integra la presidencia del Consejo de Asuntos Exteriores y la Vicepresidencia de la Comisión Europea, lo que le permite enlazar las lógicas comunitarias con la cooperación intergubernamental, aunque la efectividad de su actuación depende siempre del consenso de los Estados.

La *estructura competencial* de la Política Exterior y de Seguridad Común presenta singularidades que la distinguen del resto del ordenamiento de la Unión. El Tribunal de Justicia de la Unión Europea carece en general de competencia para revisar las decisiones adoptadas en este ámbito, salvo cuestiones residuales relacionadas con aspectos financieros o con la aplicación de determinadas medidas restrictivas que afecten a personas físicas o jurídicas. Esta excepción confirma el carácter autónomo de la PESC respecto de los mecanismos jurisdiccionales ordinarios, y pone en evidencia el mantenimiento de la voluntad estatal de preservar un espacio de acción política que queda prácticamente sustraído a la lógica del Derecho de la Unión

Europea. A ello se une el hecho de que las decisiones adoptadas en este marco en principio no obligan a la ciudadanía europea, dado que sus efectos se dirigen a los Estados miembros y solo generan compromisos políticos y jurídicos para las administraciones estatales y para las instituciones europeas. El impacto de la PESC se proyecta, por tanto, sobre la política exterior de los Estados y sobre la actuación de la Unión en el escenario internacional, sin establecer obligaciones directas en la esfera individual.

Dentro de este marco se desarrollan los *instrumentos jurídicos específicos* de la PESC, que orientan la cooperación entre los Estados y organizan la acción exterior de la Unión en función de los objetivos compartidos. La *estrategia común* constituye el instrumento de mayor alcance político, pues refleja la coincidencia de los Estados miembros en temas calificados como de interés común importante. El Consejo Europeo adopta estas estrategias por consenso, lo que muestra su carácter político fundamental. En ellas se determinan las finalidades perseguidas, la duración de la estrategia y los medios que aportan tanto la Unión como los Estados miembros. Estas estrategias ofrecen una visión de largo plazo y un marco general para las iniciativas que la Unión adopta en regiones o materias consideradas prioritarias. Sirve de ejemplo la estrategia común sobre los Balcanes Occidentales aprobada en 1999, que estableció un enfoque integral para promover la estabilidad política, la consolidación democrática, el respeto de los derechos humanos, y el desarrollo económico en una región marcada por los conflictos derivados de la desintegración de Yugoslavia. El contexto de esta estrategia se explica por la necesidad de dar respuesta a una situación regional extremadamente delicada, con tensiones políticas, crisis humanitarias y riesgos de extensión de los conflictos. La estrategia articuló instrumentos diplomáticos, cooperación económica y asistencia institucional para apoyar a los países de la región en el camino hacia la estabilidad y la posterior integración en la Unión Europea, lo que por el momento ha ocurrido con Eslovenia y Croacia.

La *posición común* representa un instrumento más específico, en el que los Estados miembros acuerdan una postura común respecto a una cuestión internacional concreta. Tiene la función de orientar las políticas nacionales y las actuaciones de la Unión en un marco unitario, evitando divergencias que afecten a la coherencia de la acción exterior. La posición común 1999/318/PESC, adoptada el 10 de mayo de 1999, ilustra con claridad este mecanismo. En ella, los Estados miembros definieron la postura europea frente a la República Federal de Yugoslavia, en particular en relación con Serbia y Montenegro, y establecieron un régimen de sanciones frente a las violaciones de derechos humanos cometidas en Kosovo. Las sanciones incluyeron restricciones de visado, congelación de activos y un embargo de petróleo, y respondieron a la escalada represiva que provocó desplazamientos masivos de población y una grave crisis humanitaria. La posición común permitió coordinar las medidas de presión europeas en un momento de gran complejidad internacional, y marcó una pauta consensuada para el conjunto de los Estados, aunque su eficacia dependió en gran medida de la cooperación de terceros países y de la respuesta del régimen de Belgrado.

La *acción común* se despliega como instrumento operativo que permite a la Unión intervenir en situaciones específicas mediante actuaciones concretas. A diferencia de la estrategia común, que fija un marco general, y de la posición común, que armoniza la postura europea, la acción común se traduce en medidas prácticas que pueden abarcar sanciones, misiones civiles o militares, envíos de misiones de observación electoral, o iniciativas diplomáticas particulares. La acción común 2002/210/PESC, adoptada el 11 de marzo de 2002, constituye un ejemplo emblemático por haber establecido la misión de policía de la Unión Europea en Bosnia y Herzegovina, que comenzó en 2003 como la primera misión civil puesta en marcha en el ámbito de la PESC. El contexto de esta acción común se justificaba en la necesidad de consolidar la paz tras los Acuerdos de Dayton y de reforzar la reconstrucción institucional de Bosnia y Herzegovina. Durante la posguerra, el país afrontaba graves deficiencias en materia de seguridad pública y tensiones étnicas persistentes. La acción común permitió a la Unión desplegar personal policial destinado a apoyar la profesionalización de las fuerzas locales, luchar contra la criminalidad organizada y, en definitiva, contribuir a la construcción de estructuras policiales eficaces. Se trató de una intervención emblemática, porque mostró la capacidad europea para asumir funciones de estabilización en su vecindad inmediata.

Estos instrumentos jurídicos, aun de naturaleza diversa, comparten el objetivo de articular una política exterior coherente que refleje los intereses colectivos de los Estados y proyecte la presencia de la Unión en el ámbito global. Sin embargo, cabe insistir en que su eficacia se encuentra condicionada por la necesidad del consenso, por la limitada intervención jurisdiccional y por la dependencia de los Estados para ejecutar las decisiones adoptadas. La PESC mantiene así un carácter híbrido, en el que coexisten ambiciones de integración y preservación de la soberanía estatal, lo que se traduce en tensiones recurrentes entre el impulso comunitario y la prudencia o parálisis intergubernamental.

En definitiva, desde un análisis crítico, la Política Exterior y de Seguridad Común nos muestra que constituye uno de los principales talones de Aquiles de la integración europea. La dificultad para alcanzar la unanimidad limita la capacidad de reacción ante crisis internacionales que exigen rapidez y claridad estratégica. La heterogeneidad de intereses nacionales en materia exterior explica las frecuentes divisiones entre los Estados miembros, que reaccionan conforme a sus prioridades geopolíticas y sus vínculos históricos o económicos, a menudo divergentes entre ellos. Los episodios en los que la Unión ha intentado hablar con una sola voz muestran avances significativos, pero también revelan las resistencias estructurales que persisten. Las sanciones contra Rusia, las posiciones sobre Oriente Medio, las relaciones con China y los debates sobre la autonomía estratégica de seguridad europea ilustran cómo la falta de una política exterior plenamente integrada dificulta la consolidación de un liderazgo global estable. Además, la exclusión general de la supervisión del Tribunal de Justicia limita la juridicidad de la PESC y preserva una esfera política que escapa a los mecanismos de control propios del Estado de derecho europeo. Esta excepción introduce un contraste notable con el resto del ordenamiento de la Unión, así como la resistencia de los Estados en la integración en acción exterior; se trata de una notable divergencia con los modelos federales en los que, a diferencia del europeo, la política exterior suele ser una competencia exclusiva de la federación.

5.- Compromisos internacionales de la Unión Europea

La capacidad de la Unión Europea para comprometerse internacionalmente, como hemos mencionado, forma parte de las competencias esenciales que acompañan su condición de proceso de integración. Esta capacidad se manifiesta en la facultad de celebrar tratados internacionales con países terceros y con organizaciones internacionales, según reconoce el artículo 216 del Tratado de Funcionamiento de la Unión Europea. Estos acuerdos permiten que la Unión actúe como sujeto de Derecho internacional, y establezca relaciones estables y compromisos duraderos con otros Estados, organizaciones internacionales o bloques de integración. Cuando la Unión firma un tratado internacional, lo hace con el consentimiento de los Estados miembros, que han cedido la competencia a la Unión, y por lo tanto aceptan quedar vinculados por ese instrumento. La obligación internacional afecta tanto a la Unión como a los propios Estados miembros. La autonomía del ordenamiento jurídico europeo no impide que los compromisos internacionales formen parte de él y produzcan efectos directos sobre la ciudadanía y sobre las instituciones siempre que cumplan los requisitos establecidos por la jurisprudencia del Tribunal de Justicia. Los compromisos internacionales de la Unión complementan el Derecho originario y el Derecho derivado.

La doctrina del *efecto directo de los tratados internacionales* celebrados por la Unión representa uno de los avances más importantes en la consolidación del ordenamiento europeo. El efecto directo implica que ciertas disposiciones de un tratado internacional pueden invocarse por los particulares ante los tribunales nacionales y europeos si se consideran claras, precisas e incondicionadas. Su fundamento está en la propia lógica del sistema jurídico europeo, que busca garantizar la eficacia plena del Derecho y asegurar la uniformidad en su aplicación. El Tribunal de Justicia desarrolló esta doctrina a través de una serie de decisiones que marcaron el rumbo de la relación entre el Derecho internacional y el Derecho de la Unión, entre las cuales destaca la sentencia en el asunto *Demirel*, clave para entender la interacción entre acuerdos de asociación y ordenamiento europeo.

En la sentencia *Meryem Demirel contra Stadt Schwäbisch Gmünd* (asunto 12/86), el Tribunal de Justicia examinó el alcance jurídico del Acuerdo de Asociación entre la Comunidad Económica Europea y Turquía, firmado en 1963 y desarrollado mediante protocolos y decisiones adoptadas por el Consejo de Asociación. El caso se centró en una ciudadana turca a la que las autoridades alemanas denegaron el permiso de residencia por reagrupación familiar. La demandante alegó que el Protocolo Adicional entre la Comunidad y Turquía reconocía ciertos derechos en materia de libre circulación y condiciones de empleo que podían beneficiar a su familia. El Tribunal debía determinar si las disposiciones del acuerdo internacional podían producir efecto directo, de modo que la interesada pudiera invocarlas en un procedimiento interno ante los tribunales alemanes. El Tribunal de Justicia sostuvo que solo las disposiciones claras, precisas e incondicionadas del acuerdo internacional pueden tener efecto directo. Tras analizar el contenido del Protocolo Adicional, concluyó que la norma invocada por la demandante no reunía esas características, porque las partes habían previsto un desarrollo progresivo supeditado a posteriores decisiones del Consejo de Asociación. Aunque la conclusión del Tribunal fue negativa para el caso concreto, la sentencia tuvo una importancia decisiva gracias a su reconocimiento explícito de que los acuerdos internacionales de la Comunidad podían, en determinadas circunstancias, producir efecto directo.

La recepción automática de los acuerdos internacionales celebrados por la Unión se encuentra vinculada con esa misma lógica de integración en el sistema jurídico europeo. El Tribunal de Justicia reafirmó este principio en la sentencia *Haegeman contra Estado belga* de 1974, dictada en relación con el Acuerdo de Asociación celebrado entre la Comunidad Económica Europea y Grecia. El litigio surgió cuando un importador belga impugnó los derechos arancelarios aplicados por su país alegando que el Acuerdo de Asociación debía haber reducido dichos derechos. El Tribunal debía determinar si ese acuerdo internacional formaba parte del Derecho comunitario y, por tanto, si el juez nacional debía aplicar sus disposiciones y garantizar su primacía. En su decisión, el Tribunal sostuvo que todas las disposiciones del Acuerdo de Asociación se integraban automáticamente en el Derecho comunitario desde su entrada en vigor. Argumentó que los tratados internacionales firmados por la Comunidad constituían actos de sus instituciones y, en consecuencia, se incorporaban al ordenamiento europeo sin necesidad de actos adicionales de recepción. El Tribunal añadió que correspondía a los jueces europeos y nacionales interpretar estos acuerdos conforme a las reglas habituales aplicables al Derecho comunitario. Esta sentencia fortaleció la arquitectura jurídica europea, al confirmar que los acuerdos internacionales celebrados por la Comunidad no tenían un estatus externo o meramente contractual, sino que pasaban a formar parte del sistema normativo europeo con la misma fuerza que cualquier otra norma vinculante. A partir de esta jurisprudencia, la Unión consolidó un régimen jurídico singular que combina elementos del Derecho internacional con exigencias propias de un ordenamiento autónomo y supranacional.

Los compromisos internacionales de la Unión Europea se han expandido conforme su acción exterior ha adquirido mayor densidad jurídica y política, en ámbitos que incluyen el comercio, la cooperación al desarrollo, la seguridad internacional, la protección del medio ambiente, la investigación científica o la defensa de los derechos fundamentales, de modo que el conjunto de acuerdos concluidos por la Unión refleja no solo la progresiva ampliación de sus competencias, sino también la necesidad estructural de relacionarse con actores externos para garantizar la realización de sus propios objetivos. El alcance de estos tratados es muy diverso, aunque todos comparten la función de proyectar la capacidad normativa europea más allá de sus fronteras. Los *acuerdos comerciales*, por ejemplo, crean zonas de libre cambio y establecen mecanismos de solución de diferencias que articulan un espacio económico regulado entre la Unión y terceros Estados, mientras que los *acuerdos de asociación* introducen compromisos recíprocos destinados a promover la estabilidad política, la cooperación institucionalizada y el desarrollo sostenible. Los *acuerdos de cooperación*, por su parte, atienden a materias específicas como transporte, energía o educación, y conviven con tratados especializados en inversión, cambio climático o ciberseguridad.

La negociación de estos tratados sigue un procedimiento que pretende asegurar que el resultado exprese el interés general europeo y no la suma de estrategias nacionales. La Comisión Europea asume la conducción técnica de las negociaciones sobre la base de un mandato otorgado por el Consejo, lo que obliga a construir posiciones comunes que traduzcan la voluntad conjunta de los Estados miembros. A lo largo del proceso intervienen, además, el Parlamento Europeo y el propio Consejo, cuya participación dota al acuerdo de legitimidad democrática y de coherencia institucional. Cada fase exige una coordinación cuidadosa entre las instituciones europeas y los Estados miembros, especialmente cuando el contenido del tratado afecta a competencias que no han sido transferidas en su totalidad a la Unión. La firma y ratificación deben respetar las normas constitucionales previstas por los Tratados y, cuando se trata de acuerdos mixtos, también las de cada Estado miembro, lo que introduce una dimensión interna que, aunque garantiza el control nacional, incrementa el riesgo de vetos o bloqueos.

La proyección exterior de la Unión no está exenta de desafíos. Uno de los más relevantes deriva de la distinción entre competencias exclusivas, compartidas y complementarias, que condiciona tanto el tipo de acuerdo que puede celebrarse como el procedimiento de ratificación necesario para su entrada en vigor. Mientras que el comercio forma parte de las competencias exclusivas de la Unión, otros ámbitos, como determinados sectores de la cooperación o la coordinación de políticas públicas, requieren de la participación de los Estados miembros, y dan lugar a *acuerdos mixtos*. Esta distinción, aunque necesaria para preservar el equilibrio institucional, genera dificultades prácticas porque, como hemos adelantado, la participación estatal incrementa la posibilidad de desacuerdos internos, lo que se ha observado en algunos procesos de ratificación particularmente controvertidos. A ello se suma la tensión que puede surgir entre los compromisos internacionales y las normas internas de los Estados miembros, o incluso con las prerrogativas del Parlamento Europeo, tensiones que el Tribunal de Justicia trata de resolver mediante criterios estables sobre la distribución de competencias y sobre la necesaria coherencia del ordenamiento jurídico europeo.

Otro desafío relevante se refiere a la interacción entre los acuerdos internacionales y la protección de los derechos fundamentales. El Tribunal de Justicia ha reiterado que los tratados celebrados por la Unión deben respetar la Carta de los Derechos Fundamentales, lo que exige un examen riguroso de su contenido y de sus eventuales implicaciones sociales y normativas. La Unión debe, por tanto, conciliar la apertura económica con la garantía de estándares elevados de protección, especialmente en acuerdos que afectan a inversiones o servicios públicos. Esta exigencia refuerza el control democrático y judicial sobre la acción exterior de la Unión, pero también obliga a las instituciones a integrar de forma sistemática la perspectiva de derechos fundamentales en todas las etapas de la negociación.

A pesar de estas dificultades, los compromisos internacionales de la Unión constituyen una herramienta imprescindible para su acción global y para la defensa de un modelo jurídico basado en el Estado de derecho y en la cooperación multilateral. Su eficacia depende tanto de la capacidad de las instituciones para negociar posiciones comunes en un contexto internacional tan heterogéneo como de la voluntad de los Estados miembros para asumir obligaciones compartidas y proyectar una voz europea coherente. Como hemos visto, el sistema previsto por los Tratados garantiza que estos acuerdos se integren de manera automática en el ordenamiento jurídico europeo y produzcan efectos directos cuando sus disposiciones sean claras, precisas y no dependan de medidas posteriores, una doctrina que la jurisprudencia ha consolidado con el fin de asegurar la plena eficacia de los compromisos asumidos por la Unión.

6.- Principios generales del Derecho de la Unión Europea

Hemos hablado páginas atrás de los principios generales del Derecho. Ocupan un lugar esencial en los ordenamientos jurídicos porque proporcionan criterios que permiten garantizar la coherencia interna del sistema, orientar la interpretación de sus normas y suplir posibles lagunas, aunque su carácter sea subsidiario y su función permanezca limitada por la primacía del Derecho positivo. En el ámbito de la Unión Europea, estos principios adquieren una relevancia particular, ya que forman parte del armazón histórico y conceptual que sostiene la especificidad del ordenamiento europeo, y permiten comprender la evolución de un sistema jurídico construido de manera progresiva, sin un referente estatal previo, a partir de la integración de las voluntades de los Estados miembros y de la jurisprudencia del Tribunal de Justicia. Se trata de reglas no escritas que el Tribunal ha reconocido como elementos que vertebran el sistema jurídico de la Unión, y que actúan como criterios de racionalización en la interpretación del ordenamiento jurídico de la Unión Europea, de manera que se integran en el funcionamiento regular de la Unión y orientan la acción de sus instituciones.

Como hemos visto, esta concepción encuentra fundamento explícito en el artículo 6.3 del Tratado de la Unión Europea, que incorpora al Derecho de la Unión los derechos fundamentales reconocidos por el Convenio Europeo para la Protección de los Derechos Humanos y de las Libertades Fundamentales, así como los que se derivan de las tradiciones constitucionales comunes a los Estados miembros, de modo que estos derechos pasan a formar parte de la Unión en calidad de principios generales y obligan tanto a sus instituciones como a los propios Estados cuando aplican el Derecho europeo. Para comprender plenamente el alcance de este precepto es necesario detenerse en la tradición constitucional europea, cuya formación no se limita al ciclo contemporáneo iniciado con las revoluciones liberales, sino que tiene raíces profundas en las primeras teorías medievales sobre el poder, la limitación de la autoridad y la noción de libertad, que anticiparon la idea de un orden jurídico superior que condiciona la actuación de los gobernantes. El constitucionalismo europeo se alimenta del pensamiento medieval sobre el pacto, sobre la distribución del poder y sobre la naturaleza limitada de la autoridad, aunque adquiere un impulso decisivo con las transformaciones que se produjeron durante la revolución inglesa del siglo XVII cuando, con la victoria del constitucionalismo frente a las tesis absolutistas, se afirmó la supremacía del Parlamento, se consolidaron garantías frente al ejercicio arbitrario del poder, y se perfiló con mayor nitidez la necesidad de un catálogo de derechos que proteja a la ciudadanía frente al Estado.

La revolución inglesa abrió paso a una concepción moderna de los derechos que se amplió con extraordinaria fuerza en las revoluciones liberales del siglo XVIII, especialmente la francesa, cuyas declaraciones de derechos establecieron con claridad los principios de libertad, igualdad y fraternidad, y situaron la protección de la persona en el centro del diseño político. La Declaración de derechos del hombre y del ciudadano de 1789, junto con otros textos europeos posteriores, configuraron un repertorio de valores que marcaron de manera indeleble la cultura jurídica europea y que serían decisivos para el surgimiento del constitucionalismo contemporáneo. Esta herencia común, enriquecida por la evolución de los derechos en los distintos ordenamientos estatales, constituye el sustrato histórico y doctrinal al que alude el artículo 6.3 del TUE, y sirve de base para que el Tribunal de Justicia identifique principios generales que expresen la sustancia común del constitucionalismo europeo.

Desde esta perspectiva, los principios generales no nacen directamente del contenido literal de los Tratados, sino que se obtienen a través de la jurisprudencia del Tribunal de Justicia, que ha ido perfilando su alcance en función de las exigencias del proyecto de integración y de la necesidad de asegurar la coherencia del sistema. A partir de esta labor jurisprudencial se han consolidado principios como la *seguridad jurídica*, que protege contra las modificaciones imprevisibles del Derecho y exige que las normas sean claras, estables y comprensibles, de manera que las personas destinatarias sepan qué comportamiento se espera de ellas y puedan prever las consecuencias de sus actos. Este principio no solo procura la confianza en la estabilidad del ordenamiento europeo; constituye también un límite que impide que las instituciones modifiquen sus políticas de manera arbitraria, de modo que se preserve la expectativa legítima de quienes se ven afectados por sus decisiones. La seguridad jurídica se presenta así como un elemento estructural del sistema, y permite que el Derecho de la Unión mantenga continuidad y coherencia a pesar de las transformaciones que atraviesa con el paso del tiempo.

Otro ejemplo destacado de la labor jurisprudencial del Tribunal es el *principio de solidaridad entre los Estados miembros*, que articula el funcionamiento del proceso de integración y obliga a asumir la responsabilidad común en la realización de los fines de la Unión. Este principio no se limita a expresar un valor político, sino que constituye un criterio jurídico que orienta el comportamiento de los Estados, les exige cooperación leal y les impide adoptar decisiones que comprometan el interés general europeo. La solidaridad se manifiesta en múltiples ámbitos, desde la coordinación de las políticas económicas hasta la actividad exterior de la Unión, y forma parte de las obligaciones esenciales que derivan de la pertenencia al proyecto europeo.

La relevancia de los principios generales se aprecia, además, en otros ámbitos como la igualdad de trato, la proporcionalidad, o la buena administración, todos ellos reconocidos expresamente por la jurisprudencia del Tribunal y aplicados de manera constante en la interpretación y aplicación del Derecho de la Unión. El principio de *igualdad de trato* impide que situaciones comparables reciban tratamientos jurídicos injustificadamente diferentes, y obliga a las instituciones a fundamentar de manera razonable cualquier distinción que introduzcan en su normativa. El *principio de proporcionalidad* exige que la acción de la Unión no exceda de lo necesario para alcanzar los objetivos establecidos en los Tratados y obliga a justificar la adecuación, la necesidad y la proporcionalidad estricta de las medidas adoptadas. La *buena administración* se ha convertido en un estándar de actuación institucional en busca de la objetividad, la imparcialidad y la transparencia de los procedimientos, y se proyecta sobre todos los ámbitos de la actividad europea.

En definitiva, el papel de los principios generales responde a la necesidad de articular un sistema jurídico complejo en el que confluyen lógicas nacionales y europeas, y en el que la integración se produce a través de normas, prácticas y valores que proceden de tradiciones diversas. La referencia explícita a los derechos fundamentales del Convenio Europeo de Derechos Humanos y a las tradiciones constitucionales comunes permite que el Tribunal adapte el Derecho europeo a las exigencias del constitucionalismo contemporáneo, y asegura que la Unión mantenga un compromiso firme con los valores sobre los que se construye. Al mismo tiempo, esta apertura hacia las tradiciones nacionales no impide que el Tribunal desarrolle principios propios del sistema europeo, lo que refuerza la autonomía del ordenamiento y contribuye a su progresiva consolidación. Si algo pudiera haberse quedado en el tintero, conviene subrayar que la jurisprudencia seguirá desempeñando un papel decisivo en la consolidación de estos principios.

7.- Relación entre ordenamientos jurídicos y primacía del Derecho de la Unión Europea

La relación entre el Derecho de la Unión Europea y el Derecho de los Estados miembros es una de las cuestiones centrales del proceso de integración europea y, al mismo tiempo, una de las más complejas desde el punto de vista jurídico. Ya hemos visto que no se trata de una simple relación entre un ordenamiento internacional y los ordenamientos internos, ni tampoco de una estructura federal clásica en la que exista una jerarquía claramente predeterminada entre niveles normativos. El Derecho de la Unión se construye como un ordenamiento propio que convive con los ordenamientos estatales, se aplica directamente en sus territorios, y afecta de manera inmediata a las personas físicas y jurídicas, a los poderes públicos y, en general, a los sistemas jurídicos nacionales, muchos de ellos a su vez complejos por su consideración de Estados compuestos como España, Italia o Alemania. Esta convivencia genera necesariamente tensiones, solapamientos y potenciales conflictos normativos, que no pueden resolverse de manera satisfactoria sin la formulación de principios estructurales que organicen la relación entre los distintos ordenamientos jurídicos que operan en el espacio europeo.

La integración europea ha supuesto, desde sus orígenes, un desafío a las categorías tradicionales del Derecho público. Los Estados siguen siendo sujetos centrales, titulares de la capacidad originaria de comprometerse, y dotados de Constituciones que se presentan como normas supremas de sus respectivos ordenamientos. Al mismo tiempo, esos mismos Estados han decidido crear una organización de integración dotada de competencias propias, de instituciones capaces de producir normas jurídicas vinculantes, y de un sistema jurisdiccional encargado de garantizar su aplicación uniforme. El resultado es un entramado jurídico multinivel en el que ningún ordenamiento puede ser comprendido de manera aislada, y en el que la efectividad del proyecto europeo depende de reglas claras que permitan articular y, cuando sea necesario, priorizar unas normas sobre otras.

En este contexto, adquieren especial relevancia dos principios que han sido elaborados fundamentalmente por la jurisprudencia del Tribunal de Justicia, y que hoy forman parte del núcleo estructural del Derecho de la Unión: el principio de autonomía y el principio de primacía del Derecho de la Unión Europea. Ambos principios responden a la misma necesidad: garantizar que el Derecho de la Unión pueda cumplir sus objetivos, desplegar plenamente sus efectos, y ofrecer un marco jurídico estable y homogéneo en todo el territorio de la Unión, sin quedar a merced de decisiones unilaterales de los Estados miembros.

El *principio de autonomía del Derecho de la Unión Europea* parte de una afirmación básica pero decisiva: el Derecho de la Unión constituye un ordenamiento jurídico autónomo respecto de los ordenamientos de los Estados miembros. Esta autonomía no es solo formal, sino material y funcional, en la medida en que el Derecho de la Unión tiene sus propias materias sobre las que ejerce las competencias, sus propias fuentes, sus propios procedimientos de producción normativa, sus propios principios interpretativos, y su propio sistema jurisdiccional encargado de garantizar su aplicación y su interpretación uniforme con independencia, como veremos, del papel del juez estatal en la aplicación del Derecho de la Unión. La consecuencia inmediata de esta autonomía es que los Estados miembros carecen de competencia para decidir de manera unilateral sobre el alcance, la validez o los efectos del Derecho de la Unión en sus respectivos ordenamientos.

La *autonomía del Derecho de la Unión* no significa que este ordenamiento exista al margen de los Estados o en oposición a ellos. El Derecho de la Unión nace de la voluntad de los Estados miembros, y se desarrolla a través de mecanismos en los que los propios Estados participan de manera activa. Esa participación se articula, en primer lugar, en el marco de la relación de cada Estado con el resto de Estados miembros, mediante la adopción del Derecho originario. Los Tratados constitutivos y sus sucesivas reformas son el resultado de acuerdos internacionales celebrados entre los Estados, de conformidad con sus normas constitucionales, y constituyen la base jurídica sobre la que se edifica todo el sistema europeo. En ese ámbito, los Estados conservan un papel central, pero actúan de manera conjunta y coordinada, aceptando que las normas resultantes no pertenecen ya a un ordenamiento internacional clásico, sino a un nuevo ordenamiento autónomo.

En segundo lugar, los Estados participan en la producción del Derecho derivado a través de su presencia en las instituciones de la Unión, en particular en el Consejo y en el Consejo Europeo, y a través de los mecanismos de control y participación previstos en los Tratados. Esta participación institucional no convierte al Derecho derivado en un Derecho exclusivamente estatal, ni permite a los Estados modificar unilateralmente su contenido o condicionar su aplicación. Una vez adoptadas, las normas de la Unión vinculan a los Estados y a las personas en los términos previstos por el propio Derecho de la Unión, y solo pueden ser modificadas, interpretadas o invalidadas siguiendo los cauces establecidos en ese ordenamiento.

La idea clave es que la autonomía del Derecho de la Unión impide que los Estados puedan situarse como jueces de su propio compromiso europeo. No pueden decidir por sí mismos si una norma de la Unión es válida, si se aplica en su territorio, o si debe ceder ante una norma interna. Permitirlo supondría vaciar de contenido el proceso de integración y transformar el Derecho de la Unión en un Derecho meramente facultativo, dependiente en última instancia de la voluntad de cada Estado miembro. Es decir, dejaría de ser Derecho.

Sobre esta base se construye el *principio de primacía del Derecho de la Unión Europea*, que constituye uno de los pilares más característicos del sistema jurídico europeo. El principio de primacía implica que las normas de la Unión se aplican con preferencia sobre cualquier disposición de los ordenamientos jurídicos de los Estados miembros, con independencia de su rango, ya se trate de normas legales o reglamentarias; más tarde trataremos la siempre compleja relación del principio de primacía con la Constitución. Cabe insistir en que la primacía no es una afirmación abstracta de superioridad jerárquica, sino una regla de aplicación destinada a resolver los conflictos normativos que pueden surgir cuando una norma europea y una norma interna regulan de manera incompatible una misma situación.

La existencia de un potencial conflicto entre el Derecho de los Estados y el Derecho de la Unión es consustancial al propio proceso de integración. La Unión Europea no se limita a coordinar políticas o a establecer orientaciones generales, sino que produce normas jurídicas directamente aplicables que inciden en ámbitos tradicionalmente reservados a los Estados. Si, en caso de conflicto, las normas internas pudieran prevalecer sobre las europeas, la integración perdería su eficacia, ya que los Estados podrían utilizar su propio Derecho para eludir las obligaciones asumidas en el seno de la Unión. El principio de primacía es, por tanto, una condición necesaria para que el Derecho de la Unión sea efectivo, con independencia del Estado miembro del que se trate.

La primacía se aplica a todas las normas europeas, tanto al Derecho originario como al Derecho derivado, y ha sido construida fundamentalmente por la jurisprudencia del Tribunal de Justicia. El hito fundacional en este ámbito es la *sentencia Costa contra E.N.E.L.*, dictada en 1964, que constituye una de las decisiones más influyentes en la historia del Derecho de la Unión. El caso tiene su origen en la nacionalización del sector eléctrico en Italia, llevada a cabo mediante una ley que creó la empresa pública ENEL y transfirió a esta la gestión del suministro eléctrico. Un ciudadano italiano, el señor Costa, se negó a pagar una factura eléctrica alegando que la ley de nacionalización vulneraba determinadas disposiciones de los Tratados de Roma, en particular las relativas a la prohibición de restricciones al comercio y a la libre competencia. El Tribunal Constitucional italiano sostuvo que, en caso de conflicto entre una norma interna posterior y una norma comunitaria anterior, debía prevalecer la norma interna, de acuerdo con el principio *lex posterior derogat priori*, por lo que la norma europea habría cedido frente a la italiana, posterior a aquélla en su entrada en vigor. Frente a esta posición, el Tribunal de Justicia afirmó con claridad que el Derecho comunitario no podía quedar subordinado al Derecho de los Estados, ya que ello pondría en peligro los objetivos mismos de los Tratados, por lo que el Derecho de la Unión Europea primaba sobre el estatal con independencia de cuándo entró en vigor.

La argumentación del Tribunal de Justicia se articula en torno a la idea de la transferencia de atribuciones del Estado a la, en aquel entonces, Comunidad Económica Europea. Al adherirse a los Tratados, los Estados han limitado, aunque sea en ámbitos concretos, su capacidad de regular sobre la materia en cuestión, y han creado un ordenamiento jurídico aplicable tanto a sus nacionales como a ellos mismos. Esta transferencia, que puede ser entendida como una forma de delegación del ejercicio de la soberanía, implica que las normas comunitarias no pueden ser neutralizadas por disposiciones internas posteriores sin vaciar de contenido el compromiso asumido. El Tribunal subrayó que los objetivos de los Tratados se verían socavados si el Derecho comunitario pudiera ser subordinado al Derecho de los Estados, ya que se rompería la uniformidad y la eficacia del sistema.

A partir de esta sentencia, el principio de primacía se consolidó como una regla fundamental del Derecho de la Unión. La primacía actúa sobre todas las leyes de los Estados, con independencia de que hayan sido adoptadas antes o después del acto de la Unión, lo que garantiza la coherencia y la continuidad del acervo comunitario. En caso de conflicto entre una norma europea y una norma interna, la consecuencia no es la anulación o la invalidez automática de la norma interna, sino su desplazamiento en el caso concreto. La norma nacional sigue existiendo en el ordenamiento interno, pero no puede aplicarse en la medida en que sea incompatible con el Derecho de la Unión. Esta idea fue precisada tempranamente en el *Auto San Michele SpA contra Alta Autoridad de la Comunidad Europea del Carbón y del Acero*, de 1965, en el que el Tribunal de Justicia dejó claro que el juez nacional debe garantizar la plena eficacia del Derecho comunitario, dejando inaplicada cualquier disposición interna contraria, sin necesidad de esperar a su derogación formal. Es importante distinguir claramente el desplazamiento derivado de la primacía de la declaración de inconstitucionalidad. La inconstitucionalidad implica la expulsión de una norma del ordenamiento jurídico por ser contraria a la Constitución, con efectos generales, y esa decisión depende finalmente del sistema de control de la constitucionalidad que practique cada Estado en particular. La primacía, en cambio, opera como una regla de aplicación preferente del Derecho de la Unión en caso de conflicto con la norma interna, sin cuestionar la validez de la norma interna desde el punto de vista constitucional y sin que su efecto sea la erradicación de la norma interna del ordenamiento jurídico estatal. Esta diferencia es clave para comprender cómo se articula la relación entre el Derecho de la Unión y los ordenamientos internos sin destruir la estructura básica de estos últimos.

8.- Derecho de la Unión Europea y Constitución

A estas alturas ya no debería surgir ninguna duda respecto a que el Derecho de la Unión Europea no es propiamente Derecho de los Estados porque ni se genera en el marco de las instituciones estatales ni se aplica exclusivamente en el Estado. Tampoco es Derecho internacional, al menos el Derecho derivado, porque rige el principio de primacía del Derecho de la Unión Europea frente al de los Estados, y no requiere del compromiso estatal para su cumplimiento, sino que es directamente vinculante desde el momento en que se aprueba por las instituciones europeas y cumple todos los requisitos formales para su validez. Es lo que hemos denominado *Derecho de integración*, nombre con que suele conocerse al que en sus inicios era el *Derecho comunitario*, denominado así porque se empezó a distinguir cono *tertium genus* a partir de la puesta en marcha de las comunidades europeas.

Ahora bien, el problema (más teórico que práctico, finalmente) deriva en cómo concebimos la relación entre el Derecho de la Unión Europea, con sus principios como el de primacía y efecto directo, con la presencia de Constituciones democráticas en los veintisiete países que la conforman. La cuestión más delicada y problemática surge cuando se plantea si el principio de primacía del Derecho europeo se aplica también respecto de la Constitución. Aquí se manifiesta con mayor intensidad la tensión entre el Derecho interno y el Derecho de integración: por un lado, la Constitución se presenta como la norma democrática originada por el poder constituyente, expresión de la soberanía popular, y norma suprema del ordenamiento jurídico estatal. Por otro lado, el Derecho europeo se configura como un Derecho autónomo que se aplica con preferencia, y que pretende garantizar la uniformidad y la efectividad del proceso de integración.

La jurisprudencia del Tribunal Constitucional Federal alemán ha sido especialmente influyente en este debate. En el caso *Internationale Handelsgesellschaft,* conocido como *Solange I,* de 1974, el Tribunal afirmó que, mientras no existiera en el ámbito comunitario una protección de los derechos fundamentales equivalente a la ofrecida por la Constitución alemana, se reservaba el derecho a revisar las normas comunitarias a la luz de los derechos fundamentales constitucionales. Esta posición suponía un límite explícito a la primacía del Derecho comunitario frente a la Constitución. Doce años más tarde, en el caso *Solange II* (1986) el propio Tribunal matizó su doctrina. Reconoció que el desarrollo de la protección de los derechos fundamentales en el ámbito comunitario, impulsado por la jurisprudencia del Tribunal de Justicia y por la incorporación de los derechos fundamentales como principios generales del Derecho, permitía confiar en que la Unión ofrecía un nivel de protección sustancialmente equivalente. En consecuencia, mientras esa protección se mantuviera, el Tribunal se abstendría de ejercer su control de constitucionalidad sobre el Derecho comunitario derivado. Más recientemente, el caso *PSPP,* resuelto en 2020, reavivó el debate al declarar que determinadas actuaciones del Banco Central Europeo en el marco de la compra de bonos excedían las competencias atribuidas por los Tratados al decisor de la política monetaria y constituían una actuación *ultra vires.* El Tribunal alemán sostuvo que, en ese supuesto, las instituciones europeas habían actuado fuera del marco competencial y que, por tanto, sus actos no podían desplegar efectos en el ordenamiento alemán. Esta decisión generó una fuerte controversia, al cuestionar directamente el monopolio interpretativo del Tribunal de Justicia y la coherencia del sistema de primacía.

Ante este escenario, la solución al *conflicto entre Constitución y Derecho de la Unión Europea* pasa por una correcta comprensión de la diferencia entre primacía y supremacía, y sus efectos en el ordenamiento jurídico. La *supremacía* es una categoría propia del Derecho constitucional interno, y se refiere a la posición jerárquica superior de la Constitución dentro del ordenamiento estatal. La *primacía,* en cambio, es una regla de aplicación preferente que opera en el ámbito de la relación entre ordenamientos, y que permite garantizar la efectividad del Derecho de la Unión sin necesidad de afirmar una superioridad jerárquica absoluta sobre la Constitución. Desde esta perspectiva, no existe ninguna contradicción insalvable entre la supremacía constitucional y la primacía del Derecho de la Unión. La Constitución sigue siendo la norma suprema del ordenamiento interno, pero ha decidido abrirse a un ordenamiento de integración y aceptar que, en los ámbitos de competencia atribuidos, el Derecho de la Unión se aplique con preferencia. Esta distinción entre jerarquía y aplicación preferente permite articular una convivencia razonable entre ambos niveles normativos y ofrece un marco conceptual para resolver los conflictos sin negar la identidad constitucional de los Estados. En el caso español, esta lógica quedó reflejada en la *Declaración del Tribunal Constitucional 1/2004, de 13 de diciembre, relativa al Tratado por el que se establece una Constitución para Europa*. El Tribunal afirmó la inexistencia de contradicción entre la Constitución española y el Tratado, subrayando que la primacía del Derecho de la Unión no supone una quiebra de la supremacía constitucional, sino una consecuencia de la propia Constitución, que permite la atribución de competencias a organizaciones supranacionales. La primacía se entiende así como una técnica de aplicación que opera dentro del marco constitucional, y que contribuye a la efectividad del compromiso europeo.

En último término, la relación entre ordenamientos jurídicos en la Unión Europea no puede reducirse a fórmulas rígidas, ni se trata de esquemas jerárquicos simples. Estamos ante una relación dinámica, basada en la cooperación, en la confianza mutua, y en un diálogo constante entre instituciones y jurisdicciones. El principio de autonomía y el principio de primacía son instrumentos esenciales para garantizar la coherencia y la eficacia del Derecho de la Unión, pero su aplicación requiere sensibilidad constitucional y una comprensión adecuada del equilibrio entre integración y diversidad. La experiencia europea muestra que este equilibrio se construye y se reajusta de manera continua, a través de la práctica jurídica y del compromiso político con un proyecto común que sigue siendo, en muchos sentidos, una obra en permanente evolución. Finalmente, en relación con el posible conflicto entre Derecho de la Unión Europea y Constitución, la solución pasa por comprender que la Constitución democrática es la norma suprema del ordenamiento jurídico de cada Estado; de ella se desprende la legitimidad del Derecho de la Unión Europea para aplicarse incluso sobre la propia Constitución. Como se ha afirmado, la primacía del Derecho de la Unión Europea actúa en el campo de la aplicación; no menoscaba, por tanto, la máxima jerarquía de la Constitución como norma suprema.

9.- Aplicación y efecto directo del Derecho de la Unión Europea

La *aplicación* de las normas es una cuestión central en todo ordenamiento jurídico, porque de ella depende que el Derecho deje de ser una mera declaración de intenciones y se convierta en un conjunto efectivo de reglas que ordenan la vida social. Aplicar el Derecho significa que las normas jurídicas producen efectos reales, obligan a los poderes públicos, vinculan a las personas destinatarias, y son utilizadas por los órganos encargados de interpretarlas y hacerlas cumplir. Un ordenamiento jurídico no se define solo por la existencia formal de normas, sino por su capacidad para integrarse en la práctica jurídica cotidiana y desplegar sus efectos en la materialidad. Desde esta perspectiva, la aplicación del Derecho es el punto de encuentro entre la norma y la realidad social a la que pretende regular.

Como sabemos, en los ordenamientos estatales, la aplicación del Derecho se articula a través de mecanismos bien conocidos, como la promulgación de las normas, su publicación oficial, su integración en el sistema de fuentes, o su interpretación por jueces y tribunales. En el contexto de la Unión Europea, esta cuestión adquiere una complejidad añadida, porque el Derecho de la Unión se aplica en el seno de ordenamientos jurídicos que no ha creado directamente la Unión Europea: son los ordenamientos de los Estados miembros. Como hemos visto, la dificultad añadida es que el Derecho de la Unión Europea debe aplicarse de manera uniforme en territorios con tradiciones jurídicas, estructuras institucionales y culturas constitucionales diversas. Garantizar esa aplicación efectiva y homogénea ha sido uno de los grandes desafíos del proceso de integración, y explica la elaboración de principios específicos que no tienen un equivalente exacto en el Derecho internacional clásico.

Ahora bien, esta aplicación se manifiesta de manera distinta según el tipo de norma de que se trate, lo que obliga a analizar los instrumentos normativos de la Unión y su forma de producir efectos jurídicos. Entre estos instrumentos destacan, por su relevancia práctica, los reglamentos, las decisiones y las directivas, que ya hemos detallado en sus características, y cada uno de ellos cuenta con un régimen específico de aplicación. Recordemos que los *reglamentos* de la Unión Europea adquieren automáticamente carácter vinculante en toda la Unión desde su entrada en vigor; son obligatorios en todos sus elementos y directamente aplicables en los Estados miembros, lo que significa que no requieren ningún acto de incorporación al Derecho interno para producir efectos. Desde el momento en que un reglamento entra en vigor, forma parte del ordenamiento jurídico de cada Estado miembro y debe ser aplicado por las autoridades administrativas y judiciales nacionales como cualquier otra norma interna. La aplicación directa de los reglamentos no excluye, sin embargo, la necesidad de adaptar la legislación nacional. En muchos casos, los reglamentos requieren que se modifiquen o deroguen normas internas incompatibles, o que se establezcan mecanismos administrativos y sancionadores que aseguren su cumplimiento efectivo. Las agencias, autoridades reguladoras y demás órganos administrativos nacionales desempeñan un papel fundamental en este proceso, ya que se encargan de aplicar materialmente los reglamentos.

Las *directivas* ocupan una posición singular en el sistema normativo europeo y son, probablemente, el instrumento que mejor refleja la lógica de cooperación entre la Unión y los Estados miembros. Recordemos que, a diferencia de los reglamentos, las directivas no son directamente aplicables en todos sus elementos, sino que vinculan a los Estados en cuanto al resultado que debe alcanzarse, dejando a las autoridades nacionales la elección de la forma y de los medios. Para que una directiva produzca plenamente sus efectos, debe ser incorporada a la legislación interna mediante el proceso que conocemos como *transposición*. Cada directiva fija un plazo dentro del cual los Estados miembros deben adoptar las normas internas necesarias para cumplir sus objetivos e informar de ello a la Comisión. Ya sabemos que la transposición no es un acto meramente formal, sino un proceso jurídico complejo que exige adaptar el ordenamiento interno de manera fiel y completa a las exigencias de la directiva.

Una transposición incorrecta, incompleta o tardía puede generar importantes problemas de aplicación y afectar a los derechos de las personas destinatarias de la norma europea.

Las *decisiones* de la Unión Europea presentan también carácter vinculante, aunque su alcance depende de quiénes sean sus destinatarios. También hemos hecho referencia a ello, pero es conveniente revisar esta particularidad en la aplicación de las decisiones. Cuando una decisión se dirige a uno o varios Estados miembros, estos quedan obligados por su contenido y deben adoptar las medidas necesarias para cumplirla. Al igual que los reglamentos, las decisiones pueden producir efectos directos y exigir cambios en la legislación o en la práctica administrativa nacional. Su función es especialmente relevante en ámbitos en los que la Unión actúa de manera individualizada, como en el control de ayudas de Estado, en la política de competencia, o en la imposición de sanciones por incumplimiento del Derecho de la Unión.

La Comisión Europea desempeña un papel central en la supervisión de la aplicación del Derecho de la Unión. Su función como guardiana de los Tratados implica vigilar que los Estados miembros incorporen las directivas en el plazo establecido y que apliquen correctamente la normativa europea. Cuando un Estado no incorpora plenamente una directiva a su legislación nacional o no la aplica de manera adecuada, la Comisión puede iniciar el procedimiento de infracción que ya hemos estudiado y que, en última instancia, puede dar lugar a una condena por parte del Tribunal de Justicia. Este sistema de control refuerza la efectividad del Derecho de la Unión, y subraya que la aplicación de sus normas no es una opción política, sino una obligación jurídica.

Junto a las reglas sobre aplicación de las normas, el Derecho de la Unión ha desarrollado un principio de enorme relevancia: el conocido como *principio de efecto directo*, al que también hemos hecho referencia. Este principio parte de una idea fundamental: el Derecho de la Unión no solo genera obligaciones para los Estados miembros, sino también derechos para los particulares. Las personas físicas y jurídicas no son meras destinatarias pasivas del Derecho europeo, sino sujetos que pueden invocar sus disposiciones y beneficiarse de ellas directamente. Esta concepción transforma profundamente la naturaleza del ordenamiento europeo y lo distingue de los sistemas internacionales tradicionales. De acuerdo con este principio, determinadas normas del Derecho de la Unión pueden ser invocadas directamente ante los tribunales nacionales y europeos, con independencia de que existan o no normas internas que las desarrollen. Cuando una disposición europea cumple ciertos requisitos, las personas pueden basarse en ella para reclamar derechos, impugnar actuaciones de los poderes públicos, exigir el cumplimiento de obligaciones... El juez nacional, en su condición de juez de la Unión, está obligado a garantizar la plena eficacia de esas normas y a proteger los derechos que confieren.

La construcción jurisprudencial del principio de efecto directo tiene su origen en la *sentencia Van Gend en Loos*, dictada en 1962, que constituye uno de los pilares del Derecho de la Unión Europea. El caso se refería a una empresa neerlandesa que importaba productos químicos desde Alemania, y a la que la administración tributaria de los Países Bajos había exigido el pago de un derecho de aduana más elevado que el existente con anterioridad. La empresa alegó que ese incremento vulneraba una disposición del Tratado que prohibía a los Estados miembros introducir nuevos derechos de aduana o aumentar los ya existentes en el comercio intracomunitario. El órgano jurisdiccional nacional planteó una cuestión al Tribunal de Justicia para que se pronunciara sobre si esa disposición del Tratado podía ser invocada directamente por un particular ante un tribunal nacional. El Tribunal respondió afirmativamente, y formuló una doctrina innovadora al declarar que la Comunidad constituía un nuevo ordenamiento jurídico en beneficio del cual los Estados habían limitado sus competencias, y cuyos sujetos no eran solo los Estados, sino también sus nacionales. En consecuencia, el Derecho comunitario no solo imponía obligaciones, sino que confería derechos que los tribunales nacionales debían proteger.

El Tribunal estableció los criterios básicos para que una norma del Derecho de la Unión tenga efecto directo: debe ser clara, precisa, y no estar condicionada a la adopción de medidas adicionales por parte de los Estados o de las instituciones. Cuando se cumplen estos requisitos, la norma puede ser invocada directamente por los particulares. Esta doctrina abrió la puerta a una aplicación descentralizada del Derecho de la Unión, y convirtió a los jueces nacionales en actores clave del proceso de integración.

La sentencia *Simmenthal*, dictada en 1978, reforzó y profundizó esta concepción. El caso afectaba a una empresa italiana dedicada a la importación de carne de vacuno, que se vio obligada a pagar una tasa sanitaria prevista en la legislación italiana. La empresa consideró que esa tasa era contraria al Derecho de la Unión y recurrió ante los tribunales nacionales. El problema jurídico residía en que la norma interna era posterior a la norma europea y que, según el sistema constitucional italiano, solo el Tribunal Constitucional podía declarar la inaplicabilidad de una ley por contradicción con normas superiores. El Tribunal de Justicia afirmó que el juez nacional debe aplicar íntegramente el Derecho de la Unión y proteger los derechos que este confiere a los particulares, dejando inaplicada cualquier disposición nacional contraria, incluso si es posterior. No puede esperar a que la norma interna sea derogada o declarada inconstitucional, ni puede verse limitado por reglas internas de competencia o procedimiento. Esta sentencia consolidó la obligación de los jueces nacionales de garantizar el efecto directo del Derecho de la Unión, y aseguró su aplicación uniforme en todos los Estados miembros.

El efecto directo presenta distintas modalidades que permiten comprender mejor su alcance. Se habla de *efecto directo vertical* cuando la relación jurídica se establece entre un particular y el Estado. En estos casos, las personas pueden invocar una disposición del Derecho de la Unión frente a las autoridades públicas, ya sea la Administración, un organismo público o, en determinadas circunstancias, entidades que actúan bajo el control del Estado o que ejercen funciones de interés público. Este tipo de efecto directo es el más común y el que primero se reconoció en la jurisprudencia del Tribunal de Justicia. El *efecto directo horizontal* se produce cuando la disposición del Derecho de la Unión es invocada en una relación entre particulares. En este supuesto, una persona puede basarse en una norma europea para reclamar un derecho o imponer una obligación a otra persona privada. El reconocimiento del efecto directo horizontal ha sido más controvertido y depende del tipo de norma de que se trate. Mientras que los Tratados y los reglamentos pueden, en principio, producir efecto directo horizontal si cumplen los requisitos establecidos, las directivas plantean mayores dificultades, ya que, por su propia naturaleza, están dirigidas a los Estados. A pesar de ello, la jurisprudencia ha desarrollado soluciones que permiten proteger los derechos derivados de las directivas incluso en relaciones entre particulares, a través de mecanismos como la interpretación conforme del Derecho interno o la responsabilidad del Estado por incumplimiento del Derecho de la Unión. Estos instrumentos no sustituyen al efecto directo horizontal, pero contribuyen a evitar que la falta de transposición o una transposición defectuosa prive a las personas de los derechos que el Derecho de la Unión pretende garantizar.

La aplicación y el efecto directo del Derecho de la Unión Europea revelan una concepción del Derecho profundamente innovadora. El sistema europeo no descansa únicamente en la acción de las instituciones de la Unión, sino también en la implicación activa de los Estados, de sus administraciones y de sus jueces, así como en la capacidad de las personas para invocar el Derecho de la Unión Europea y hacerlo valer en su vida cotidiana. Este entramado complejo explica tanto la fortaleza del Derecho de la Unión como las tensiones que genera, pero también muestra hasta qué punto la integración europea ha transformado la manera de entender la relación entre el Derecho, el poder y la ciudadanía en el espacio jurídico europeo.

10.- Aplicación del Derecho de la Unión Europea por los Estados, y el poder judicial estatal como poder judicial europeo

La *aplicación* del Derecho de la Unión Europea descansa en gran medida en los Estados miembros, que desempeñan un papel central y permanente en la efectividad del ordenamiento europeo. A diferencia de otros sistemas jurídicos integrados, la Unión no dispone de una administración general propia con capacidad para ejecutar de forma directa y generalizada sus normas en todo el territorio. La regla general es que el Derecho de la Unión se aplica a través de las estructuras estatales existentes, tanto en el plano normativo como en el administrativo y jurisdiccional. Este modelo, cabe recordar, ha sido descrito de forma gráfica como un *federalismo de ejecución*, siguiendo modelos como el alemán, en la medida en que las normas se adoptan en el nivel europeo, pero su ejecución corresponde, en gran medida, a los Estados, que actúan como agentes del Derecho de la Unión en sus respectivos territorios. La comparación con el federalismo permite entender mejor este modelo, aunque conviene manejarla con cautela. En los Estados federales clásicos, el reparto de competencias suele distinguir entre la potestad legislativa atribuida en determinados ámbitos al nivel federal, y la potestad de ejecución, que puede corresponder a los entes federados. En la Unión Europea se observa una lógica similar, ya que muchas normas se adoptan en el ámbito europeo, mientras que su aplicación concreta se lleva a cabo a través de las administraciones y autoridades nacionales. Sin embargo, a diferencia de un Estado federal, la Unión carece de un poder constituyente propio y de una administración general equiparable a la federal, lo que refuerza la centralidad de los Estados en la aplicación cotidiana del Derecho europeo.

Este protagonismo de los Estados no implica una libertad absoluta en la forma de aplicar el Derecho de la Unión. Como hemos visto, la actuación estatal se encuentra encauzada por una serie de principios que estructuran la relación entre el ordenamiento europeo y los ordenamientos nacionales, y que delimitan el margen de actuación de los poderes públicos estatales. Entre estos principios destacan, por su relevancia práctica, el principio de cooperación leal y el principio de autonomía institucional y procedimental. El *principio de cooperación leal* expresa una exigencia básica de comportamiento recíproco entre la Unión y los Estados miembros. Los Estados deben adoptar todas las medidas generales o particulares necesarias para asegurar el cumplimiento de las obligaciones derivadas del Derecho de la Unión y deben abstenerse de cualquier actuación que pueda poner en peligro la consecución de sus objetivos. Esta obligación no se limita a evitar infracciones directas del Derecho europeo, sino que incluye un deber positivo de colaboración activa, que se proyecta sobre todos los poderes públicos, legislativo, ejecutivo y judicial. Desde esta perspectiva, el Estado miembro no puede actuar contra el Derecho de la Unión Europea, ni mediante la adopción de normas incompatibles, ni a través de prácticas administrativas que vacíen de contenido las obligaciones europeas, ni mediante decisiones judiciales que ignoren su primacía y su efecto vinculante. El principio de cooperación leal exige una interpretación y aplicación del Derecho interno conforme al Derecho de la Unión, y obliga a los Estados a organizar sus estructuras internas de manera que permitan una aplicación eficaz y coherente de las normas europeas. Se trata de un principio transversal, que impregna todo el sistema y que explica, en buena medida, la intensidad del control que ejerce el Tribunal de Justicia sobre el comportamiento estatal.

Junto a la cooperación leal, el *principio de autonomía institucional y procedimental* reconoce que corresponde a cada Estado miembro decidir, de acuerdo con su sistema constitucional, cómo se atribuyen las facultades y las obligaciones necesarias para aplicar el Derecho de la Unión. La Unión no impone un modelo uniforme de organización administrativa ni un esquema cerrado de procedimientos internos. Cada Estado conserva la capacidad de determinar qué autoridades son competentes, qué procedimientos se siguen y qué técnicas jurídicas se utilizan para dar cumplimiento a las obligaciones europeas. Esta autonomía, sin embargo, no es absoluta. Está limitada por la exigencia de que los mecanismos internos garanticen una aplicación efectiva del Derecho de la Unión. Los procedimientos nacionales no pueden hacer imposible o excesivamente difícil el ejercicio de los derechos que el ordenamiento europeo confiere, ni pueden introducir discriminaciones o retrasos injustificados en su aplicación; en ese caso, estaríamos ante una violación del Derecho de la Unión Europea. La autonomía institucional y procedimental se concibe así como una autonomía funcional, subordinada a la efectividad del Derecho de la Unión y controlada, en última instancia, por el Tribunal de Justicia.

La aplicación del Derecho de la Unión por los Estados miembros se manifiesta en distintos planos. En primer lugar, en el *plano normativo*, los Estados deben adoptar las normas internas necesarias para garantizar el cumplimiento de las obligaciones europeas. Esto es especialmente visible en el caso de las directivas que, como hemos visto en varias ocasiones, requieren un proceso de transposición al Derecho interno, pero también se produce en relación con los reglamentos y decisiones, cuando es necesario adaptar la legislación nacional, derogar disposiciones incompatibles o establecer marcos normativos complementarios. La aplicación normativa incluye, además, la posibilidad de establecer sanciones administrativas y penales para garantizar el cumplimiento del Derecho de la Unión. En muchos ámbitos, el ordenamiento europeo impone a los Estados la obligación de prever sanciones efectivas, proporcionadas y disuasorias frente a las infracciones de las normas europeas. Corresponde a cada Estado decidir la naturaleza y el alcance de esas sanciones, siempre que se respeten los principios generales del Derecho de la Unión y los derechos fundamentales. Esta dimensión sancionadora pone de relieve hasta qué punto el Derecho europeo se apoya en los sistemas jurídicos nacionales para asegurar su efectividad.

En segundo lugar, la *aplicación administrativa* del Derecho de la Unión depende de la estructura interna de cada Estado y de su sistema de distribución de competencias. En los Estados unitarios, esta aplicación suele recaer de manera predominante en la administración central, aunque también pueden intervenir autoridades regionales o locales. En los Estados compuestos, la situación es más compleja, ya que las competencias administrativas se reparten entre distintos niveles territoriales. En España, como Estado compuesto, la aplicación administrativa del Derecho de la Unión puede corresponder tanto a la Administración General del Estado como a las comunidades autónomas, en función de la materia de que se trate y del reparto competencial establecido en la Constitución y en los estatutos de autonomía. Esta pluralidad de actores exige mecanismos de coordinación que permitan asegurar una aplicación coherente y evitar incumplimientos derivados de conflictos competenciales o de interpretaciones divergentes. En este contexto adquiere especial relevancia la *Conferencia para Asuntos Relacionados con la Unión Europea*, órgano de cooperación entre el Estado y las comunidades autónomas en materia europea. Este tipo de estructuras, presentes también en otros Estados compuestos como Alemania o Austria, permiten articular posiciones comunes, intercambiar información, y coordinar la aplicación del Derecho de la Unión. En el caso español, la Conferencia está regulada por la Ley 2/1997, de 13 de marzo, que establece su composición, sus funciones y su funcionamiento. A través de este órgano se canaliza la participación autonómica en los asuntos europeos y se facilita la cooperación administrativa necesaria para cumplir las obligaciones derivadas del Derecho de la Unión.

Desde un punto de vista práctico, la aplicación administrativa del Derecho europeo en España se articula a menudo mediante la actuación conjunta del ministerio competente y de las consejerías autonómicas correspondientes. Esta cooperación vertical resulta imprescindible en ámbitos como el medio ambiente, la agricultura, la sanidad o el consumo, en los que las competencias están compartidas o descentralizadas, y donde intervienen tres legisladores: el europeo, el estatal y el autonómico. La responsabilidad última frente a la

Unión recae en el Estado, pero su cumplimiento efectivo depende de la actuación coordinada de todas las administraciones implicadas.

Junto a la aplicación normativa y administrativa, el *poder judicial* desempeña un papel decisivo en la aplicación del Derecho de la Unión Europea. Las juezas y los jueces nacionales son actores centrales del sistema europeo, ya que garantizan la aplicación cotidiana de las normas europeas y la protección de los derechos que estas confieren. A diferencia de modelos federales como el norteamericano, en los que la Federación cuenta con un sistema judicial propio presente en todo el territorio, la Unión Europea no dispone de tribunales de primera instancia generalizados. Por esa razón, el Derecho de la Unión se aplica en el día a día por los órganos jurisdiccionales de los Estados miembros, que actúan al mismo tiempo como jueces estatales y como jueces europeos. Esta doble condición implica que el poder judicial nacional debe aplicar el Derecho de la Unión de acuerdo con sus principios estructurales, entre los que destacan la primacía, el efecto directo y la interpretación conforme, a los que ya hemos hecho referencia. El Tribunal de Justicia ha subrayado de manera reiterada que el destinatario primigenio de la doctrina sobre la primacía del Derecho de la Unión es el juez nacional; la sentencia Simmenthal (1978), analizada anteriormente, constituye una expresión clara de esta idea, al afirmar que la jueza o el juez nacional debe dejar inaplicada cualquier norma interna contraria al Derecho de la Unión, sin necesidad de esperar a su derogación o a una declaración de inconstitucionalidad.

El poder judicial nacional no actúa, por tanto, como un mero ejecutor pasivo del Derecho europeo, sino como un garante activo de su efectividad. Debe aplicar las normas europeas directamente cuando proceda, interpretar el Derecho interno de manera conforme al Derecho de la Unión, y asegurar que los derechos reconocidos por este puedan ser ejercidos de forma efectiva. Esta función transforma el papel tradicional de la jueza o juez estatal y refuerza la dimensión jurisdiccional del proceso de integración. En este marco, como veremos, la cuestión prejudicial ocupa un lugar central, porque este mecanismo permite a los jueces nacionales plantear al Tribunal de Justicia cuestiones relativas a la interpretación o a la validez del Derecho de la Unión cuando lo consideren necesario para resolver un litigio.

El papel del poder judicial estatal como poder judicial europeo plantea también interrogantes en relación con los tribunales constitucionales, que no forman parte del poder judicial pero tienen atribuidas las más altas capacidades de decisión sobre la interpretación de la Constitución. Tanto el Tribunal Constitucional español como el Tribunal Constitucional Federal alemán han mostrado tradicionalmente cierta reticencia a convertirse en jueces del Derecho europeo, en el sentido de asumir de manera directa la aplicación ordinaria de las normas de la Unión. En el caso español, esta posición se ha expresado de forma clara en la jurisprudencia constitucional, que ha afirmado que las normas europeas no tienen rango ni fuerza constitucional. La sentencia 215/2014 del Tribunal Constitucional español es ilustrativa en este sentido. En ella se subraya que el Derecho de la Unión forma parte del ordenamiento jurídico interno, pero no puede ser utilizado directamente como parámetro de constitucionalidad de las normas internas. Esta afirmación delimita con claridad la función de máximo intérprete de la Constitución del Tribunal Constitucional, y evita que se convierta en un tribunal ordinario de aplicación del Derecho europeo. Así, la diferencia de funciones entre el Tribunal Constitucional y el Tribunal de Justicia de la Unión Europea resulta esencial para comprender el equilibrio del sistema. El Tribunal de Justicia es el intérprete supremo del Derecho de la Unión y el garante de su aplicación uniforme. El Tribunal Constitucional, por su parte, es el intérprete supremo de la Constitución y el garante de la supremacía constitucional en el ordenamiento interno. Esta división de funciones no elimina las tensiones, pero permite articular una convivencia razonable entre ambos niveles jurisdiccionales.

En la práctica, la aplicación del Derecho de la Unión corresponde fundamentalmente a las juezas y los jueces ordinarios, que actúan como poder judicial europeo de manera cotidiana. Son ellos quienes aplican directamente las normas europeas, quienes plantean cuestiones prejudiciales y quienes garantizan la protección efectiva de los derechos derivados del Derecho de la Unión. Los tribunales constitucionales intervienen de manera más excepcional, en defensa de la identidad constitucional y de los principios estructurales del ordenamiento interno, pero sin sustituir al Tribunal de Justicia en su función interpretativa.

La aplicación del Derecho de la Unión Europea por los Estados revela, en definitiva, un modelo complejo y cooperativo, en el que la efectividad del ordenamiento europeo depende de la implicación activa de todas las instancias estatales. Las administraciones, los legisladores y, de manera muy destacada, los poderes judiciales nacionales, son piezas esenciales de este entramado. La jueza o juez estatal como jueza o juez europeo simboliza mejor que ninguna otra figura la lógica de integración jurídica que caracteriza a la Unión, una lógica que transforma a los Estados en actores imprescindibles de un ordenamiento compartido como el europeo.

11.- Recursos ante el Tribunal de Justicia de la Unión Europea

Ya hemos analizado cómo el Tribunal de Justicia de la Unión Europea desempeña una función esencial en el sistema jurídico de la Unión como máximo intérprete del Derecho de la Unión Europea y como garante último de su respeto. Su papel no se limita a resolver conflictos jurídicos concretos, sino que se proyecta sobre el conjunto del proceso de integración, procurando la coherencia, la unidad y la efectividad del ordenamiento europeo. En un sistema caracterizado por la coexistencia de múltiples ordenamientos jurídicos, el Tribunal de Justicia actúa como el elemento de cierre que permite dotar de sentido y estabilidad al Derecho de la Unión, evitando interpretaciones divergentes que podrían comprometer la igualdad de las personas ante la norma europea y la propia viabilidad del proyecto común.

La posición del Tribunal de Justicia se encuentra sólidamente anclada en los Tratados, como hemos visto. El artículo 19 del Tratado de la Unión Europea establece que el Tribunal garantizará el respeto del Derecho en la interpretación y aplicación de los Tratados, atribuyéndole una función jurisdiccional central en el entramado institucional de la Unión. Esta previsión se desarrolla en los artículos 251 a 281 del Tratado de Funcionamiento de la Unión Europea, que regulan su composición, su organización interna y el conjunto de competencias que ejerce. A ello se añade el artículo 136 del Tratado Euratom y el Protocolo número 3 del Tratado de Funcionamiento de la Unión Europea sobre el Estatuto del Tribunal de Justicia de la Unión Europea, que completa el marco normativo aplicable y precisa los aspectos esenciales de su funcionamiento. El resultado es un sistema jurisdiccional complejo, pero coherente, que permite al Tribunal ejercer tanto funciones contenciosas como consultivas.

Como ocurre ante cualquier órgano jurisdiccional, el acceso al Tribunal de Justicia y el ejercicio de sus competencias se articulan a través de procesos y procedimientos estrictamente normados. Los recursos ante el Tribunal no son libres ni indiscriminados, sino que están sujetos a requisitos de legitimación, plazos y condiciones materiales que responden a la lógica de un sistema jurisdiccional diseñado para garantizar la seguridad jurídica y el equilibrio institucional. En este marco, es habitual distinguir entre *recursos directos* y *recursos indirectos*, atendiendo a la forma en que se accede al Tribunal y al tipo de control que este ejerce. Los *recursos directos* son aquellos que se interponen directamente ante el Tribunal de Justicia o ante el Tribunal General contra Estados miembros o contra instituciones, órganos u organismos de la Unión que hayan incumplido las obligaciones derivadas del Derecho de la Unión Europea. En estos casos, el Tribunal conoce del litigio como juez de primera instancia o, en su caso, como juez de casación, y ejerce un control directo sobre la legalidad de la actuación u omisión impugnada. Los *recursos indirectos*, por su parte, se canalizan a través de los órganos jurisdiccionales estatales, que plantean al Tribunal de Justicia cuestiones relativas a la interpretación o a la validez del Derecho de la Unión mediante el mecanismo de la cuestión prejudicial. Aunque formalmente se trata de procedimientos distintos, ambos tipos de recursos responden a una misma finalidad: garantizar la aplicación uniforme y efectiva del Derecho de la Unión.

Aunque ya hemos adelantado las características principales de estos recursos, es conveniente desarrollarlos con más detalle. Dentro de la competencia contenciosa del Tribunal de Justicia, uno de los instrumentos más relevantes es el *recurso de incumplimiento*. Este recurso tiene por objeto controlar el cumplimiento por parte de los Estados miembros de las obligaciones que les incumben en virtud del Derecho de la Unión Europea. Se trata de un mecanismo esencial para preservar la efectividad del ordenamiento europeo, ya que permite reaccionar frente a comportamientos estatales que vulneran el Derecho de la Unión, ya sea por acción o por omisión. La legitimación activa para interponer el recurso de incumplimiento corresponde a la Comisión Europea y a los Estados miembros. En el caso de los

Estados, se exige que el asunto haya sido sometido previamente a la Comisión, lo que refleja la voluntad de privilegiar una solución negociada antes de acudir a la vía jurisdiccional. El procedimiento presenta una fase precontenciosa, en la que la Comisión invita al Estado a presentar observaciones y, en su caso, a corregir la situación de incumplimiento. Solo si esta fase no conduce a un resultado satisfactorio se interpone el recurso ante el Tribunal. Los efectos del recurso de incumplimiento son especialmente significativos: si el Tribunal declara que un Estado ha incumplido sus obligaciones, este queda obligado a adoptar las medidas necesarias para poner fin al incumplimiento de manera inmediata. En caso de que la Comisión estime que el Estado no ha adoptado dichas medidas, puede someter el asunto de nuevo al Tribunal y solicitar la imposición de una sanción pecuniaria. Este mecanismo refuerza la fuerza vinculante del Derecho de la Unión, y subraya que el incumplimiento no es una mera cuestión política, sino una infracción jurídica con consecuencias concretas.

Otro de los recursos centrales en el sistema jurisdiccional europeo es el *recurso de anulación*. Su objeto es obtener la anulación de los actos jurídicos vinculantes adoptados por las instituciones de la Unión Europea que sean contrarios al Derecho de la Unión. Pueden ser objeto de este recurso los reglamentos, las directivas y las decisiones, siempre que produzcan efectos jurídicos obligatorios. De hecho, el recurso de anulación constituye el principal instrumento de control de la legalidad de la actuación normativa de las instituciones europeas. Los motivos de anulación están tasados, y responden a categorías clásicas del control jurisdiccional: la incompetencia, los vicios sustanciales de forma, la violación de los Tratados o de cualquier norma jurídica relativa a su aplicación, y la desviación de poder. Estos motivos permiten al Tribunal examinar tanto la corrección procedimental del acto como su adecuación material al Derecho de la Unión. La legitimación para interponer el recurso de anulación corresponde, en primer lugar, a los Estados miembros y a las instituciones europeas. Junto a ellos, los particulares, personas físicas o jurídicas, pueden interponer el recurso cuando sean destinatarios del acto o cuando este les afecte directa e individualmente, aunque esta exigencia ha sido interpretada de manera restrictiva por la jurisprudencia. El plazo para interponer el recurso de anulación es de dos meses a partir de la publicación del acto, de su notificación al demandante o, en su defecto, del día en que este haya tenido conocimiento del mismo. Si el Tribunal declara la ilegalidad del acto impugnado, este es declarado nulo y se considera que nunca ha producido efectos jurídicos válidos, sin perjuicio de que el Tribunal pueda limitar los efectos temporales de la anulación por razones de seguridad jurídica.

El *recurso por omisión*, también conocido como *recurso por inacción*, completa el sistema de control de la legalidad de la actuación institucional. Su objeto es denunciar la falta de actuación de una institución, órgano u organismo de la Unión cuando, en virtud de los Tratados, estaba obligado a actuar. Este recurso pone de relieve que el control jurisdiccional no se limita a las actuaciones positivas, sino que se extiende también a las omisiones que vulneran el Derecho de la Unión. La legitimación activa corresponde a los Estados miembros y a las demás instituciones europeas. Para que el recurso sea admisible, es necesario que la institución de que se trate haya sido previamente requerida para actuar, y que hayan transcurrido dos meses sin que haya adoptado una posición. Declarada la ilegalidad de la omisión, corresponde a la institución adoptar las medidas necesarias para ponerle fin, en cumplimiento de la sentencia del Tribunal.

La *excepción de ilegalidad* constituye un mecanismo de control incidental de la legalidad de los actos de la Unión. Su objeto es permitir que, en el marco de un litigio pendiente ante el Tribunal de Justicia, una de las partes alegue la ilegalidad de un acto jurídico vinculante adoptado por las instituciones de la Unión, aunque haya expirado el plazo para interponer un recurso de anulación directo. Los motivos que pueden invocarse son los mismos que en el recurso de anulación: incompetencia, vicios sustanciales de forma, violación de los Tratados y desviación de poder. La legitimación para plantear la excepción de ilegalidad corresponde a cualquiera de las partes en el proceso en el que se suscite la cuestión. Si el Tribunal aprecia la ilegalidad del acto, este es declarado nulo, al menos en la medida necesaria para resolver el litigio concreto. La excepción de ilegalidad refuerza la coherencia del sistema, al evitar que actos manifiestamente ilegales queden sustraídos a todo control jurisdiccional.

El *recurso por responsabilidad extracontractual* permite exigir a la Unión Europea la reparación de los daños causados por sus instituciones, órganos o agentes en el ejercicio de sus funciones. Su objeto es obtener una indemnización cuando una actuación u omisión imputable a la Unión, incluida la actividad normativa que resulte ilegal, haya causado un daño cierto a particulares o a Estados miembros. Este recurso refleja la idea de que la Unión, como ordenamiento jurídico completo, debe responder por las consecuencias dañosas de su actuación. La legitimación activa corresponde a quienes hayan sufrido el daño y soliciten una compensación. Para que prospere el recurso, es necesario acreditar la existencia de una conducta ilícita imputable a la Unión, la realidad del daño y la relación de causalidad entre ambos elementos. Declarada esta relación, el Tribunal reconoce el derecho a la indemnización.

La *cuestión prejudicial*, a la que ya hemos hecho referencia en varias ocasiones, ocupa un lugar singular en el sistema de recursos ante el Tribunal de Justicia, como expresión de la colaboración entre los órganos jurisdiccionales de los Estados miembros y el Tribunal. Se trata de un mecanismo de carácter incidental, un recurso indirecto motivado por la solicitud de los tribunales ordinarios estatales para que el Tribunal de Justicia precise una cuestión de interpretación o de validez del Derecho de la Unión que resulte necesaria para resolver un litigio interno. La función de la cuestión prejudicial es garantizar la aplicación efectiva y homogénea del Derecho de la Unión Europea en todos los Estados miembros. A través de este mecanismo, el Tribunal de Justicia se asegura de que las normas europeas tengan un significado uniforme y evita que se desarrollen interpretaciones nacionales divergentes, que podría ocurrir cuando cada jueza o juez nacional interpretaran por su cuenta el Derecho de la Unión Europea. Son susceptibles de cuestión prejudicial tanto la conformidad de la normativa estatal con el Derecho de la Unión como la validez de un acto del propio Derecho de la Unión. La decisión del Tribunal de Justicia adopta la forma de sentencia, y es vinculante tanto para el órgano jurisdiccional que ha planteado la cuestión como para el resto de órganos jurisdiccionales que conozcan de problemas similares, con efectos que se proyectan *erga omnes*. Cuando el Tribunal declara la incompatibilidad de una norma interna con el Derecho de la Unión, esta no debe aplicarse en el caso concreto. En el caso español, la relación entre la cuestión prejudicial y el control de la norma interna ha sido objeto de especial atención. La sentencia del Tribunal Constitucional 37/2019 afirmó que la jueza o el juez no pueden dejar de aplicar una norma interna por su propia iniciativa sin haber planteado previamente una cuestión prejudicial ante el Tribunal de Justicia, cuando exista una duda objetiva, clara y terminante sobre su contradicción con el Derecho de la Unión.

El *recurso de casación* permite al Tribunal de Justicia conocer de los recursos interpuestos contra las sentencias y autos del Tribunal General; de esta manera, el Tribunal General opera como juez de primera instancia, y el Tribunal de Justicia *stricto sensu* hace las veces de juez de apelación en segunda instancia. Su objeto es controlar la correcta aplicación del Derecho de la Unión por el Tribunal General, pero está limitado a cuestiones de Derecho, quedando excluido el examen de los hechos. La legitimación corresponde a la parte procesal que no ha visto satisfechas sus pretensiones y que discrepa de la decisión adoptada. El plazo para interponer el recurso es de dos meses desde la notificación de la resolución impugnada.

El *reexamen* constituye un procedimiento excepcional y de uso muy limitado. Su objeto es permitir que el Tribunal de Justicia revise determinadas resoluciones del Tribunal General cuando exista un riesgo grave de vulneración de la unidad o de la coherencia del Derecho de la Unión. El procedimiento se inicia a instancia del primer Abogado General, y debe plantearse en el plazo de un mes desde la resolución. Su escasa utilización refleja su carácter extraordinario y su función de salvaguarda última del sistema.

El *control judicial de la Política Exterior y de Seguridad Común* presenta rasgos específicos. Como hemos visto durante el análisis de las PESC, el artículo 275 del Tratado de Funcionamiento de la Unión Europea establece como norma general que el Tribunal de Justicia no es competente para pronunciarse sobre las disposiciones relativas a la PESC ni sobre los actos adoptados sobre su base. No obstante, esta regla admite excepciones relevantes. El Tribunal es competente para controlar el respeto del artículo 40 del Tratado de la Unión Europea, que consagra la llamada *cláusula de no contaminación*, y para conocer de los recursos interpuestos, en las condiciones del artículo 263, párrafo cuarto, del Tratado de Funcionamiento de la Unión Europea, relativos al control de la legalidad de las decisiones del Consejo que establezcan *medidas restrictivas* frente a personas físicas o jurídicas. El asunto *Bank Refah Kargaran*, resuelto en 2020, ilustra de manera clara estas excepciones. En el contexto de las medidas restrictivas adoptadas por la Unión frente a Irán para poner fin a su programa de armas nucleares, los fondos de este banco iraní fueron congelados entre 2010 y 2013 al ser incluido en la lista de entidades implicadas en la proliferación nuclear. En 2015, el banco interpuso un recurso solicitando una indemnización por los perjuicios sufridos. El Tribunal General se declaró incompetente en 2018 para conocer de un recurso de indemnización derivado de un acto adoptado en el marco de la PESC. Sin embargo, en casación, el Tribunal de Justicia corrigió esta posición, y afirmó su competencia para apreciar la validez de las decisiones del Consejo que establecen medidas restrictivas, incluso cuando se adoptan en el ámbito de la PESC, reforzando así la tutela judicial efectiva.

Cabe hacer mención finalmente a la *competencia consultiva* del Tribunal de Justicia de la Unión Europea sobre la compatibilidad de los tratados internacionales firmados por la Unión Europea. El artículo 218, apartado 11, del Tratado de Funcionamiento de la Unión Europea permite solicitar al Tribunal un dictamen sobre la compatibilidad de un acuerdo internacional que la Unión se proponga celebrar con los Tratados constitutivos. La legitimación activa corresponde a los Estados miembros, al Parlamento Europeo, a la Comisión y al Consejo. Si el Tribunal emite un dictamen negativo, el acuerdo no puede entrar en vigor salvo que se modifique, lo que otorga a esta competencia un valor preventivo de primer orden en la protección del ordenamiento europeo.

En resumen, el conjunto de recursos ante el Tribunal de Justicia de la Unión Europea revela un sistema jurisdiccional sofisticado, diseñado para garantizar tanto la legalidad de la actuación de los Estados y de las instituciones como la unidad y la efectividad del Derecho de la Unión. Más allá de la diversidad de procedimientos, todos ellos responden a una misma lógica: afirmar que el Derecho de la Unión es un Derecho plenamente justiciable, dotado de mecanismos propios de control y de tutela, y que su respeto constituye una exigencia jurídica ineludible para todos los actores que participan en el proceso de integración.

Bibliografía

Alcaide Fernández, Joaquín; Casado Raigón, Rafael; Arcos Vargas, Marycruz; García García-Revillo, Miguel; Hinojo Rojas, Manuel; Martín Martínez, Magdalena Mª; Salinas de Frías, Ana; Vázquez Gómez, Eva María (2025), *Curso de Derecho de la Unión Europea.* Tecnos, Madrid, 4ª edición.

Alonso García, Ricardo (2014), *Las sentencias básicas del Tribunal de Justicia de la Unión Europea. Estudio y jurisprudencia.* Civitas, Pamplona.

Alonso García, Ricardo; Andrés Sáenz de Santa María, Paz (2022), *El sistema europeo de fuentes.* Fundación Coloquio Jurídico Europeo, Madrid.

Bou Franch, Valentín (2014), *Introducción al Derecho de la Unión Europea*, Civitas, Pamplona.

Celador Angón, Óscar; Barranco Avilés, María del Carmen (coords.) (2014), *Perspectivas actuales en la aplicación del Derecho.* Dykinson, Madrid.

Celma Alonso, Pilar (coord.); Bacigalupo Saggese, Mariano; Fuentetaja Pastor, Jesús Ángel; Linde Paniagua, Enrique; Viñuales Ferreiro, Susana (2023), *Derecho de la Unión Europea.* Tirant lo Blanch, València.

Ferrer Lloret, Jaume; Requena Casanova, Millán; Urbaneja Cillán, Jorge; Soler García, Carolina (2024), *Introducción al Derecho de la Unión Europea.* Tirant lo Blanch, València.

García García, María Jesús (2021), La Unión Europea en 100 esquemas y 10 metáforas. Tecnos, Madrid.

Jimena Quesada, Luis (2017), «La cuestión prejudicial europea ante planteamientos más que dudosos», *Teoría y Realidad Constitucional*, nº 39, págs. 270-306.

López Escudero, Manuel (2019), «Primacía del derecho de la Unión Europea y sus límites en la jurisprudencia reciente del TJUE», *Revista de Derecho Comunitario Europeo*, nº 64, págs. 787-825.

Martín Pérez de Nanclares, José (2019), «La Unión Europea como comunidad de valores: a vueltas con la crisis de la democracia y del Estado de derecho», *Teoría y Realidad Constitucional*, nº 43, págs. 121-159.

Martínez Lafuente, Antonio (2017), *Fuentes del ordenamiento jurídico europeo y recurso prejudicial*. Colegio de Registradores de la Propiedad, Mercantiles y Bienes Muebles de España, Madrid.

Menéndez, Agustín José (2012), «La mutación constitucional de la Unión Europea», *Revista Española de Derecho Constitucional*, nº 96, págs. 41-98.

Molina del Pozo, Carlos Francisco (2020), *El Tribunal de Justicia de la Unión Europea: procedimiento y recursos*. Aranzadi, Pamplona.

Moreno Blesa, Lidia (2022), *El Derecho de la Unión Europea*. Colex, A Coruña.

Sarmiento, Daniel; Arnaldos Orts, Enrique (2023), «La cuestión prejudicial europea en la jurisdicción española, ¿un mito desmentido por las cifras?», *Revista de Derecho Comunitario Europeo*, nº 76, págs. 75-111.

Sarmiento, Daniel (2025), *Curso de Derecho de la Unión Europea*. Marcial Pons, Madrid.

Signes de Mesa, Juan Ignacio (dir.) (2024), *Derecho procesal europeo*. Iustel, Madrid.

Silva de Lapuerta, Rosario (2025), *El procedimiento ante el Tribunal de Justicia de la Unión Europea*. La Ley, Madrid.

Tremolada Álvarez, Eric; Martínez Dalmau, Rubén (2014), «Jerarquía constitucional y aplicación preferente del Derecho de la Integración. Elementos para la solución del posible conflicto entre derechos e integración», *Vniversitas* nº 128, págs. 383-409.

CONCLUSIÓN

Hay quienes pueden pensar que el proceso de integración europea ha sido como circular pacíficamente por una autopista vacía de cuatro carriles, escuchando música relajante y disfrutando del paisaje. Nada más lejos de la realidad. En el devenir para la transformación desde una Europa arrasada por la violencia, el racismo, la división y el pasado oscuro hasta el continente que hoy en día disfrutamos no ha habido grandes planicies, sino más bien cadenas montañosas que han tenido que sortearse por carreteras estrechas, salvando las curvas más cerradas. La construcción europea puede entenderse con mayor claridad si se abandona la tentación de describirla como un proceso lineal, coherente y predeterminado, y se acepta, en cambio, su naturaleza profundamente conflictiva, fragmentaria y, en muchos momentos, incierta. La integración europea no ha sido el resultado de una sola ideología ni de un diseño acabado, sino el producto de una conversación prolongada, a veces armoniosa y a veces áspera, entre tradiciones políticas, jurídicas y culturales muy distintas, que han aprendido a convivir sin desaparecer. En ese sentido, la Unión Europea no es una respuesta definitiva; es más bien una pregunta abierta, formulada una y otra vez a lo largo del tiempo, sobre cómo organizar la convivencia entre pueblos que decidieron no volver a resolver sus diferencias mediante la violencia. De avanzar hacia las potencialidades constituyentes, la Unión Europea será lo que el pueblo europeo quiera que sea.

El proceso de integración europeo ha reunido a pensadoras y pensadores de horizontes ideológicos muy diversos, desde quienes concibieron la unidad europea como un proyecto de mercado y prosperidad económica hasta quienes la imaginaron como un espacio de derechos, de justicia social y de superación del nacionalismo excluyente. La riqueza del proyecto europeo reside precisamente en esa pluralidad, que nunca ha quedado del todo resuelta y que sigue manifestándose en cada reforma de los Tratados, en cada crisis y en cada avance institucional, en cada reclamación de quienes quieren regresar a la soledad y la estrechez de miras del Estado nación. Europa no se ha construido desde una sola voz, sino desde una polifonía, y esa condición explica tanto su fortaleza como sus fragilidades; también explica las amenazas hacia posibles retrocesos por parte de los extremismos de todo signo, y de los populismos, ese gran cáncer de la Política, así, en mayúscula.

La metáfora de Ítaca, evocada por Konstantinos Kavafis, resulta especialmente sugerente para comprender este recorrido. En el poema, Ítaca no es solo el destino final, sino el pretexto para el viaje, para el aprendizaje que se produce mientras se avanza, para la experiencia que transforma a quien camina. Algo similar ocurre con la integración europea. La Unión no es un punto de llegada cerrado, ni un modelo acabado que deba alcanzarse de una vez por todas; de hecho, pocos son los objetivos declarados desde un inicio y, el más importante de ellos, la meta federal. Europa es, ante todo, un camino, un proceso en permanente construcción, en el que cada etapa incorpora logros, renuncias y correcciones. La importancia no reside únicamente en el resultado, sino en el trayecto compartido, en la capacidad de aprender de los errores y de reformular los consensos. En seguir inventando para comprender que si algo no funciona, habrá que cambiarlo, pero mirando siempre hacia adelante.

Este camino ha sido especialmente complejo porque se ha desarrollado en un espacio político sin precedentes históricos claros. La Unión Europea no es un Estado federal clásico, pero tampoco una simple organización internacional. Se sitúa en un terreno intermedio, original y en constante redefinición, que ha obligado a repensar categorías jurídicas tradicionales como soberanía, democracia, ciudadanía o separación de poderes. Esa originalidad ha generado tensiones, resistencias y, en ocasiones, incomprensión, tanto desde los Estados como desde la propia ciudadanía. Porque, seamos sinceros, una gran parte de la población se siente desprendida de una Europa de las burocracias, de las élites, de las negociaciones tediosas y larguísimas durante noches enteras que no siempre atracan en buen puerto. Sin embargo, ese proceso también ha abierto un laboratorio jurídico y político de enorme valor, en el que se han ensayado formas inéditas de cooperación y de limitación del poder, de construcción colectiva, de compromiso recíproco.

En este proceso han tenido un papel decisivo no solo líderes políticos y juristas, sino también pensadores y pensadoras que contribuyeron a dotar de profundidad ética y crítica al proyecto europeo. Hannah Arendt, europea, tuvo que cruzar medio continente huyendo de la persecución nazi hasta poder embarcarse en el puerto de Lisboa hacia el exilio. De su pluma tenemos algunos de los textos más clarividentes nunca antes escritos sobre la fragilidad de los derechos cuando se desvinculan de una comunidad política efectiva, una advertencia que sigue siendo relevante para una Unión que proclama valores comunes y que debe garantizar su protección real, pero que a veces parece alejarse más que acercarse a esos valores. Simone Weil, desde una perspectiva muy distinta, subrayó la necesidad de arraigo y de responsabilidad, recordando que ningún proyecto político puede sostenerse si ignora las condiciones materiales y espirituales de las personas. Más recientemente, autoras como Ulrike Guérot han insistido en la necesidad de pensar Europa no solo como una unión de Estados, sino como una comunidad política de ciudadanía, capaz de generar lealtades democráticas más allá de las fronteras nacionales.

La presencia de estas voces nos ayuda a comprender la integración europea en toda su complejidad. Han aportado miradas críticas sobre el poder, la exclusión, la desigualdad y la legitimidad, que resultan imprescindibles para evaluar el alcance real del proyecto europeo. La Unión no es un conjunto de instituciones y de normas aglutinadas sin razón; es un espacio de valores en disputa, en el que la igualdad, la dignidad y la justicia social deben ocupar un lugar central si se pretende consolidar su legitimidad democrática. Lo contrario sería mirar hacia otra parte, y no hacia lo que debe ser Europa y la Unión Europea.

Desde el punto de vista jurídico, el proceso de integración ha demostrado que el Derecho puede ser una herramienta de transformación política. El desarrollo de un ordenamiento jurídico propio, articulado en torno a principios federalizantes, aun con limitaciones ha permitido que la Unión actúe de manera efectiva y que sus normas protejan de forma homogénea a diferentes personas en los distintos territorios. Pero, al mismo tiempo, este avance ha generado tensiones con los ordenamientos constitucionales de los Estados, que han debido aprender a convivir con un Derecho que no emana exclusivamente de las instituciones del viejo Estado. La resolución de estas tensiones no ha sido ni sencilla ni definitiva, y probablemente nunca lo será hasta que experimentemos un verdadero poder constituyente europeo y construyamos colectivamente una Constitución europea democrática, integradora, capaz de romper más barreras aún de las que ya ha roto para avanzar hacia un proyecto común decidido por la ciudadanía.

La historia reciente de la Unión muestra que cada crisis ha puesto a prueba la solidez del proyecto, desde las dificultades económicas y financieras hasta los desafíos vinculados al Estado de derecho o la seguridad internacional. En cada una de ellas ha reaparecido la pregunta por el sentido último de la integración y por el equilibrio entre unidad y diversidad. No siempre las respuestas han sido satisfactorias, ni las soluciones adoptadas han estado a la altura de las expectativas. Sin embargo, el hecho mismo de que estas crisis se aborden desde marcos comunes, con instrumentos compartidos y con un lenguaje jurídico y político común, pacífico, es ya de por sí un logro significativo en un continente marcado durante siglos por las guerras y la división.

Como en el viaje de Ulises, el camino europeo ha estado lleno de obstáculos, de sirenas que mentían prometiendo soluciones simples, y de momentos de agotamiento colectivo. En ocasiones, la tentación del repliegue nacional ha parecido más cómoda que la complejidad del acuerdo; de hecho, hay quienes siguen pensando así. No obstante, la experiencia acumulada muestra que los avances más duraderos han surgido precisamente en los momentos en que más lejos parecía estar la luz. La integración europea no elimina las diferencias, pero ofrece un marco para gestionarlas sin recurrir a la imposición o a la violencia, y solo por eso hubieran valido la pena tantas décadas destinadas a la construcción europea.

Estas conclusiones no pretenden cerrar ningún debate ni ofrecer una visión complaciente del proyecto europeo. De hecho, es al contrario: invitan a entender la Unión como una obra inacabada, que exige una vigilancia crítica constante y una implicación activa por parte de sus instituciones, de los Estados y de la ciudadanía. La Unión Europea puede leerse como un relato colectivo en el que conviven la razón jurídica, la voluntad política y la imaginación ética. Un relato escrito por muchas manos, de mujeres y hombres, desde posiciones ideológicas diversas, que han aceptado el desafío de pensar la unidad sin borrar la diferencia. Como en Ítaca, quizá el destino nunca sea cierto, pero el viaje compartido ha transformado de manera profunda la forma en que Europa se piensa a sí misma y se relaciona con el mundo. Esa transformación, más que cualquier meta concreta, constituye el verdadero legado del proceso de integración europea.

ABREVIATURAS

BCE	Banco Central Europeo
BENELUX	Unión aduanera formada por Bélgica, Países Bajos y Luxemburgo
CECA	Comunidad Europea del Carbón y del Acero
CEDH	Convenio Europeo de Derechos Humanos
CEE	Comunidad Económica Europea
CEEA	Comunidad Europea de la Energía Atómica (Euratom)
COREPER	Comité de Representantes Permanentes
ECU	*European Currency Unit* (Unidad Monetaria Europea)
MTC I	Mecanismo de Tipos de Cambio I
OLAF	Oficina Europea de Lucha contra el Fraude
OTAN	Organización del Tratado del Atlántico Norte
PAC	Política Agrícola Común
PESC	Política Exterior y de Seguridad Común
TJUE	Tribunal de Justicia de la Unión Europea
UE	Unión Europea
UEM	Unión Económica y Monetaria